新编人力资源与社会保障通用教材

福利经济学

（第二版）

王桂胜　主编

中国劳动社会保障出版社

图书在版编目(CIP)数据

福利经济学/王桂胜主编. -- 2版. -- 北京：中国劳动社会保障出版社，2020

新编人力资源与社会保障通用教材

ISBN 978-7-5167-4500-7

Ⅰ.①福… Ⅱ.①王… Ⅲ.①福利经济学 Ⅳ.①F061.4

中国版本图书馆CIP数据核字(2020)第142969号

中国劳动社会保障出版社出版发行

(北京市惠新东街1号　邮政编码：100029)

*

三河市潮河印业有限公司印刷装订　新华书店经销

787毫米×1092毫米　16开本　16.5印张　293千字

2020年8月第2版　2025年7月第3次印刷

定价：46.00元

营销中心电话：400-606-6496

出版社网址：http://www.class.com.cn

版权专有　侵权必究

如有印装差错，请与本社联系调换：(010) 81211666

我社将与版权执法机关配合，大力打击盗印、销售和使用盗版图书活动，敬请广大读者协助举报，经查实将给予举报者奖励。

举报电话：(010) 64954652

第二版前言

十三年前，出于编写全国高等学校劳动与社会保障专业新编系列教材的需要，由笔者牵头编写了《福利经济学》教材。该教材出版后，深受全国各类大专院校有关专业教材使用者的欢迎。时光荏苒，我们已经进入新时代。新现象、新观念、新思想、新理论层出不穷，我们也要不断推陈出新，深入剖析新问题，总结提炼新理论。恰在此时，应中国劳动社会保障出版社的邀请，笔者对第一版教材做了全面修订。

当前，我国经济增长方式正由粗放型增长向集约型增长转变，由数量型增长向质量型增长转变，因此，福利经济学的理论分析和应用对于我国的发展具有极强的指导意义。我们对应用福利经济学理论指导当前发展实践有充分的信心。本教材第二版的推出，无疑对深入理解和吸收福利经济学理论精髓并应用于实际政策分析具有较为重要的辅助作用。

本次修订遵循习近平新时代中国特色社会主义思想，结合"五位一体"总体布局和"四个全面"战略布局，以服务于全面建成小康社会和国家治理体系现代化为宗旨，进一步强化教材的标准化与可读性、时效性和吸引力，尽量做到紧密联系社会经济发展实际。充分吸收近年来福利经济学理论与实践发展成果，使《福利经济学》教材第二版更能反映新时代气息，更能闪现新思想光芒，更能总结概括专业思想理论发展的精华。本次《福利经济学》内容修订主要有三个特点。

第一，修改与完善。对《福利经济学》第一版中的概念和理论表达不确切、不完整之处进一步修改完善；对某些概念在新时代条件下新的理解做进一步阐述；对某些阐述不充分的理论，予以细化和丰富。

第二，增补、替换案例分析。《福利经济学》第一版中某些章节缺乏案例分析，本次修订予以增补；案例陈旧的，替换新案例。通过增补、替换案例分析，实现以案例促进对教材中阐述的理论要点的理解。

　　第三，完善理论体系。正如教材所述，福利经济学理论体系庞大，内容涵盖范围极为广泛。《福利经济学》教材第一版也只是择其精华而述之。为适应新时代发展要求，本次修订适度拓宽教材编写范围，增加反映当前我国发展和实践的内容，以提高教材的应用指导性和可操作性。

　　基于上述几个方面，本次修订力求更加通俗易懂、更加生动活泼、更加贴近发展实际，更能体现福利经济学的魅力和趣味性，更具有指导意义。由于笔者水平有限，本次修订的不足之处，敬请广大读者批评指正。

王桂胜

2020年6月

内容简介

福利经济学属于经济学科体系，它是以研究社会经济资源的配置效率和国民收入分配的公平问题等为主题，以社会福利最大化为宗旨，对各种社会经济现象和经济活动展开规范分析的经济学分支。在传统教学中，福利经济学被包含在微观经济学课程的教学中，作为实证经济学的补充来进行介绍的。近年来，由于诸如公共政策、社会保障、社会工作等公共管理和社会应用型专业的开设，作为这些专业理论基础的福利经济学得到了广泛的重视和推广。本书在第一版的基础上结合福利经济学最近发展展开写作，并在习近平新时代中国特色社会主义思想的指引下，从"五位一体"总体布局出发，以服务于全面建成小康社会和社会主义现代化建设为宗旨，进一步强化教材的标准化与可读性、时效性和吸引力，尽量做到紧密联系社会经济发展实际。

本书主要介绍了福利经济学的基本概念、福利经济学的发展历史和研究方法、资源配置理论、补偿原理、社会福利计量、市场机制和公共物品的福利分析、收入分配理论、社会选择理论，以及贫困与反贫困分析和社会保险的福利分析等内容。全书共十章，第一章为福利经济学概述；第二章至第八章分别介绍了经典福利经济学的主要理论和近期发展，前八章在第一版的基础上进一步修改完善；第九章、第十章介绍了福利经济学对民生发展和社会保险的影响及相互关系，属于增补和调整章节。本书内容基本上涵盖了福利经济学的主要内容，属于中级水平。本书可作为各类大专院校相关专业，如经济学、公共事务管理、社会保障、社会工作等的专业教材或教学参考书，也可供其他相关人员参考使用。

目录

第一章　福利经济学概述/1
　　第一节　福利经济学的概念和特点/1
　　第二节　福利经济学的产生与发展/5
　　第三节　福利经济学的主要内容、学科关系及应用/7
　　第四节　福利经济学的研究方法/12

第二章　资源配置理论及其应用/18
　　第一节　帕累托原理/18
　　第二节　帕累托最优条件与资源配置效率/21
　　第三节　福利经济学基本定理/28
　　第四节　帕累托最优与产权理论/29
　　第五节　次优原理与第三优原理/32

第三章　补偿原理及其应用/47
　　第一节　补偿原理的含义/47
　　第二节　补偿原理的主要内容/48
　　第三节　补偿原理的应用/54

第四章　社会福利计量分析/60
　　第一节　社会福利计量指标的概念/60
　　第二节　价格变动的社会福利计量/62
　　第三节　经济剩余的应用/67

第五章 市场机制的福利分析/72
第一节 市场机制的含义与表现/72
第二节 市场失灵的福利效果/78
第三节 市场失灵的应对措施/82

第六章 公共物品的福利分析/95
第一节 公共物品的含义和类型/95
第二节 公共物品的需求和福利效应/101
第三节 公共物品供给的均衡分析/106
第四节 公共物品供应的成本—收益分析（CBA）法/117
第五节 政府监管的福利分析/128

第七章 收入分配理论及其应用/138
第一节 公平与效率/138
第二节 公平与效率关系学说/146
第三节 公平与效率原则在收入分配中的应用/155

第八章 社会选择理论/168
第一节 社会选择理论的起源与形成/168
第二节 阿罗不可能性定理及其应用/172
第三节 公共选择理论与规则/180
第四节 公共选择理论的实践意义/193

第九章 贫困与反贫困分析/200
第一节 贫困与反贫困概述/200
第二节 贫困根源理论及其分析/207
第三节 反贫困措施分析/212

第十章 社会保险的福利分析/237
第一节 社会保险的含义、特征与功能/237
第二节 社会保险的福利特征/239
第三节 社会保险福利陷阱分析/243

参考文献/253

第一章 福利经济学概述

> **学习目标**
>
> 通过本章的学习，了解福利经济学的基本概念和特点、福利经济学的发展历程和福利经济学的框架体系。在此基础上，深入理解福利经济学的应用意义以及研究和分析福利经济学的方法论。

第一节 福利经济学的概念和特点

一、福利经济学的基本概念

福利经济学（Welfare Economics）是在20世纪初逐步发展起来的一门理论和应用经济学科，它以研究社会经济发展与社会福利改善的关系为宗旨，涉及经济学、社会学、伦理学以及政治学等学科。因此，可以说福利经济学是众多学科交叉和汇聚多方面学术观点的一门社会科学。

关于福利经济学的含义，不同的学者有不同的观点。澳大利亚著名华人经济学家黄有光认为："福利经济学是这样一门学科，它力图有系统地阐述一些命题。依据这些命题，我们可以判断某一经济状况下的社会福利高于还是低于另一经济状况下的社会福利。"[1] 美国经济学家哈维·罗森（Harvey S.Rosen）认为："福利经济学是研究不同经济状态下的社会合意性的经济理论。"[2] 福利经济学创始人、英国著名经济学家庇古（Arthur Cecil Pigou）认为："福利经济学是研究增进世界的或某一国家的经济福利的主要影响因素。"英国经济学家李特尔（I.M.D.Littel）认为："最好是把福利经济学看成研究经济体系的一种形态比另一种形态是好还是坏，以及一种形态是否应该转变为另一种形态的问题。"美国著名经济学家萨缪尔森（Paul A.Samuelson）给福利经济学下的定义是：福利经济学是一门关于组织经济活动的最佳途径、收入的最佳分配，以及最佳的税收制度的学科。

---

[1] [澳]黄有光.福利经济学[M].周建明等译.北京：中国友谊出版公司，1991.
[2] 哈维·罗森.财政学[M].马欣仁，陈茜译.北京：中国财政经济出版社，1992.

可见，福利经济学是关于稀缺性资源使用效果的评价及判断的学问，是从福利的角度对经济体系的运行进行社会评估的经济学，借以判断一种经济体系的运行是增加还是减少了福利。由于福利经济学以是否改善社会福利为标准来决定资源配置使用的效率，因此，也需要介绍一下效用、福利、社会福利、社会福利函数等概念。

效用（Utility）是指个人需求得到满足的主观感受，或者说物品和服务能够满足个人需求的程度。所以，效用这个概念既具有客观性，又具有主观性。客观性是指被消费的物品及服务所具有的根本属性，主观性是指人们的心理感受。同样一件物品，由于人们的主观感受程度不同，因此效用大小也不等，在这个意义上，效用通常又称为个人偏好。甚至同一件物品，其在消费过程中，边际效用（Marginal Utility）也是不同的。根据不同学派的观点，效用可以分为两类：一类是基数效用（Cardinal Utility），是指可以用基数即实数来度量的效用概念；另一类是序数效用（Ordinal Utility），是指个人偏好不能用基数度量而只能排序的效用概念。

与效用相对应的另一个概念是福利（Welfare），是指个人生活的幸福满意程度，也指幸福美满的生活。效用通常是与福利等价的，但是在某些情况下，却不可相互替代。一般来说，在以下几种情况下，福利与个人效用是偏离的。

第一，一个人的偏好并不是由他自己的福利决定的，往往会受到其他人福利状况的影响。例如消费示范和攀比现象：甲和乙是一对邻居，甲买了一辆轿车，乙本来不想买车，但受甲的影响也买了车。

第二，利他主义风范也使得个人偏好背离个人的福利。例如，助人为乐者偏好改善他人的福利，而对自己的福利不甚关心。

第三，偏好和福利的背离也可能是由于无知或不完善的估计导致的。例如，固守不利的传统习惯和习俗。

第四，个人可能有不理智的选择，如抽烟和酗酒。

社会福利（Social Welfare）是指所有社会成员个人福利的汇总或集合。根据不同的效用观点，对社会福利的概念也有不同的理解。按照基数效用论，社会福利应该是所有社会成员福利的总和；按照序数效用论，社会福利应该是以所有社会成员福利为自变量的函数，是所有社会成员的共同福利。后者又可分为以意大利经济学家、社会学家帕累托（Vilfredo Pareto）命名的帕累托型社会福利和以美国政治哲学家罗尔斯（John Bordley Rawls）命名的罗尔斯型社会福利。在社会福利中，可以用货币来度量的那部分社会福利，又称为经济福利；反之，不可以用货币度量的社会福利称为一般福利，例如，由友谊、正义等产生的精神愉悦、心理满足等。福利经济学中的研究对象主要是经济福利。

社会福利函数（Social Welfare Function，简称 SWF）是反映社会整体福利与个人福利之间关系的函数，是把社会福利看作个人福利的总和。如果以效用水平表示个人福利，则社会福利就是个人效用的函数。它是以每个社会成员的个人福利为自变量的函数，一般以符号 W 表示。假设社会中共有 n 人，社会福利函数表达式如下所示：

$$W = f(U_1, U_2, \cdots, U_n) \qquad 公式（1-1）$$

一般社会福利函数有四种类型。

1. 功利主义（古典效用主义）社会福利函数

$$W = \sum \{U_i\} \qquad 公式（1-2）$$

古典效用主义的社会福利函数把社会福利看作所有社会成员的福利或效用的简单加总，任何社会成员的福利都被平等对待，即 $W = U_1 + U_2 + \cdots + U_i$，其中，代表社会成员福利水平的"$U_i$"是可以用具体数字 1、2、3 等来度量的基数效用。

2. 罗尔斯社会福利函数

$$W = \min\{U_i\} \qquad 公式（1-3）$$

罗尔斯主义的社会福利函数（Rawlsian SWF）：$W = \min(U_1, U_2, \cdots, U_i)$，即社会福利水平取决于社会中效用最低的那部分人的福利水平。该函数假定每个社会成员都有最基本的自由，他们无法预知自己处于何种效用水平上，而且，每个人都是厌恶风险的，罗尔斯社会福利函数遵循的是最大最小标准，即社会福利最大化的标准应该是使境况最糟的社会成员的效用最大化，同时使所有人在机会平等的条件下都有事情可做。

3. 最大最大（精英型）社会福利函数

$$W = \max\{U_i\} \qquad 公式（1-4）$$

精英者的社会福利函数（Elitist SWF），其函数形式是：$W = \max(U_1, U_2, \cdots, U_i)$，即社会福利水平取决于社会中效用最高或境况最好的那部分人的福利水平。该函数允许极度的两极分化，因而受到广泛的批评。

4. 纳什（John Nash）社会福利函数

$$W = U_1 U_2 \cdots U_n \qquad 公式（1-5）$$

纳什的社会福利函数（Nash's Swf）：$W = U_1 U_2 \cdots U_i$，即社会福利水平为所有社会成员效用水平的乘积。该函数形式有以下两点不足：一是当某一效用水平为负，其他效用水平为正时，社会福利水平也为负，而与其他社会福利水平为很小的正值的社会状态相比，这实际上不一定是一种不可取的社会状态；二是当某些效用水平为极小的纯小数时，同样会出现上述情况。纳什社会福利函数与功利主义福利函数在社会福利最大化时的基本原理是一致的。

上述四种社会福利函数虽然都反映了个体福利与社会福利的关系，显示了社会福利是个体福利水平的函数，但是这个函数关系形式却不同，有些函数关系之间差异巨大，反映了不同的社会价值判断标准。

二、福利经济学的学科特点

福利经济学是经济学门类中一个重要的分支学科，是建立在经济学基础理论之上的一门社会科学分支。它不仅是古典经济学的自然衍生发展，也是对其他经济学分支的重要补充和验证。福利经济学作为经济学的一个特色分支学科，具有以下特点：

第一，福利经济学具有规范性特征。福利经济学又称为规范经济学（Normative Economics），是经济学中研究规范问题较多的分支学科。传统古典经济学一般研究为谁生产、生产什么、生产多少等问题，而福利经济学则多研究为什么生产和如何有效生产等问题。由此可见，福利经济学更强调资源使用的有效性和合理性，以及整体社会福利的发展高度。

第二，福利经济学具有实证性特征。福利经济学的实证性特征往往表现在应用福利经济学分析上。实际上，福利经济学既具有规范性（Normative），又具有实证性（Positive）。从其研究社会经济变动对社会福利的影响大小来看，属于实证性分析；从其研究社会资源配置效率和对社会经济政策展开规范性分析并作出最佳选择来看，又属于规范性分析。因此，福利经济学的研究内容具有双重性特征。

第三，福利经济学具有综合性学科特征。福利经济学虽然是经济学分支学科，但同时也融合了其他社会科学的思想和理论。福利经济学以经济学方法研究如何最大化社会福利问题，这必然涉及社会学、政治学、伦理学、政治经济学等社会学科；福利经济学研究资源合理配置问题，这必然与微观经济学、宏观经济学等有关联。此外，福利经济学在研究具体社会福利问题时，又与幸福经济学、民生经济学以及公共经济学等有交叉。因此，福利经济学具有综合性学科特征。

第四，福利经济学具有极强的社会实践性特征。福利经济学作为经济学分支之一，顾名思义，它是研究社会福利发展规律的学科。社会福利概念广泛，既包含社会经济发展水平，也包含民生福利发展状况等。无论是前者还是后者，都关乎社会发展实际情况。因此，福利经济学必须紧密贴合社会实际，不能脱离社会实际，一切从社会实际出发。依据福利经济学原理制定的社会经济政策必须要能解决社会实际问题，促进社会福利发展。

第二节　福利经济学的产生与发展

福利经济学在经济学发展史上是产生较晚的一门学科。古典经济学主要关心的是社会经济活动中的生产、交换以及分配和消费问题，也就是物质财富的增长问题。但是随着社会经济的不断发展，分配不公、贫富分化问题日益凸显，于是就产生了一些思想理论来分析解决此类问题。最早有空想社会主义的论述，此后又产生了功利主义思想、改良社会主义思想等。

一、福利经济学的产生

福利经济学是在多种思想学派和学说的基础上逐步发展形成的，包括功利主义代表人物、英国经济学家边沁（Jeremy Bentham）和英国著名哲学家约翰·穆勒（John Stuart Mill）、提倡社会改革的福利经济学先驱、英国经济学家霍布森（John Atkinson Hobson）、新古典学派的庇古、瑞士洛桑学派的帕累托以及其他学者的思想和学说等。功利主义思想是福利经济学的哲学基础，提倡自由放任的经济原则，个人追求自己的利益最大化，整个社会要实现绝大多数人的最大福利。

19世纪70年代，西方经济学界发生了边际主义革命，提出了边际效用价值理论，为边际分析方法打下了理论基础。此后，西方经济学的重点转向利用边际原理分析资源配置效率问题，即消费者的效用最大化和生产者的利润最大化问题，而收入分配的合理化问题则受到冷落。边际主义革命促进了资本主义的进一步发展，同时物质财富的分配差距越来越大，阶级矛盾日益尖锐。早在19世纪前半期，一部分社会有识之士对资产阶级的行为提出了深刻的批评并进行了揭露，例如，三大空想社会主义者圣西门、傅立叶和欧文，他们的思想和学说无疑对当时资本主义社会思想意识的发展产生了重大影响。一部分社会改良主义者为缓和阶级矛盾，促进资本主义制度良性发展，提出了一系列福利措施来安抚工人阶级、化解矛盾，这种改良主义思潮以英国费边社会主义为代表，形成于20世纪20年代，随后不断发展，在第二次世界大战结束后成为福利国家的理论基石。

福利经济学的萌芽是20世纪初瑞士洛桑学派的重要代表人物意大利经济学家帕累托提出的福利经济理论，但未受重视。直到1920年，庇古出版了《福利经济学》这本书，标志着福利经济学的诞生。庇古第一次建立了福利经济学理论体系，对福利概念及其政策应用做了系统论述，在经济学发展史上具有划时代意义，因此被誉为"福利经济学之父"。

二、福利经济学的发展

尽管庇古开创了福利经济学理论体系,但早在庇古福利理论提出前20多年,帕累托就提出了相关福利理论;而第二次世界大战以来的福利经济理论研究是沿着帕累托理论体系发展的,被称为新福利经济学,庇古的理论体系则被称为旧福利经济学,这与理论实际提出的时间顺序正好相反。

庇古的福利经济学理论是建立在基数效用假设和人际效用可以比较的前提条件下的,这个观点受到了他的学生、英国著名女经济学家琼·罗宾逊(Joan Robinson)及其他经济学家的批评。琼·罗宾逊认为个人福利是不可计量的,更无法进行比较。英国著名经济学家卡尔多(Nicholas Kaldor)、希克斯(John R.Hicks)以及阿巴·勒纳(Abba Ptachya Lerner)从帕累托理论出发对庇古福利理论也进行了批判。旧福利经济学的主要理论表现在两个方面:一是社会总福利的大小不仅取决于国民收入的总量大小,而且受到国民收入分配结构的影响,趋于平均的国民收入分配方式会引导社会福利最大化;二是提出了社会资源配置的效率原则,即边际私人收益和边际社会收益、边际私人成本和边际社会成本这两组指标的合理运用问题,为资源合理有效配置提供了指导原则,这实际上是提出了经济中外部性问题(Externality)的解决方式。

新福利经济学建立在序数效用假说和无差异曲线分析的基础上,以避免涉及福利计量的手段和效用的人际比较问题。帕累托关于资源配置效率提出了"帕累托改进"和"帕累托最优"两个概念,这也是新福利经济学为社会经济政策的取舍提出的一个判断标准。当然,帕累托提出的标准较为简单,只适合部分社会变革情况,对于一些更为复杂的社会经济变动,帕累托标准就不再适用了。于是在20世纪三四十年代,又提出了一系列其他福利判断标准,如卡尔多—希克斯标准、西托夫斯基(Tibor Scitovsky)标准和李特尔标准等。这些福利判断标准又称为补偿原理。

在20世纪40年代,法国哲学家伯格森(Henri Bergson)和美国经济学家萨缪尔森分别提出了社会福利函数理论。他们认为,社会福利的改善不仅与资源配置效率有关,而且也受到收入分配的影响,而在任意收入分配状况下都可以实现资源的最佳配置。因此,要提高整体社会福利水平,仅仅关注资源配置效率是不够的,还需要考虑适当的收入分配状况。社会福利函数理论强调社会福利是个人福利的函数,要想使社会福利最大化,就要使个人福利最大化;而要使个人福利最大化就要实现个人选择的充分自由,也就是主张经济自由主义。

第二次世界大战以后,在欧洲建立福利国家制度的影响下,福利经济学的研究也得到了进一步的发展。美国经济学家阿瑟·奥肯（Arthur Oken）提出了"漏桶"原理，对公平与效率之间的关系进行了深入的分析，罗尔斯提出了原初状态下的公平优先定理；美国经济学家理查德·伊斯特林（Richard Easterlin）和米香（Mishan）等根据相对收入学说和有关福利含义的讨论提出了相对福利学说；美国经济学家肯尼斯·约瑟夫·阿罗（Kenneth J.Arrow）论证了将个人偏好次序整合为社会偏好次序的不可能性定理，阿罗的不可能性定理促使社会选择理论的产生和发展。

20世纪70年代，印裔英国经济学家阿玛蒂亚·森（Amartya Sen）揭示了导致阿罗不可能性定理的原因，即阿罗不可能性定理只适用于投票式集体选择规则，该规则无法揭示有关人际间效用比较的信息，而阿罗定义的社会福利函数实际上排除了其他类型的集体选择规则，因而产生了不可能性结果。阿玛蒂亚·森进一步指出，新福利经济学采取的序数效用分析法存在致命不足，即缺乏充分的有效信息进行社会排序；而基数效用可以提供充分有效信息进行人际间效用比较，从而获得一定的社会排序。由此提出了新古典效用主义的社会福利函数，福利经济学开始向效用主义回归。

20世纪80年代以来，福利经济学又得到了广泛的关注和重视。20世纪80年代中期，阿玛蒂亚·森将社会个体潜能的实现作为福利评判的主要内容，认为对资源的占有状况必然影响个人潜能的实现。这种强调生活质量和发展权益的理论又称为后福利主义（Post Welfarism）发展理论。后福利主义的发展观认为，每一个社会个体或群体均享有发展权益，包括社会、经济和政治等方面的权益。不仅要注重当前已经实现的各种权益，更要注重社会个体或群体可能实现的各种潜在的权益。随着经济全球化的不断加深，关于人类贫困和发展问题的认识也不断深入，对社会福利的理解也在不断拓宽和深化，新观念和新理论将会层出不穷。

第三节　福利经济学的主要内容、学科关系及应用

一、福利经济学的主要内容

相对于实证经济学主要研究实际经济运行原理而言，福利经济学主要讨论分析资源如何合理配置、收入分配状况如何以及对社会福利的影响。因此可以说，实证经济学是从个体效率出发（尽管宏观经济学研究总量经济问题，但其最终目的是服务于个体效率的提高或与个体效率的改善有密切关系），而福利经济学是从总体效率或总体福利出发，其目标是提出实现社会福利最大化的政策方案或改革措施。鉴于福利经济学的学科性质

和研究宗旨，福利经济学的主要内容包括四个部分。

（一）资源配置效率研究

如上所述，福利经济学的研究对象之一是如何合理配置经济和社会资源及其判断标准问题。而福利经济学关于资源配置效率研究的内容，主要包含在新福利经济学的理论体系中。具体来说，从最早诞生的帕累托原理，到卡尔多补偿、希克斯补偿和次优原理，以及第三优原理等，对资源配置效率标准和条件进行了深入全面的分析和阐述。这些论述不仅丰富了福利经济学的理论体系，也为经济学大厦的建设增砖添瓦，为人类社会的良性发展指明了方向。可以说，福利经济学关于资源配置效率问题的研究是在不断前进的。20世纪50年代后关于产权理论的分析，为经济体制效率的比较分析提供了重要理论工具；公共选择理论关于政府行为的经济研究，为政府效率分析打下了理论基础。所有这些发展，为丰富福利经济学理论体系提供了不竭的源泉。

可以说，资源配置问题广泛存在。配置资源的方式有多种形式，如市场机制和计划机制、政府配置或社会配置等。近年来发生的轰动全国的北京大学教授关于"产业政策"之争，即是典型的关于资源配置效率问题的争论。党的十八届三中全会公报中，"发挥市场在资源配置中的决定性作用"这句话可谓资源配置争论的重大科学结论。由此可见，福利经济学关于资源配置方式的分析决定了政策制定的方向，因而也是政策科学的理论基础。从最终结果来看，资源配置问题实际上可以形象化为"做大蛋糕"的问题。

（二）收入分配理论研究

收入分配的重要性最早出现在旧福利经济学的理论阐述中。庇古曾经写道："社会总福利的大小，不仅取决于国民收入总量的多少，而且取决于国民收入在不同社会成员之间的分配。"庇古认为，由于货币的边际效用递减，只有实行收入平均分配才能最大化社会福利。关于收入分配的形式和结果，不同学者有不同的论述，功利主义者认为平均分配最好；市场主义者认为市场机制分配效率最佳；资本主义者认为财富应该向富人手中聚集，才能发挥更大的效益；而罗尔斯主义者认为，收入应该向更有利于改善穷人福利的方向分配。可见，关于收入分配的理论争议是相当激烈的。理论争议的背后，反映了不同社会阶层、利益集团的利益冲突。总之，收入分配不仅关系经济的发展，也必然影响社会的和谐发展。

收入分配研究不仅包括对收入分配方式的研究，还包括对收入分配结果及其社会影响的研究。收入分配结果关系社会稳定和可持续发展，因此也是各国政府十分关注的问题。收入差距大小对于社会成员来说十分敏感，保持一个合理的收入差距水平是一个理想社会的象征。可以说，收入分配问题实质上是如何"分配蛋糕"的问题。

（三）社会福利度量和影响研究

社会福利度量是福利经济学的一项十分重要且不可缺少的内容。对社会福利度量及其影响因素的分析研究是福利经济学体系的中心支柱，是福利经济学发展壮大的基础。也就是说，社会福利的度量和影响因素研究是福利经济学的根本组成部分。如何对社会福利进行度量？社会福利度量的方式有几种，具体是什么？社会福利度量的影响因素有哪些？诸如此类的问题是福利经济学的主题。社会福利度量是社会福利计量的技术问题，社会福利度量方式的发展和完善，可以反映社会福利发展的状况，以及人类社会发展的文明程度。当前，较为成熟的社会福利度量方式有马歇尔经济剩余法、希克斯补偿剩余法、各类贫困指数法、人类发展指数法以及其他较为高级的社会福利度量方法，在后续章节里我们将进行详细论述。

（四）公共选择理论研究

公共选择理论是在20世纪50年代之后逐步发展和应用的一门经济学科。它实际上是运用经济学方法来分析和研究社会选择问题以及政府运行的效率原理等。因此，它是一门交叉科学，是社会学、政治学和经济学混合研究的产物。公共选择理论发展的特殊背景和理论特色，为福利经济学的进一步发展开拓了一片新天地。公共选择理论从个体选择与集体选择的关系出发，分析社会总福利最大化的可及性；运用经济学原理分析政府决策方式和程序，探讨政府决策的成本和效益以及最佳政府运行规模等问题。总之，公共选择理论不仅是应用经济学的一个重要分支，也是理论福利经济学的重要组成部分。

福利经济学内容体系是广泛而松散的，既包括宏观经济现象研究，也包含微观经济活动研究；既对实证经济活动展开"价值判断"分析，又涉及社会福利自身的价值衡量问题或福利度量问题；既是经济理论，又是政治学、社会学等学科的重要理论成分。从学科体系来看，可以通过框图来反映福利经济学和其他学科之间的关系，如图1-1所示。

二、福利经济学的学科关系

福利经济学作为经济学的分支学科，是在经济学原理基础上发展衍生出来的。但由于福利经济学以社会福利发展为研究对象，必然会涉及政治学、社会学、伦理学等学科知识，必然会融合其他相关学科的理论精髓，这在福利经济学发展过程中贯穿始终。在

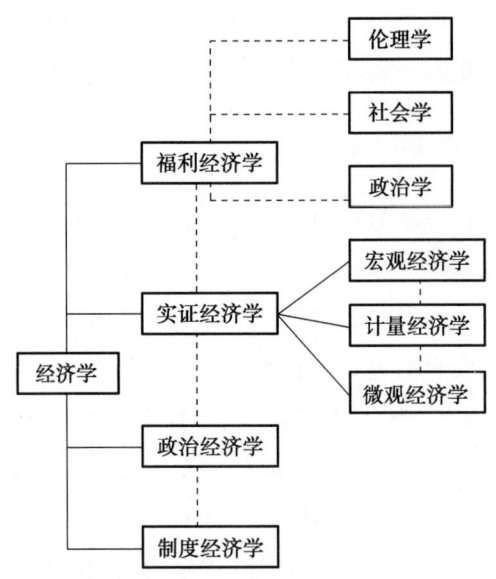

图 1-1　福利经济学与其他相关学科之间关系图

注：图中实线表示包含关系，虚线表示有交叉关系或影响关系。

此主要介绍福利经济学与政治学、社会学及伦理学等学科的关系。

1. 福利经济学与政治学

福利经经济学是研究社会福利发展问题的学科，而政治学是研究国家的基本理论和制度，包括国家的起源、构成要素、体制、政治原则、政治权利和政治制度等。可以说，政治学是研究国家发展根本制度的学科。因此，福利经济学的发展离不开政治学的指导和约束，二者的研究目标有重合性。

2. 福利经济学与社会学

社会学是研究人类社会各种社会生活现象的学科，是社会科学的基本学科之一。社会学将研究重心很大一部分放在现代社会中的各种生活实态，或是当代社会如何演进形成今日的过程，既注重描述现状，也不忽略社会变迁。社会学的研究对象范围广泛，小到几个人面对面的日常互动，大到全球化的社会趋势及潮流。家庭、各式各样的组织、企业工厂等经济体、城市、市场、政党、国家、文化、媒体等都是社会学研究的对象，而这些研究对象的共通点是一些具有社会性的社会事实。社会学是以人类社会整体作为研究对象的学科，这与福利经济学产生了千丝万缕的关系。福利经济学恰以提升人类社会整体福利为研究目标，这与人类社会生活密切相关，因此福利经济学的研究必然要以社会学研究为基础。

3. 福利经济学与伦理学

伦理学的本质是关于道德问题的科学，是道德思想观点的系统化、理论化。或者说，伦理学是以人类的道德问题作为研究对象。伦理学要解决的问题既多又复杂，但伦理学的基本问题只有一个，即道德和利益的关系问题，亦即"义"与"利"的关系问题。这个问题包括两个方面：一方面是经济利益和道德的关系问题，即两者谁决定谁，以及道德对经济有无反作用的问题；另一方面是个人利益与社会整体利益的关系问题，即两者谁从属于谁的问题。对这一基本问题的不同回答，决定着各种道德体系的原则和规范，也决定着各种道德活动的评判标准和取向。福利经济学的研究对象就涉及个人福利与整体福利的关系问题。此外，传统古典经济学主要强调经济人理性假设，而忽略了社会道德问题；而福利经济学重拾道德标准，无疑是吸收了伦理学理论精华的结果。

除了与上述学科有密切关系之外，福利经济学还与人类学、心理学、政治经济学、公共政策学、社会心理学、统计学、财政学、高等数学等学科有着密不可分的关系。

三、福利经济学的应用及其影响

福利经济学作为经济学的一个重要分支，不仅为经济理论的发展做出了重要贡献，而且也为经济政策的制定和经济发展的质量提供重要评判标准，在经济和社会发展实践中具有不可替代的作用。福利经济学既在经济学理论发展中起到重要的推动作用，又在经济和社会发展实践中具有指导作用，其应用主要表现在以下几方面。

第一，福利经济学理论是社会、经济政策方案选择的指导标准。从福利经济学发展历史来看，福利经济学的每一项理论都与社会发展实际密切相关。例如，旧福利经济学关注收入公平和社会总福利的改善，因此提出收入均等化措施；新福利经济学代表帕累托提出资源配置最优原理，为经济政策方案的选择提供了准则，等等。可以说，福利经济学是关注民生、关注整体资源优化的经济科学，它与经济、社会发展实际息息相关、相互影响。

第二，福利经济学的发展标志着人类社会文明的进步以及社会发展的程度。第二次世界大战结束不久，作为福利经济学理论的一项重要实践，福利国家主义出现了，并在欧洲一些资本主义国家逐步盛行。关注全体公民的福利不仅体现人类自身的完善，也是社会的进步。可以说，福利国家制度的实践是一项社会制度的革命。尽管在20世纪80年代，福利国家制度遇到挫折，但是它对福利经济学发展无疑起到了推动作用。

第三，福利经济学理论弥补了实证经济学的不足，并且推动了经济学理论的发展。例如，实证经济学所研究的市场决策问题，企业根据利润最大化决定产量；消费者根据效用最大化决定购买量。要实现市场均衡,必须满足一些前提假设。但在实践中,假设条件很难实现,容易出现市场失灵。有关这些问题的分析恰恰是福利经济学的研究对象。

第四,福利经济学研究也推动了其他学科的发展。例如,社会学、政治学等学科的某些理论直接产生于福利经济学的研究或受到福利经济学理论的影响。

总之,福利经济学的发展不仅对社会、经济的发展产生了直接而深远的影响,而且也对其他经济学分支(如产权理论、制度经济学)的发展起到了推动作用。

第四节 福利经济学的研究方法

福利经济学作为经济学的一个重要组成部分,在研究方法上不仅具有经济学研究的一般特征和规律,而且还具有其自身的研究规律和特殊性。在此,我们对福利经济学研究方法的内容及特点总结概述如下。

一、定性分析法

定性分析法(Qualitative Analysis Method)又称为品质分析法,它是经济学研究中使用较为普遍的方法。所谓定性分析法,是指运用概念定义,在相关前提、公理、假设等条件下,对经济学现象特征和规律进行定性分析、语言文字描述和说明的方法。定性分析法是经济学研究的基本方法之一,例如,对经济概念的阐述和经济理论的说明等。在福利经济学的研究中,我们也经常利用定性分析法,例如,对各种福利经济学概念的定义、福利经济的特征说明,对福利经济学理论的逻辑分析论证等。由于该方法运用的普遍性,我们对该方法并不陌生,此处就不再赘述了。

二、定量分析法

定量分析法(Quantitative Analysis Method)是对社会经济现象的数量特征、数量关系与数量变化进行分析的方法。定量分析法也是福利经济学的基本研究方法之一。定量分析法一般包括比率分析法、趋势分析法、结构分析法、对比分析法和数学模型法等。其中,比率分析法是基础,趋势分析、结构分析和对比分析等方法是延伸,数学模型法代表了定量分析的发展方向。福利经济学中定量分析法就是指运用图示、数据表以及有关数据模型对社会福利、经济现象等进行分析说明的方法。该方法具有直观、清晰和确凿的说服力等优点,是福利经济学研究的一个不可替代的重要方法。由于福利经济学理论较为抽象,通过图表数据的论证和说明,理论要点更为直观,便于理解,还可以达到文字描述和逻辑分析所不能达到的生动、准确的效果。该方法在本书中将被大量运用，例如，经济剩余的图示法，社会福利效应的变动说明等。

三、历史分析法

历史分析法（Historical Analysis Method）也是在社会科学研究中经常可见的一种研究方法。该方法强调从历史的角度来分析问题，从历史的描述和分析中找到问题的答案，因此定名为历史分析法。该方法最为著名的运用是体现在制度经济学的分析研究中。通过对经济史的分析研究，制度经济学家发现了制度这一因素在经济和社会发展变迁中的关键作用，由此也带来了制度经济学的创新。其实，历史分析法早在德国新旧历史学派的研究中就已开始运用了。福利经济学研究无疑也离不开历史分析法。通过对福利经济学发展历程的分析以及对社会福利政策制度演变的了解，可以加深对福利经济理论规律的理解，有助于发现新的规律，从而推动福利经济学的进一步发展。

四、比较分析法

比较分析法（Comparative Analysis Method）也是较常使用的一种社会科学研究方法。通过对不同对象在不同标准下的比较分析，可以了解同一事物的不同侧面。实际上，在自然科学研究中经常采用的对照试验法，与此较为近似。在福利经济学研究中，比较分析法也是十分重要的研究方法。例如，在社会福利政策研究中，经常要对不同国家的社会福利体制进行比较分析，这样才能全面认识社会福利体制与一个国家国情特点的关系。在税收的福利效应分析中，只有对不同税种的福利效应进行比较分析，才能确定哪一税种更有利于社会福利的改善。

五、博弈分析法

博弈分析法（Game Analysis Method）是运用博弈理论（Game Theory）对社会经济活动中的当事人之间互动的影响关系进行分析的方法，也是经济学等社会科学中的一种重要分析方法。该方法主要用于分析经济活动中行为主体之间的相互影响关系。福利经济学以研究资源配置效率和收入分配为中心，必然涉及所有社会成员之间的利益关系。也就是说，福利经济学研究各种社会和经济决策及其决策结果，而这些决策结果是所有社会成员之间相互博弈的结果。因此，博弈理论为福利经济学研究提供了有力的分析工具。

六、系统分析法

系统分析法（Systematical Analysis Method）是运用系统科学理论对社会经济现象进行

整体分析的方法。系统科学是控制论、信息论和系统论的统称，是现代自然科学、社会科学和思维科学等发展综合的结果，也是现代科学研究的一般方法论。系统科学主张将事物和研究对象看成一个整体，研究其要素、结构和功能的相互关系，通过信息的传递和反馈实现系统之间的联系并促进系统的最优化。福利经济学研究社会资源的最优配置和收入的合理分配，以实现社会福利的最优化。因此，福利经济学研究必然涉及社会资源系统的优化配置问题、社会国民收入系统的合理化问题以及社会福利系统的最优化问题，通过信息论和控制论原理对这些系统实现整合和最优控制，以实现社会的目标和谐发展。

以上只是简单介绍了福利经济学研究中经常运用的几种基本方法，通过这些方法的运用，福利经济学理论得到全面深入的发展，也促使福利经济学的发展更加符合社会发展实际，更能有效地指导社会发展、改革实践。当然，在福利经济学的不断创新发展中，也必然有一些特殊的研究方法会更有力地推动福利经济学理论的创新和突破。

【本章小结】

福利经济学的主要研究对象是资源配置效率问题、收入分配合理化问题、社会福利度量方法及社会福利最大化等有关社会整体资源配置效率问题。福利经济学的研究成果不仅填补了经济学理论研究的空缺，也为实证经济学研究提供了理论指导。

福利经济学具有极强的社会实践性。福利经济学的发展是符合社会发展需要的结果。当代社会最突出的主题是关心人类自身的发展和人类整体福利的改进，因此，福利经济学理论研究为当代社会福利改善提供了理论指导。

福利经济学研究内容是十分广泛的，研究手段也是很多的。因此，全面深入地研究福利经济学，必须建立在多学科交叉的基础上，学会运用定性分析法、定量分析法、历史分析法、比较分析法、博弈分析法和系统分析法等多种研究方法，才能更好地理解和运用福利经济学，并推动福利经济学的发展。

福利经济学研究离不开其他社会科学的发展。由于福利经济学从经济学原理出发，以资源充分合理使用和人类全面均衡发展为研究主题，必然与社会学、政治学、伦理学、人类学等人文社会科学密切相关、相互影响。因此，交叉研究是福利经济学研究的一大特色。

【关键概念】

福利经济学　福利　社会福利　社会福利函数　实证经济学　后福利主义

资源配置效率　社会福利度量　历史分析法　系统分析法　博弈分析法

【复习思考题】

1. 什么是福利经济学？如何理解福利经济学与实证经济学的关系？
2. 简述福利经济学的发展历史。
3. 什么是福利和社会福利？如何理解个人福利和社会福利？
4. 什么是旧福利经济学？其理论要点有哪些？
5. 旧福利经济学观点为什么会受到批评？
6. 新福利经济学的理论假设有哪些？
7. 福利经济学在当代社会的发展主要有哪些表现？福利经济学的研究意义是什么？

【案例分析】为什么要学习福利经济学？

在福利经济学学习中，必然会涉及以下问题：GDP（国内生产总值）增长代表社会发展吗？政府采取何种征税方式较好？如何判断社会政策改革的有效性？如何最大化国民福利？等等。我们就第一个问题展开分析。

GDP 是世界通用的重要宏观经济指标，也是我国国民经济核算的核心指标。从产品形态看，GDP 表现为所有最终产品的价值之和；从价值形态看，GDP 表现为一国或地区所有常住单位的增加值之和；从收入形态看，GDP 表现为所有常住单位的生产活动所形成的原始收入之和。尽管有种种缺陷，但到目前为止，它仍是衡量一个地区，特别是一个国家经济总体水平和规模的综合性指标，科学核算出的 GDP 及其增长率可以基本反映总体经济增长水平和发展趋势。经济发展是整个社会发展的基础，GDP 增长是经济发展的基础，一般说，没有经济数量的增长就谈不上发展，也谈不上扩大就业、提高人民群众生活水平。总之，保持一定的经济增长速度，对于建设和谐社会是必要的，树立和落实科学发展观同保持 GDP 的增长是内在统一的。

辩证看待 GDP，更要以科学发展观为指导，以新的视角和新的深度看待经济增长，这就要更加重视 GDP 的内涵。我们说发展要有好速度，就要看经济的增长是不是有质量、有效益、有市场，反映在 GDP 中的增加值也即社会劳动的价值是不是实现了。我们说科学技术是第一生产力，就要看推动 GDP 的动力是否建立在科教兴国的基点上，是否真正形成自主创新的核心竞争力。我们说优化结构是好速度的基础，就要看支撑 GDP 增长的经济结构是否改善，经济体制是否转轨，粗放的低端生产力是否调整转移，新的高端生产力是否聚集释放。我们说经济增长要持续平稳健康，就要看作为 GDP 增长主要因素的支柱产业的抗波动能力强不强。我们说要建设节约型社会，就要看我们的 GDP 在变"大"的同时是否变"绿"、变"轻"。我们说要全面、协调、可持续发展，就要看经济增长为政治、文化建设和和谐社会建设提供了什么样的基础。总之，既要保持一定的增速，更要注意 GDP 的科学内涵，这样才能既快速又平稳，既健康又持续。

我们要清醒地看到，我们的经济快速增长，在一定程度上是靠激活土地、生产资料等要素能量和高强度投资带来的。这种"财富驱动"即依赖资源的发展的模式，在发展初始阶段是不可避免的。但是这种发展模式毕竟难以支撑全面实现小康社会及未来的发展。我们要坚定不移地转向"创新驱动"的发展路径，转变经济增长方式，注重提升 GDP 增长的内涵，不断增加科技含量，不断提高经济效益，不断提高劳动生产率，真正以创新带动超越。当前能源趋紧，从长远看，是中华民族振兴的"心腹大患"，是民族复兴的"软肋"；从目前看，是重大的现实挑战。我们要把挑战变成机遇，把压力变成动力，就要把能源紧约束变为加快经济增长方式转变的时机，把适时地转变经济增长方式作为提高执政能力的重大课题。一是把增强自主创新能力作为转变增长方式的中心环节，加快走通"华山天险一条路"，靠科学技术创建节约型 GDP；二是大力发展循环经济，按照减量化、再使用、再循环原则，节地、节能、节水、节材和资源综合利用，真正使 GDP 变"绿"、变"轻"。

在增长方式转变、经济结构转型的阶段，在低端生产力尚在转移、高端生产力还在聚集时，可能会出现某些领域增长速度放缓，这是一种既要重视，又不必惊慌的"过程现象"，好比在游泳中换气，只有换气，才能游得更快更远。因此，劲可鼓而不可泄，关键是辩证看速度，辩证看 GDP，调整我们的视角，提升我们的眼界，一旦 GDP 的内涵按照科学发展观的要求逐步深化、优化，经济就会走上更加良性发展的轨道，真正具有强大和持续的经济竞争力，真正加快全面实现小康社会的步伐，真正屹立在世界大国、强国之林。

GDP 作为一个经济指标并不是完美无缺的，存在着许多局限性，我们不可能要求 GDP 能够满足所有各方面的要求，世界上没有任何一个统计指标能够做到这一点。

第一，GDP 不能反映经济发展对资源环境造成的负面影响。我国人均资源占有量远低于世界平均水平，如果当前的经济发展过度消耗了自然资源，就会对未来的经济发展造成无可挽回的重大损失。人们在发展经济的时候，不可能不消耗自然资源，但资源是有限的，必须得到保护和有效利用，避免过度消耗。目前，生态污染损害多数不计入成本，这是当前影响我国经济发展的重大问题。

第二，GDP 不能准确地反映一个国家或地区的财富变化，只能反映当期新形成的劳动成果，不能反映财产灭失的情况。一个国家的财富能否有效地增长，不仅取决于GDP中固定资本形成总额的大小，还取决于其质量。如果质量不好，"豆腐渣"工程多，所形成的固定资本没有到使用期限就不得不报废，那么固定资本形成总额再多，也许都不能有效地提高国民财富。所以，我们不仅要注重GDP的数量，还要注重它的质量。

第三，GDP不能反映某些重要的非市场经济活动。有些非市场经济活动在人们的日常生活中占有很重要的位置，比如家庭妇女做饭、打扫房屋、照顾老人、养育子女等。这些活动没有发生支付行为，按国际标准，GDP不反映这些活动。但是，如果上述活动由雇用来的人承担，支付了劳动报酬，按国际标准，相应的活动就必须反映在GDP中。

第四，GDP并不能全面反映人们的收入分配水平和福利状况。一般来说，人们的福利状况会因收入的增加而得到改善。人均GDP的增加代表一个国家人民平均收入水平的增加，相应地，这个国家的人民平均福利状况将得到改善，但是，也许由于收入分配的不平等，一小部分人得到了更多的收入，大多数人的收入并没有增加，或增加很少，因此，大多数人的福利状况并没有得到改善或改善很少。

第五，GDP不能反映经济增长成本代价、负面效应、产品结构是否合理等问题。例如，为了生产一定数量的GDP，需要多少固定资产投资，消耗多少资源，投入多少流动资金，造成多大伤亡，对生态环境造成多大破坏等都反映不出来。

第六，GDP把一些被动的恢复性投入作为正值计算，使GDP虚假的成分增高。GDP实际上反映的是一定时期内新投入的价值总量，而不论这种投入是否增加效益。面对前期发展过程中造成的环境污染，国家会不断加大投入进行治理；面对地震、洪水、风暴等自然灾害造成的破坏和损失，国家要及时地进行恢复性建设。上述这些活动并没有真正使经济发展和人民生活水平得到提高，但其价值投入都作为正值计算GDP，往往产生一些虚假的增长印象。

第七，掩盖了某些由于历史、地理等原因造成的差别。GDP作为对整个国家或一个地区经济产出总量的指标，完全撇开了自然禀赋的差别、生产力发展的历史遗产的差别、不同产业性质的差别、不同使用价值的差别、不同支出的差别等。因此，GDP总量既可以掩盖产业结构、分配结构的不合理，也可以掩盖地区之间和产业之间事实上的不平等。

由上述分析可见，从福利经济学视角来看，要正确对待GDP这一经济指标。不能一味追求GDP指标增长而不顾其他有关社会福利指标的发展。

（参考资料：潘璠. GDP不能承受之重［M］. 北京：中国统计出版社，2009.）

第二章 资源配置理论及其应用

> **学习目标**
>
> 通过本章的学习，了解以下主要内容：帕累托原理的概念及其主要内容，帕累托最优的条件及其分析，帕累托最优状态与一般均衡的关系，帕累托最优在制度经济学中的应用，次优原理的含义及主要内容，次优原理与第三优原理的运用等。本章内容丰富、覆盖面较广，应该重点掌握以下内容：帕累托改进与帕累托最优的基本含义，帕累托最优的基本条件，福利经济学第一定理、第二定理、次优原理、第三优原理及其应用。应该深入理解帕累托最优的条件分析、帕累托最优与一般均衡分析、次优原理的应用等。

第一节 帕累托原理

新福利经济学的创始人帕累托认为，福利经济学研究应该以经济效率为中心，在收入分配一定的条件下，研究如何合理有效地配置社会资源，使社会总产出最大化，社会总福利不断改善。帕累托提出了社会资源配置的价值判断标准，这个标准建立在序数效用理论基础上，并且强调效率、忽视公平，对社会经济活动采取一般均衡分析的方法，取得了一系列重要理论成果。帕累托标准又称为帕累托原理，是广为运用的效率判断标准。帕累托原理包括两个部分：一是帕累托改进，属于动态社会资源配置判断标准；二是帕累托最优原理，属于静态社会资源配置标准。

一、帕累托改进

帕累托改进（Pareto Improvement，简称 PI）是指这样一种状态，即一项社会变革在使得一部分人的社会福利增加的同时，并不减少其他社会成员的福利。如果一项社会政策变革使得所有社会成员的福利都有所改善，则该项改革是最理想的，是可取的。如果一项社会政策变动，在增加一部分社会成员福利的同时，给另一部分社会成员的福利造成不利的影响，则该项改革是否可取就很难确定了。在现实中，很多政策变革都属于这一情形。例如，为了加速某县城的经济发展，必须要扩建一条通往邻近一座发达城市的公路，而修建公路就需要占用附近农用土地，使农民失去收入来源。如果要修路，就会侵害农民利益；如果不修路，势必影响该县城的经济发展，因此，是否修路成为一个两难选择。在经济生活中，类似的导致相冲突结果的经济和社会决策难以计数。

在社会经济变革中，也有很多属于帕累托改进的范例。例如，2005年我国修改个人所得税法，提高现行个人所得税起征点。这对于工资低于原起征点的人没有影响，但可以改善工资高出原起征点一些的工薪阶层的收入状况（这一部分人是我国个人所得税的纳税主体）；取消农业税可以提高农民收入而不影响其他人员的收入，等等。可见，属于帕累托改进式的社会政策变革较受欢迎，易于推行；而同时给一部分成员带来利益，给另一部分成员带来不利的社会变革就会受阻，不易推行。后一种情况的社会变革，又要分两种类型来讨论：一是社会政策变革有利于福利水平较高者（一般指富有者）而不利于福利水平较低者（一般指贫困者），二是社会政策变革有利于贫困者而不利于富有者。支持第一种类型的社会变革的主张称为效率式改进或富有者改进（Efficiency Improvement，简称EI），支持后一种类型的社会变革的主张称为罗尔斯改进（Rawls' Improvement，简称RI）。这三种改进分别反映了关于社会政策变动的三种价值观，也代表了社会政策变动的三种取向，可以说，为现行社会政策变动提供了参考。

二、帕累托最优

帕累托最优（Pareto Optimum，简称PO）是指资源配置达到这样一种社会经济状态，即不论实行何种社会经济政策变动，在使一部分人的福利水平上升的同时，必然使另一部分人的福利水平下降。换句话说，此时达到了最优状态，不需要做任何政策变动，否则就会偏离资源配置最佳状态。

帕累托最优状态是资源配置的理想状态，现实中要达到这一状态需要满足一系列条件（将在下一节中讨论）。而要同时满足这些条件，绝非易事。因此，帕累托最优可以作为一个判断社会经济资源配置状态的标准，而不一定是指现实中的资源配置状态。

帕累托最优状态在实践中的应用主要表现在生产、交换等领域。在生产领域，帕累托最优状态是指在一定技术水平和资源禀赋下，无论如何改变投入要素组合，要使一种产品产量增加，就必然使另一种产品产量下降。这就是达到了生产可能性边界状态，一般用生产可能性曲线（Production Possibilites Curwe，简称PPC）表示，如图2-1所示。

在图2-1中，X轴代表在一定的技术和资源条件下可生产的X产品的量，Y轴代表在一定的技术和资源条件下可生产的Y产品的量。由图2-1可见，A点没有达到帕累托最优状态，而B点处于帕累托最优状态。

在交换领域（不考虑生产方面），帕累托最优是指在现有消费方式和商品总量下，无论如何改变交换比例，在增加一部分社会成员福利的同时，必然使另一部分社会成员的福利水平下降。这种状态一般用效用可能性曲线（Utility of Possibility Curve，简称UPC）或曲面表示如图2-2所示。在图2-2中，假设只有两个社会成员1和2，1和2的最佳效用组合即效用可能性曲线上的任一点。

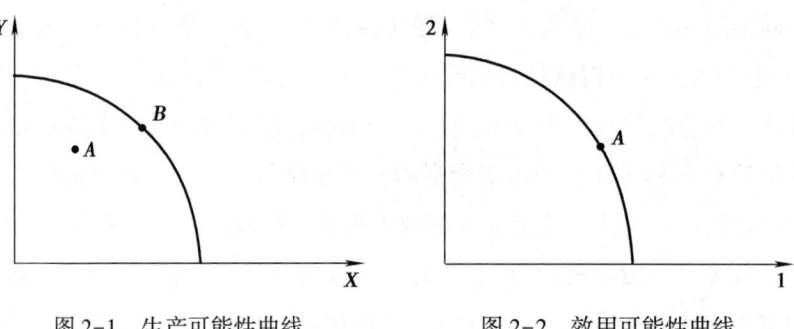

图2-1　生产可能性曲线　　　　图2-2　效用可能性曲线

在图2-2中，A点表示达到了效用组合的帕累托最佳状态。如果要结合生产效率来看，也就是既要达到生产资源配置的最佳化，又要实现商品组合的最优化，那就要达到双重帕累托最优，也就是实现社会福利最大化状态。生产和交换的联合帕累托最优组合点轨迹称为总效用可能性曲线（Gross Utility Possibility Curve，简称GUPC），它是无数效用可能性曲线的包络线，如图2-3所示UU'曲线。

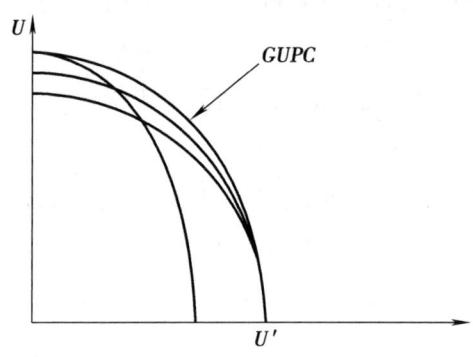

图2-3　总效用可能性曲线

这里特别要指出的是，资源配置的帕累托最优状态要与莱宾斯坦的X效率理论区别开来。后者指资源在配置之后，如何合理使用以实现资源的最大效益问题；而帕累托最优讨论的是如何合理配置资源以实现资源的最大效益问题。所以，前者关心的是资源配置效率，后者关心的是资源管理和使用效率。

第二节 帕累托最优条件与资源配置效率

在上一节中，已经详细介绍了帕累托最优的基本概念及其在生产和交换等领域的概念应用。本节将讨论如何实现帕累托最优，即帕累托最优实现的条件以及该条件在实践中的应用。

一、帕累托最优下纯交换条件

帕累托最优下纯交换条件是指，在纯交换领域中实现资源配置的帕累托最优状态所需要的基本条件。特别要指出的是，纯交换领域是只有商品交换的领域，不涉及生产或其他活动。假设初始状态下社会只有两个成员 1 和 2，他们分别拥有一定数量的商品 A 和 B。如果 1 和 2 想通过相互之间交换商品 A 和 B 改善他们的福利水平，以实现每个人的福利最大化，那么如何才能达到帕累托最优状态呢？

一般来说，个人福利是通过个人的效用水平来衡量的。要使 1 和 2 同时实现福利最大化，也就是使 1 和 2 的效用同时最大化。因此，1 和 2 通过重新配置 A 和 B 的拥有量来分别最大化自己的效用。这可用埃奇沃斯框图加以说明，如图 2-4 所示。

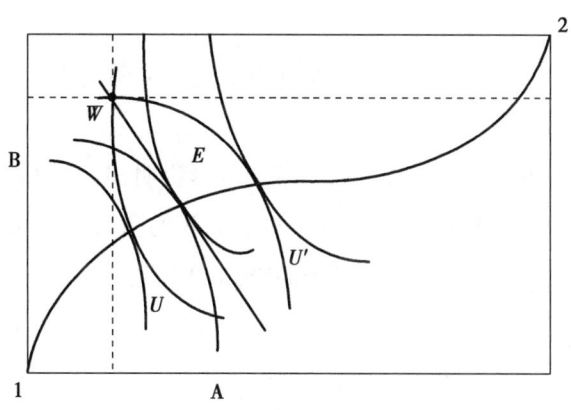

图 2-4 社会成员 1 和 2 的联合无差异曲线图

在图 2-4 中，U 代表 2 的无差异曲线，U' 代表 1 的无差异曲线，横轴代表商品 A 的总量，纵轴代表商品 B 的总量。两条无差异曲线相切于点 E，过 E 点的切线同时过初始点 W。从 W 到 E 点代表了交换过程，E 点正好是帕累托最优均衡交换点。过 E 点的曲线是契约曲线（Contraet Curve，简称 CC），契约曲线上每一点代表了帕累托最优均衡点。图中的切线为无差异曲线 U、U' 的共同切线，因而也就意味着 1 和 2 在 E 点的切线斜率相同，即 1 和 2 的边际效用替代率 MRS 相同。因此，纯交换领域下的帕累托最优条件为：

$$MRS^1 = MRS^2 \qquad 公式（2-1）$$

上述等式中的 MRS^1 和 MRS^2 可以表示 A 替代 B 或者 B 替代 A 的边际效用替代率，但对 1 和 2 来说必须是同向的。

由于 $MRS^1_{AB} = \dfrac{MU^1_A}{MU^1_B}$，$MRS^2_{AB} = \dfrac{MU^2_A}{MU^2_B}$，所以：

$$\frac{MU^1_A}{MU^1_B} = \frac{MU^2_A}{MU^2_B} \qquad 公式（2-2）$$

图中过 W 点的另外两条粗线，分别是 1 和 2 的无差异曲线，也代表了交换过程，它们与契约曲线的交点所决定的契约曲线上的一段曲线段通常称为交换的核。核中每一点相对于初始点来说，都是帕累托改进，且都达到了帕累托最优。

一般而言，在自由交换的条件下，交换的核代表了与某一初始点相对应的所有可能的交换的最终结果（除非有欺诈和强迫），也就是说，交换的结果不可能在核之外。交换的契约曲线如果用效用表示就是效用可能性曲线（UPC）。

在图 2-4 中，E 点处于交换的核中，并且与 W 点在同一条切线上。E 点代表竞争均衡点，是在自由交换和完全竞争条件下的一般均衡交换结果。在 E 点上，帕累托最优与完全竞争下一般均衡是等价的。

例题 1：如果 $MRS^1_{AB} = 1$，$MRS^2_{AB} = 2$，则 1 和 2 应如何调整 A、B 的拥有量，才能实现资源最佳配置？

解答：$MRS^1_{AB} = 1$，说明 $MU^1_A = MU^1_B$；$MRS^2_{AB} = 2$，说明 $MU^2_A = 2MU^2_B$；也就是说此时 A 与 B 对 1 是无差异的，而对 2 来说 A 的边际效用是 B 的两倍，因而 A 的价值更大，即 2 更需要 A，因此 2 将以 B 与 1 交换 A，直至 $MRS^1_{AB} = MRS^2_{AB}$。

二、帕累托最优下生产条件

帕累托最优下生产条件是指在现有技术水平和资源条件下，通过调整投入要素组合能够实现最大产出组合的条件。也就是使生产在生产可能性边界上进行所必须满足的条件。在交换领域，我们采取无差异曲线（即等效用曲线）分析帕累托最优条件，在生产领域就需要采取等产量线加以分析。分析方法雷同，采取埃奇沃斯框图来分析。假设采取两种生产要素 X、Y 生产两种产品 A、B，其联合等产量曲线如图 2-5 所示。

图 2-5 中，虚线表示 B 的等产量线，实线表示 A 的等产量线。中间较粗的长曲线为契约曲线，代表各种生产要素原始组合经过调整之后的帕累托最优产出的组合集合。而

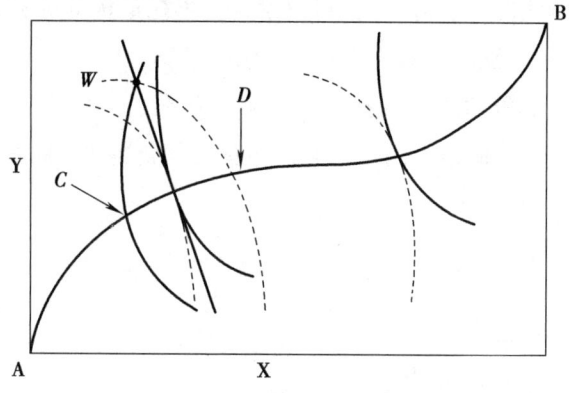

图 2-5 联合等产量曲线图

经过初始点 W 的两条等产量线交契约曲线于 C、D 两点之间的部分即为由初始点所决定的 A、B 两种产品的最佳产出组合的集合，也称为生产的核。契约曲线上的点均满足以下条件：

$$MRTS^A = MRTS^B \qquad 公式（2-3）$$

$MRTS^A$、$MRTS^B$ 代表产品 A、B 的边际要素技术替代率。根据边际要素技术替代率的定义，有：

$$RTS_{XY}^A = \frac{MP_X^A}{MP_Y^A}, \quad RTS_{XY}^B = \frac{MP_X^B}{MP_Y^B}$$

故有：

$$\frac{MP_X^A}{MP_Y^A} = \frac{MP_X^B}{MP_Y^B} \qquad 公式（2-4）$$

在生产的核中，与初始点在同一条切线上的点，称为生产的竞争均衡点，与交换的竞争均衡点一样，它也代表了生产的完全竞争一般均衡与帕累托最优的重合。

在确定的资源数量和不变的技术水平下，生产契约曲线与一条生产可能性曲线是一一对应的。

三、帕累托最优下综合条件

帕累托最优下综合条件是指，在现有技术水平和资源条件，以及一定的交换方式下，通过生产要素的组合以最大效率生产实现消费者最大福利的产品组合的必需条件。这个条件实际上是帕累托最优生产条件和交换条件的综合，不仅要求生产在帕累托最优状态下进行，而且要求交换也要实现帕累托最优。因此，帕累托最优的综合条件表现为生产契约曲线和交换契约曲线的"合并"。也可以说，帕累托最优的综合条件结果表现为总效用可能性曲线（在上一节已介绍过）。

我们知道，在既定的资源水平和技术水平下，存在一条生产契约曲线，也就是生产可能性曲线。在生产可能性曲线上的每一点，均有一条交换契约曲线与之对应，如图2-6所示。

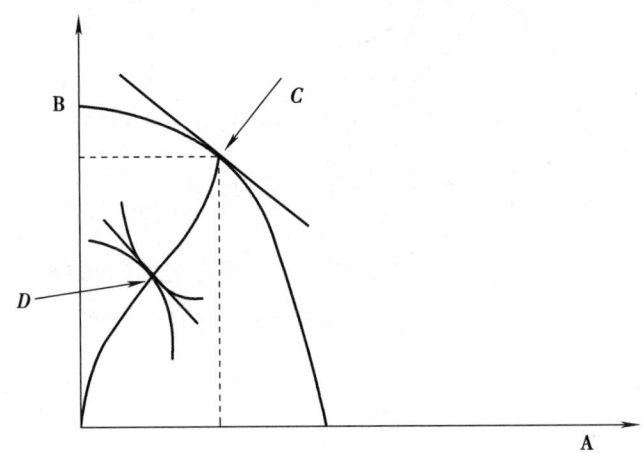

图2-6 生产可能性曲线与交换契约曲线的结合

图2-6中C点是生产可能性曲线上的一点，与C点有一条交换契约曲线相对应。交换契约曲线上必有一点D，过D点的无差异曲线的切线的斜率与过C点的切线的斜率相等。我们知道，过D点的切线的斜率是MRS_{AB}，而过C点的切线的斜率是MRT_{AB}，称为产品A与B的边际转换率。因此，帕累托最优的综合条件可以表述如下：

$$MRS_{AB} = MRT_{AB} \qquad 公式（2-5）$$

这里需要说明的是，$MRT_{AB} = \dfrac{MC_A}{MC_B} = -\dfrac{\Delta B}{\Delta A}$。

MRT_{AB}表示A和B的边际转换率，即增加一单位的A需减少B的数量。由于B与A的变化量是反向的，所以分数前要加上一个负号。同时，MRT_{AB}又等于A与B的边际成本之比，因为ΔB可看成增加一单位的A所减少的B的量，也就是增加A的边际成本；反之，ΔA可看成增加一单位的B所丧失的A的量，也就是B的边际成本。以上无论是MC_A还是MC_B，均是从机会成本的角度来理解。

D点所对应的效用组合即为总效用可能曲线上的一点。可见，总效用可能曲线上的每一点，必须满足边际效用替代率等于边际转换率这一条件；而效用可能性曲线上的每一点都需要满足交换双方的边际效用替代率相等这一条件。为什么有此差异呢？因为总效用可能曲线结合了生产最优化的因素，而不仅仅考虑交换的帕累托最优问题。

例题2：如果 $MRS_{AB}=1$，$MRT_{AB}=2$，帕累托最优条件能否满足？如何调整使得资源得到最佳配置？

解答：因为 $MRS_{AB}=1$，$MRT_{AB}=2$，所以 $MRS_{AB} \neq MRT_{AB}$，故帕累托联合最优条件得不到满足。

由于 $MRS_{AB}=1$，所以消费者对 A、B 产品来说，边际效用相同；而 $MRT_{AB}=2$，表示 A 与 B 产品的边际转换率为 2，即减少一单位 A 的生产可增加 2 单位的 B 的生产，因此可将原来用于生产 A 的资源转用于生产更多的 B 产品，这样就会使得 MRT_{AB} 下降，一直到 $MRT_{AB}=1$ 为止。当然，还可以通过交换改变 MRS_{AB} 的大小以等于边际转换率。

四、完全竞争市场一般均衡与帕累托最优

完全竞争市场是一种理想化的市场结构类型，主要特点是市场主体极多，因此不论是买方还是卖方均不能控制和影响市场价格；市场上各类信息是完全的、对称的；无市场交易费用，生产要素可自由流动。由于这些特点在现实中很难满足，真正的完全竞争市场是不存在的。现实中至多存在某些市场特征近似于完全竞争市场，可以按照完全竞争市场的规律来进行分析。

根据完全竞争市场的特点及规律，我们可以总结如下：

第一，价格固定不变，$P=MC=AC=AR=MR$；

第二，低价高产出，消费者获得最大满足；

第三，生产者以最低成本生产，资源得到充分使用，不存在超额利润。

可见，完全竞争市场是最有效的市场结构，其供求曲线如图 2-7 所示。

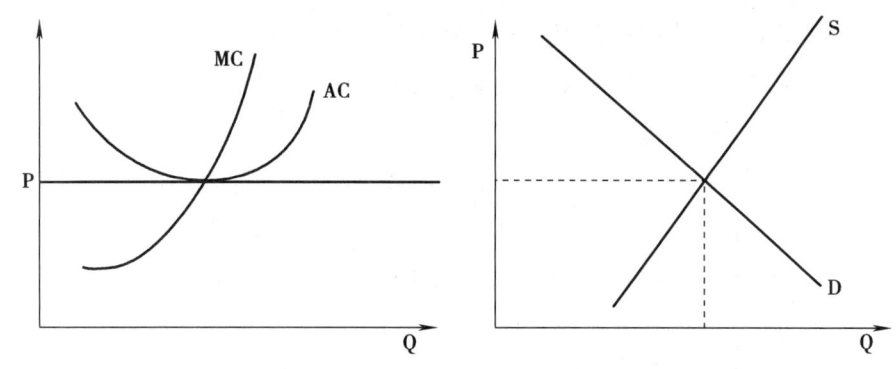

图 2-7　完全竞争市场和企业供求规律图

完全竞争市场存在两种均衡：一种是单个产品或市场的均衡，称为局部均衡；另一

种是一般均衡，指所有产品或所有市场同时达到的均衡。一般均衡是将产品市场和生产要素市场联合起来考察，要寻找一组价格体系，使得所有产品和生产要素达到供求平衡。根据法裔瑞士经济学家瓦尔拉斯（Leon Walras）一般均衡理论，存在一组均衡价格，使得所有市场能够同时达到供求均衡。

下面简单分析一下一般均衡状态的形成。首先，假设现实经济是只有交换没有生产的经济，即纯交换经济。该经济系统中只有两种产品和两个消费者，他们只有实物财富即只有该两种产品，而无货币财富。可假设第 i 个消费者拥有财富，即拥有的两种产品的初始量为 W_{ij}（i、j=1、2，以下同），均衡消费量为 X_{ij}，则整个经济系统拥有的两种产品量分别为：$W_1 = W_{11} + W_{21}$，$W_2 = W_{12} + W_{22}$。两种产品的价格分别为 P_1、P_2，现在1和2两个消费者进行交换，单个消费者的均衡应该满足以下条件：

$$\begin{cases} \max U_1(X_{11}, X_{12}) \\ P_1 X_{11} + P_2 X_{12} = P_1 W_{11} + P_2 W_{12} \end{cases} \quad 公式（2-6）$$

由此均衡条件可决定消费者1的两种产品需求量 X_{11}、X_{12}，这就是消费者1的均衡结果。同理也可得到消费者2的均衡结果 X_{21}、X_{22}。这些均衡结果只是消费者1和2的局部均衡结果，他们取决于两种产品的价格和各自拥有的初始财富量。其表达式如下：

$$X_{11} = X_{11}(P_1, P_2, P_1 W_{11} + P_2 W_{12}) \quad 公式（2-7）$$

$$X_{12} = X_{12}(P_1, P_2, P_1 W_{11} + P_2 W_{12}) \quad 公式（2-8）$$

$$X_{21} = X_{21}(P_1, P_2, P_1 W_{21} + P_2 W_{22}) \quad 公式（2-9）$$

$$X_{22} = X_{22}(P_1, P_2, P_1 W_{21} + P_2 W_{22}) \quad 公式（2-10）$$

在上式中，如果 P_1 过低，会导致 $X_{11} + X_{21} > W_{11} + W_{21} = W_1$，从而需求大于供给，价格 P_1 会上升；反之，如果 P_1 过高，会导致 $X_{11} + X_{21} < W_{11} + W_{21} = W_1$，即供给大于需求，从而价格 P_1 会下降，直至形成一个均衡价格 $\bar{P}$。关于价格 P_2，也会形成一个均衡价格。这样，二人纯交换经济系统的均衡价格体系就形成了。关于二人纯交换经济一般均衡也可用埃奇沃斯框图加以分析，如图2-8所示。

图2-8中点 $W(W_{21}, W_{22})$ 也就是点 $W(W_{11}, W_{12})$ 作为消费者的初始财富拥有点，点 $X(X_{21}, X_{22})$ 也就是点 $X(X_{11}, X_{12})$ 是竞争均衡点。过 W、X 两点的直线是预算线，1和2的无差异曲线相切于预算线上的点 X。由于消费者1和2共有一条预算线，因此其竞争均衡点必然重合，也就是消费者1和2的无差异曲线的切点，因此消费者1和2的竞争均衡点既是一般均衡点，也是帕累托最优点。

由上述分析可知，一定时期内同一种产品的一般均衡价格 P 对任一消费者或生产者来说都是不变的。根据这个特点，结合边际效用定价、边际生产力定价和边际成本定价

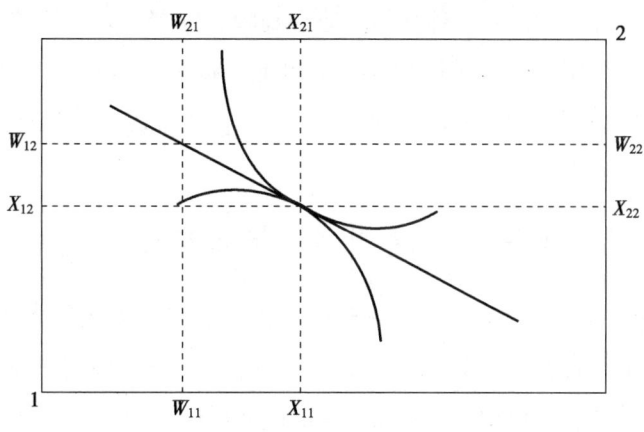

图 2-8 二人纯交换经济一般均衡图

等原理可推知完全竞争市场一般均衡满足帕累托最优条件。

首先，交换条件是满足的。因为 $\mathrm{MRS}_{AB}^1 = \dfrac{\mathrm{MU}_A^1}{\mathrm{MU}_B^1} = \dfrac{P_A^1}{P_B^1}$，而 $\mathrm{MRS}_{AB}^2 = \dfrac{\mathrm{MU}_A^2}{\mathrm{MU}_B^2} = \dfrac{P_A^2}{P_B^2}$，又因为同一产品的价格对消费者 1 和 2 来说是不变的，因此 $\mathrm{MRS}_{AB}^1 = \mathrm{MRS}_{AB}^2$。

其次，生产条件也是满足的。因为生产要素市场是完全竞争市场，生产要素价格对任一生产者来说不变，并且生产要素价格是按照边际生产力定价，因此 $\mathrm{MRTS}_{XY}^A = \mathrm{MRTS}_{XY}^B$，这是因为 $\mathrm{MRTS}_{XY}^A = \mathrm{MRTS}_{XY}^B = \dfrac{P_X}{P_Y}$。

最后，帕累托最优综合条件即产品生产和消毒结合条件也是满足的。因为任意产品价格等于其边际成本，即 $P = \mathrm{MC}$，而 $\mathrm{MRT}_{AB} = \dfrac{\mathrm{MC}_A}{\mathrm{MC}_B} = \dfrac{P_A}{P_B}$，$\mathrm{MRS}_{AB} = \dfrac{P_A}{P_B}$，所以 $\mathrm{MRT}_{AB} = \mathrm{MRS}_{AB}$。

综合上述，完全竞争市场一般均衡满足帕累托最优三个条件，因而完全竞争市场是符合帕累托最优标准的，可见完全竞争市场机制是最有效率的。

上述完全竞争市场可实现帕累托最优状态实际上论证了英国经济学家亚当·斯密（Adam Smith）"看不见的手"原理。以亚当·斯密为代表的古典自由主义思想认为市场机制最有效，政府无须干预市场。市场机制像"一只看不见的手"，能自动引导资源向最有效率的方向配置。"看不见的手"原理在规模较小、交易活动较简单的市场中是可行的；但在当今市场范围极为广泛、交易活动十分复杂、规模很大的市场中，由于各种因素导致市场机制很难有效发挥作用，所以政府干预市场是必要的。政府干预不等于市场机制无用，政府干预是建立在市场机制调节作用基础上的。在当今信息经济不断发展的促进下，如果经济全球化和国际一体化的趋势得到顺利发展，政府的垄断干预不断减弱，不排除完全竞争市场机制在全球范围内建立的可能，资源在国际范围内得到更加合理配置。从现实看，各国经济社会发展差距较大，要实现上述理想境界，要走的路还很长。

第三节 福利经济学基本定理

在上一节，我们已经分析了完全竞争市场一般均衡与帕累托最优之间的关系，即完全竞争市场一般均衡符合帕累托最优条件。本节将进一步分析帕累托最优与完全竞争市场一般均衡之间的关系，以揭示二者之间存在的内在规律。

一、福利经济学第一定理

福利经济学第一定理是指，完全竞争市场的一般均衡状态就是帕累托最优状态。该定理的合理性已经在上一节得到了详细的证明。也就是说，完全竞争市场一般均衡符合帕累托最优所需要的条件，因而完全竞争市场一般均衡就是帕累托最优状态。

完全竞争市场一般均衡状态是微观经济学中的一个重要研究对象，也是实证经济学的一个基本概念。而帕累托最优状态是福利经济学的一个重要概念和判断准则，通过福利经济学第一定理，对实证经济学中的基本研究对象加以规范分析，这从另一个角度论证了这一微观经济学原理的科学性和可行性。福利经济学第一定理的结果不仅说明了完全竞争市场经济的优越性，而且也反映了福利经济学理论的应用领域和方向。

根据福利经济学第一定理，自由竞争的市场经济体制是最有效的，因为资源配置可以通过价格信号进行灵活调节，并且市场决策由市场主体自主自发进行，具有时效性、目的性以及相关性等特征。所以，古典主义者和新古典主义者都大力推崇自由竞争市场体制，反对政府的干预以及计划经济体制，认为政府干预会抵消市场的效率，难以实现帕累托最优状态。而计划经济体制由于缺乏灵活性和自发性，其资源配置是低效的、僵化的。

在20世纪初，市场社会主义理论开始出现，认为可以通过集中计划的方式来实现资源有效配置，并通过"试错机制"形成一个均衡价格体系。这个过程类似于市场竞争均衡过程，可以得到一个一般均衡价格体系。尽管苏联数学家康托罗维奇（Leonid U. Kantorovich）和美国数学家库普曼（B.O.Koopman）利用线性规划法得到了一般均衡价格，但这并不意味着集中计划形式可以自动实现市场配置资源机制。即便在计算技术和信息技术不断发展的今天，市场的复杂性和多变性也只能在局部上或某一时段上被计划方式所模拟。

二、福利经济学第二定理

福利经济学第二定理是指,从任意一个初始资源配置状态出发,通过市场竞争机制形成的均衡必然可以实现帕累托最优状态。也就是说,任意一个帕累托最优状态均可以通过市场竞争均衡实现。福利经济学第二定理可以通过图2-9加以说明。

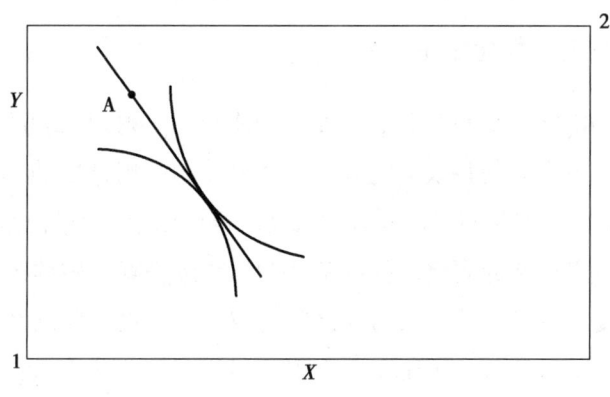

图2-9 竞争性均衡形成帕累托最优状态

图2-9中,A点代表1与2的任意初始资源分配点,则必有过A点的直线同时与1和2的无差异曲线相切于同一点。这一点即为帕累托最优点,并且与初始点A在同一直线上,说明该点是A点经过竞争性交换形成的均衡点。这里特别要强调的是,初始点A不能在图2-9中矩形的边界上,也就是要求1和2初始分配的X、Y量均大于0,不能有一方对某一种产品的持有量为0,否则可能达不到帕累托最优状态。

通过图2-9的分析,可以发现福利经济学第二定理隐含着这样一个命题,即收入分配与资源配置效率无关。从任意初始分配点均可以达到帕累托最优状态,而不是从某一特定的点出发。因此,新福利经济学派认为,资源配置效率问题可以与收入分配问题分开考虑,在关注资源配置效率状态时无须考虑收入分配是否合理。新福利经济学的一系列观点正是建立在福利经济学第二定理的基础上。资源配置效率是否与收入分配无关?这个问题的答案在后面章节的分析中将会找到。

第四节 帕累托最优与产权理论

帕累托最优是社会福利的标准,反映了社会资源配置的效率状况。前面我们已经论述了实现帕累托最优的基本条件和福利经济学基本定理，说明了完全竞争市场经济可以实现资源配置的帕累托最优。如何理解这一定理呢？影响资源配置帕累托最优效率的根本因素是什么呢？市场经济本身是一种经济体制形式，决定市场经济最佳效率的是一系列市场经济制度，最根本的制度是产权制度，因此，从制度分析的角度来阐述帕累托最优效率的实现，无疑为社会福利的改善和最优化的深入理解提供了必要的前提。这也是福利经济学和制度经济学的结合之一。

一、产权理论的基本概念和主要内容

产权（Property Rights）这一名词，本是法律术语，是财产权利的简称。产权是指对财产等资源的排他性占有和使用及其他相关的权利，包括财产的使用权、所有权、收益权和处置权等。产权既可以指财产所有人的权利，也可以指一种制度规定，即产权制度，也就是对财产如何界定权利的规定。张五常认为，在经济竞争中约束人与人之间的竞争的规则就是产权制度，也就是界定人与人之间的权利的制度。美国经济学家哈罗德·德姆塞茨（Harold Demsetz）认为，产权是一种社会性工具，它规定人们怎样受益和怎样受损以及人们之间的相互补偿问题。

产权的类别至少有三种形式，即私有产权、共有产权和国有产权等形式。私有产权指将上述权利界定给某一个特定的人，产权所有人对产权的行使不受任何限制。共有产权指在共同体内的每一个成员都有权分享产权所包含的权利，它排除了国家和共同体外的成员对共同体内任何成员行使这些权利的干扰。国有产权是指财产权利由国家拥有，并且按照可接受的政治程序来决定谁可以使用或不可以使用这些权利。

二、产权理论和资源配置效率

产权理论经美国经济学家罗纳德·哈里·科斯（Ronald H.Coarse）提出以来，得到了大力发展，这里主要介绍产权学派代表科斯、阿尔奇安（Armen Albert Alchian）、德姆塞茨、张五常等有关产权的主要理论。

科斯的产权理论主要由科斯定理和科斯第二定理组成，主要是关于产权界定和交易费用对交易契约的影响的理论。科斯定理主要内容是：只要交易费用为零，无论初始产权如何界定，都不影响最终的资源配置。科斯在《社会成本问题》这篇论文中分析了产权界定对资源配置的影响。科斯得出结论认为，只要产权明确和无交易费用，外部性即可由市场交易解决，即外部性可内在化。因此，在产权明晰的基础上，只要交易费用为零，资源就可实现有效配置，达到帕累托最优状态。

科斯定理的零交易费用条件相当苛刻，与现实很难相符。这样就提出了科斯第二定理，即当交易费用不为零时，财产权的初始界定影响最终资源配置。由此可见，在交易费用为正时，初始产权安排就很重要，因为这影响到资源配置效率。

美国经济学家、加州大学洛杉矶分校教授阿尔奇安的产权理论关心产权对人的行为的影响，认为通过产权界定可以使成本或收益的外部性内在化，提高经济效率。另外，阿尔奇安特别重视产权要素的可分割性和可转让性，这一理论就是关于财产的所有权和使用权的分离问题，也就是我们通常所说的"两权分离"。这一学说也是现代企业制度的理论基础。

德姆塞茨也强调产权与外部性的关系，并且深入分析了影响交易费用的主要因素，从而为产权格局演变的分析打下了扎实的基础。他认为影响产权重组的主要因素有：产权配置、外部性、交易费用和规模经济。这几个因素的交互作用推动了现代股份企业和股票市场的诞生。

中国香港经济学家张五常特别强调交易费用的高低与产权制度的关系。他认为私有产权交易费用最低，因而也是经济效率最高的产权制度。其理由主要有：（1）私有产权制度以界定资产的形式来约束竞争，具有其他方式所不可比拟的明确性；（2）私有产权制度更适合于自由交换，采取费用最低的形式进行交换，可以节省交易费用；（3）私有产权制度更便于市场决策的形成；（4）私有产权制度更有利于信息的传播。他提出的分成租佃理论说明，只要产权界定为私有，不论以何种方式经营土地，都可实现土地资源的最优配置。

综合上述，产权理论对产权制度与资源配置的关系作出了深入分析，取得了极为丰富的成果。由于交易费用的存在，产权界定对资源配置效率就有影响，并且不同的产权界定方式也会影响资源的最终配置效果。私有产权制度由于产权明确且交易费用最低，因而是当今世界上应用最广泛的一种产权制度。不仅每一种产权制度都有交易费用问题，而且一种产权制度向另一种产权制度的转变也存在变迁成本问题。因此，制度选择对于资源配置效率是非常重要的。

由此引申开来，收入分配方式也是一种制度，它与产权制度密不可分。产权制度是收入分配制度的基础，收入分配制度是产权制度的补充。故在交易费用不为零的现实经济中，收入分配制度对资源配置效率会产生一定影响，这与福利经济学第二定理的结论似乎相左，但实际上二者并行不悖。基于产权明晰的收入分配是十分公正的、有效率的，但是从社会整体发展考虑，还需要其他社会福利制度予以补充。此外，我国人才使用和人才流动制度问题也是关系到人才资源配置效率的重要问题。人才是高级人力资源，也是我国稀缺资源。合理分配人才资源，做到人尽其才、才尽其用，有利于社会长期稳定发展。

第五节 次优原理与第三优原理

当帕累托最优所需要的条件不完全具备时，帕累托标准就会失灵，因而产生次优问题和第三优问题。本节主要分析次优原理及其应用和第三优原理及其应用。

一、次优原理及应用

次优原理是指当现实经济状况不能全部满足帕累托最优条件时，根据现实条件确定资源最佳配置的过程。这个过程的结果就是次优条件，是在帕累托最优条件不能全部满足时求解目标函数最大值的结果。次优原理指出，次优条件是在次优状况下能够实现资源最佳配置的基本条件，次优条件不是帕累托最优条件的近似。下面比较一下帕累托最优条件和次优条件。

我们已知，帕累托最优条件可以表述为 MRS＝MRT，即边际效用替代率等于边际转换率。用数学公式表示其来源如下：

$$\text{Max } W(x_1, x_2, \cdots, x_n)$$
$$\text{s.t } Q(x_1, x_2, \cdots, x_n) = 0$$

由此建立拉格朗日函数 $L(x_1, x_2, \cdots, x_n)$ 如下：

$$L(x_1, x_2, \cdots, x_n) = W(x_1, x_2, \cdots, x_n) - \lambda Q(x_1, x_2, \cdots, x_n)$$

公式（2-11）

求出上述拉格朗日函数的一阶条件为：

$$\frac{W_i}{W_j} = \frac{Q_i}{Q_j} (i, j = 1, 2, \cdots, n)$$

公式（2-12）

$$W_i = \frac{\partial W}{\partial x_i}, \quad Q_i = \frac{\partial Q}{\partial x_i}$$

公式（2-13）

上述一阶条件等价于：

$$\text{MRS}_{ij} = \text{MRT}_{ij}$$

公式（2-14）

如果某一部门存在限制，使得最优条件得不到满足，则可表示如下：

$$\frac{W_i}{W_j} = k \frac{Q_i}{Q_j} (k \neq 1)$$

公式（2-15）

上述限制条件也是一个拉格朗日函数的约束条件，将此约束条件考虑进初始拉格朗日函数中，就可以得到次优经济状态下的次优条件（本书中不再列出）。次优条件是十分复杂的，不仅包含单一变量的二阶偏导数，而且还包含混合二阶偏导数，反映了不同变量之间的交叉影响（一般有互补关系和替代关系两种）。由此可见，不仅受限制的部门次优条件不同于其最优条件，而且不受限制的部门的最优条件也不同于其次优条件。这一点可从图 2-10 中得到说明。

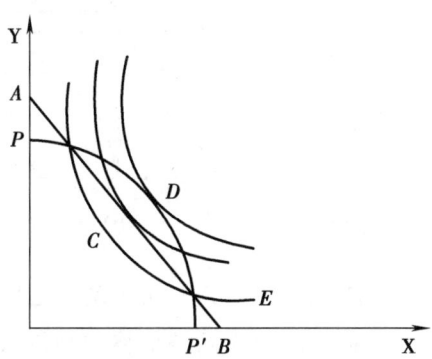

图 2-10　次优条件与最优条件的差异图

在图 2-10 中，AB 线代表一种约束条件，PP' 代表生产可能性曲线。X、Y 代表两种产品。生产可能性曲线与无差异曲线相切于 D 点，AB 线与无差异曲线相切于 C 点，AB 线与生产可能性曲线相交于 E 点。D 点代表完全符合帕累托最优条件的点，因而在该点上的社会福利水平最高；E 点代表部分符合帕累托最优条件的点（因在 AB 线上），C 点在 AB 线上且不符合最优条件。比较 C、E 两点的社会福利水平，可见 C 点的社会福利水平高于 E 点。因此，符合次优条件的点的福利水平比部分符合最优条件的点的福利水平更高，这也正是次优原理的题中应有之意。

（一）次优原理在贸易领域的应用

次优原理在国际贸易政策中应用较多，此处举例加以说明。维纳证明，在贸易保护的社会里，减少贸易壁垒或与有贸易往来的国家建立关税同盟，这两项趋于自由贸易或满足部分帕累托最优条件的政策措施，并不必然会提高世界生产率。例如在关税同盟情形下，同盟内贸易创造的福利正效应可能小于同盟内国家与非成员国之间贸易转移的福利负效应，这样经过抵消之后，净福利所得为负数。下面用图例加以说明。首先解释两个名词：贸易创造和贸易转移。贸易创造指国内生产的部分产品被同盟内其他国家低成本生产的进口产品所替代。贸易转移是指原先从生产成本较低的非成员国进口的产品转向从生产成本较高的成员国家进口。贸易创造的情形如图 2-11 所示，贸易转移的情形如图 2-12 所示。

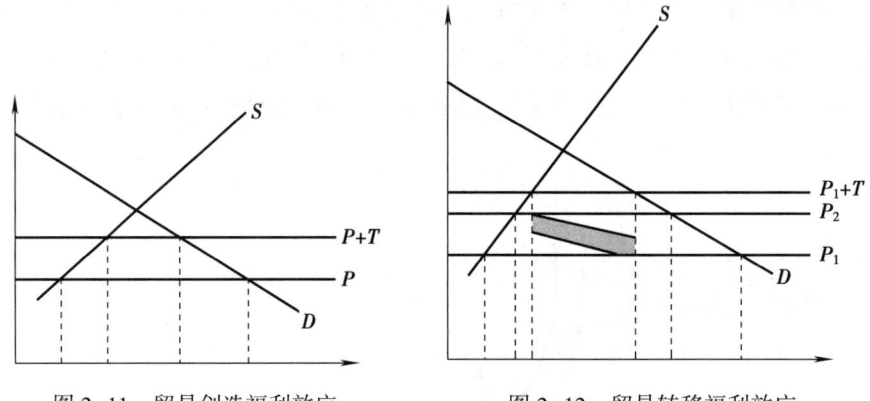

图 2-11　贸易创造福利效应　　　　图 2-12　贸易转移福利效应

在图 2-11 中 P 代表自由贸易价格，$P+T$ 为征收关税之后的价格。实行关税同盟之后，将取消关税，结果将产生净福利所得为两条价格线与供求曲线相交形成的两个小三角形面积。

图 2-12 中，P_1 代表自由贸易下较低生产成本国家产品的价格，P_2 代表自由贸易下较高生产成本国家产品的价格。在建立关税同盟前，从较低生产成本国家进口；建立关税同盟后，从同盟成员国进口相同产品（尽管生产成本较高），发生了贸易转移，尽管其中有贸易创造的福利效应（为 P_2 线上两个小三角形的面积），但也产生了关税的净损失（为带斜线的矩形面积），两相比较，可能产生净福利损失。

可见，在制定相关国际贸易政策或者其他经济政策时，必须从整体和全局考虑，不能认为满足了部分帕累托最优条件，就一定能改善社会福利。如果在信息充分的次优状态下，应根据次优条件行动。当然从另一方面来看，根据经济环境的需要制定有关经济政策也是可行的，并不一定造成对社会福利的损坏。

（二）次优原理在税收领域的应用

税收是一国政府对境内外生产者或消费者按规定强制征收的一部分收益。税收这部分收益按定义是属于纳税人的收入，因此征税必然会影响纳税人的行为。如何减少税收对经济效率和经济福利的影响，这便是次优原理最有价值的分析应用。

为此，各国均提出了最优税收问题。谈及最优税收原理，首先要对"最优税收"进行概念上的界定。历史上诸多经济学家对税收制度的理想特征的看法中，备受关注的要数亚当·斯密的论述。斯密在其《国富论》中提出平等、确定、便利、最少征收成本四原则；德国著名经济学家阿道夫·瓦格纳（Adolf Wagner）在其《财政学》中提出四项九目原则，等等。而对当代经济学家来说，由于效率与公平问题已成为经济学探讨的两大主题，因此，理想的税收政策通常都是在现代财政学之父、美国著名政治经济学家理查德·阿贝尔·马斯格雷夫（Richard Abel Musgrave）所提出的三大标准的框架内，即：（1）税收公平标准（尽管公平对不同的人来说意义各不相同）；（2）最小行政成本标准；（3）最小负激励效应标准，即税收效率标准。

最有效率的税种是不论纳税人收入或财富状况而统一向所有公民征收的"一次总付税"（或人头税）。一次总付税是以人身为计税依据，纳税人的税款支付与其经济行为没有关系，因而对纳税人的经济决策和经济行为保持绝对的中性。换言之，一次总付税的课征只会产生收入效应，即减少纳税人的实际收入和福利，而不会产生替代效应，即不会扭曲纳税人的经济行为，也就是说不会导致纳税人用一种经济行为替代另一种经济行为。但它对于促进分配公平几乎没有作用。有鉴于此，政府在设计税制时，不得不用其他扭曲性税种来取代一次总付税，以实现收入公平目标。

困难在于，对一个特定的税种或某个税收政策建议来说，往往只能满足其中的某一标准而无法满足其他标准。例如，累进的个人所得税易于满足税收公平标准，却会对劳动供给产生负激励；增值税总体上对劳动供给不会产生负激励，但却很难符合税收公平标准。

最优税收理论文献对最优税收评价的基本方法是，借助现代经济分析方法，运用个人效用和社会福利的概念，在赋予各个标准不同权重的基础上，将这些标准统一于唯一的标准之中。

在现代福利经济学中，社会福利取决于个人效用的高低，以及这些效用的平等分配程度。一般假定，当效用的不平等程度递增时，社会福利下降。从这个意义上说，社会福利可以反映税收公平的思想，即导致不平等程度降低的税收是公平的。因此，最大化社会福利蕴含了税收公平标准。

就税收行政成本最小化标准来说，较高的税收行政成本意味着更多的税收收入用在政府服务方面，从而使个人效用和社会福利降低。同样，就最小负效应激励标准来说，如果负效应激励大，工作积极性就会减弱，就会扭曲经济，使人们的效用水平和社会福利水平降低。

于是，马斯格雷夫意义上的最优税制的三大标准就可以转化为社会福利的不同侧面，不同的税收政策可以用统一的标准加以比较和衡量。也就是说，能够带来最大社会福利水平的税收政策就是最好的政策。

以上便是最优税收理论的主要思想之一。由于很难将税率与税收行政成本之间的关系加以模型化，所以上述思想并非总是贯彻始终。经济学家们往往在其分析中忽略税收行政成本问题，多把最优税收理解成兼顾效率与公平的税收。然而，忽略税收行政成本的最优税收理论毕竟是一个重大的缺陷。下面将对最优商品税和最优所得税及其政策启示加以具体说明。

1. 最优商品税

最优商品课税问题的现代分析最早起源于英国经济学家弗兰克·拉姆齐（Frank Plumpton Ramsey）的创造性贡献。根据对完全竞争市场中的单一家庭经济的分析考察，拉姆齐指出，最优税制应当使对每种商品的补偿需求均以税前状态的同等比例下降为标准。这是拉姆齐法则的标准阐述。通过对用来推导拉姆齐法则的经济模型施加进一步的约束，即假定课税商品之间不存在交叉价格效应，鲍莫尔和布莱德福特（Baumol and Bradford）推导出逆弹性法则：比例税率应当与课税商品的需求价格弹性成反比例。这一法则的政策含义是十分明显的，即对生活必需品（因为它们的需求价格弹性很低）应当课以高税，而对奢侈品则课以轻税。但这样一来，就暴露了一个十分严重的问题，它忽略了收入分配具有内在的不公平性。

为改变拉姆齐法则置分配公平于不顾的境地，应当对其加以适当的纠正。戴蒙德和米尔利斯（Diamond and Mirrlees）率先在最优商品税率决定中引入公平方面的考虑，并且将拉姆齐法则中的单个家庭经济扩展至多个家庭经济中。他们指出：在需求独立的情况下，一种商品的最优税率不仅取决于其需求价格的逆弹性，而且取决于它的收入弹性。这意味着，对许多价格弹性和收入弹性都较低的商品来说，应当将实行高税率的分配不公问题和实行低税率的效率损失问题进行比较，最有意义的改变应当是使那些主要由穷人消费的商品数量减少的比例比平均水平低。或者说，基于公平的考虑，对于高收入阶层尤其偏好的商品无论弹性是否很高也应确定一个较高的税率，而对低收入阶层尤其偏好的商品即便弹性很低也应确定一个较低的税率。

值得重视的是，对拉姆齐法则的修正需要注意两个方面的问题：一方面，对那些既非富人也非穷人特别偏好的商品，仍可以遵循拉姆齐法则行事；另一方面，尽管有人辩称商品税无须承担收入分配职能，收入分配问题只应由所得税解决，但实际情况并非如此。事实上，出于显示身份、自尊、习俗等多方面的原因，现实中确实存在着不少收入弹性高而价格弹性低的商品（如钻石、名画、豪宅等），这就提供了通过对这些商品课税以改进收入分配的可能性。

近年来，有关最优税收的研究开始出现一种把理论分析应用于实际数据的趋向。这主要有两方面的原因：一方面，最优税收理论所推导的税收规则仅仅表明了最优税收结构的一般情形，它们并没有明确的指导意义；另一方面，税收理论分析的目的在于提供实际政策建议，为此，税收规则必须能够运用于数值分析，最终的最优税收值应可以计算。最优税率的数值分析体现了执行上述计划在技术方面取得的进展。

目前有关最优商品税的数值分析仍处于起步阶段，所做的工作集中在针对数目较少的商品组别的分析上，而且还没有哪种数值分析的结果能够完全推广到一般的情形。从已有成果看，有重要指导意义的结论主要有两个：一是最优税收能够通过对生活必需品实行补贴而实现有意义的再分配；二是对公平问题的关切越强烈，商品税率就越不是单一税率。

2. 最优所得税

谈及所得税问题，我们立即面临有名的"做蛋糕"与"切蛋糕"之间的权衡问题。一种观点认为，所得税是为满足公平目标而有效实施再分配的手段；另一种观点认为，所得税的课征是对劳动供给和企业精神的一种主要抑制因素，特别是当边际税率随着所得的增加而增加的时候。最优所得税理论旨在分析和解决所得课税在公平与效率之间的权衡取舍问题。

关于最优所得税的主要论文出自米尔利斯（Mirrlees），他研究了非线性所得税的最优化问题。米尔利斯模型在所得税分析中的价值在于它以特定方式抓住了税制设计问题的性质。首先，为了在税收中引入公平因素，米尔利斯设想无税状态下的经济均衡具有一种不公平的所得分配。所得分配由模型内生而成，同时每个家庭获取的所得各不相同。其次，为了引进效率方面的考虑，所得税必须影响家庭的劳动供给决策。此外，经济要具有充分灵活性，以便不对可能成为问题答案的税收函数施加任何事先的约束。米尔利斯模型是集合上述要素的一种最为简单的描述。

米尔利斯模型得出的重要的结论是：（1）边际税率应在 0 与 1 之间；（2）有最高所得的个人的边际税率为 0；（3）如果具有最低所得的个人按最优状态工作，则他们面临的边际税率应当为 0。毫无疑问，第二点结论是最令人感到惊奇的。不过，这一结论的重要性也许不在于告诉政府应该通过削减所得税表中最高所得部分的税率，以减少对最高收入者的作用。其重要性更在于，它表明最优税收函数不可能是累进性的，这就促使人们必须重新审视利用累进所得税制来实现再分配的观念。也许，要使得关注低收入者的社会福利函数最大化，未必需要通过对高收入者课重税才能实现，事实上让高收入者承担过重的税负，其结果可能反而使低收入者的福利水平下降。

由于米尔利斯的非线性模型在分析上十分复杂，其结论也只是提供给我们关于政策讨论的指导性原则，为了得到最优税收结构的更详细情况，有必要考察数值方面的分析。米尔利斯根据他所建立的模型，计算出完整的最优所得税率表。从结果看，高所得的边际税率的确变得很低，但并未达到 0。同时低所得的平均税率均为负，从而低收入者可以从政府那里获得补助。托马拉（Tuomala）所做的数值分析则进一步表明，接近最高所得的边际税率可能远不是 0，这意味着最高所得的边际税率为 0 的结果只是一个局部结论。从政策目的上看，基于米尔利斯模型所得出的重要结论有：（1）最优税收结构近似于线性，即边际税率不变，所得低于免税水平的人可获得政府的补助；（2）边际税率相当低；（3）所得税实际上并非一个缩小不平等的有效工具。

斯特恩（Stern）根据一些不同的劳动供给函数、财政收入的需要和公平观点，提出了最优线性所得税模型。他得出的结论是，线性所得税的最优边际税率随着闲暇和商品之间替代弹性的减小而增加，随着财政收入的需要和更加公平的评价而增加。这意味着，一方面，人们对减少分配不平等的关注越大，则有关的税率就应越高，这一点是与我们的直觉相符的；另一方面，最优税率与劳动供给的反应灵敏度、财政收入的需要和收入分配的价值判断密切相关，假如我们能够计算或者确定这些参数值，我们就可以计算出最优税率。因此，斯特恩模型对最优所得税制的设计具有指导意义。

3. 最优税收理论的政策启示

由于最优税收理论标准模型是在严格的假设条件下得出的特殊结论，因此，它所提供的仍然只是"洞察力"，而不是具体的政策建议，不能被当作一般规则来使用。最优税收理论的已有进展可以为我们提供如下的政策启示：

第一，我们需要重新认识所得税的公平功能，并且重新探讨累进性所得税制的合理性。传统的观点认为：在改善收入分配公平方面，所得税具有商品税不可比拟的优越性，甚至在实现效率方面，所得税也较商品税为优。只是由于所得税在管理上的复杂性，才导致商品税的广泛采用。然而，米尔利斯（Mirrlees）基于其理论模型所做的数值分析表明，所得税在改善收入不平等方面的功能并不像人们设想得那么好。这一认识的重要性在于：一方面，我们需要重新挖掘商品税的公平功能；另一方面，如果商品税和所得税在实现公平分配方面的能力都很有限的话，那么出于公平方面的更多考虑，我们是否应该把目光更多地投向那些小税种，如财产税、遗产税赠与税等。

对于累进个人所得税制，不仅在微观方面被寄予公平分配的厚望，而且在克服宏观经济波动方面也被委以重任。但最优所得税的理论探讨和数值分析都表明：最优税收函数不可能是累进的。最高收入者的边际税率不应最高而应为 0；除端点外，最优税收结构应当近似于线性。另外，根据弗里德曼（Friedman）的负所得税方案和米尔利斯的最优所得税的数值分析结果，负所得税方案不仅在实现公平方面有其诱人之处，而且在把效率问题同时纳入税制设计的范畴中时，它也仍然富有吸引力。

第二，税制改革应综合考虑效率与公平两大目标。最优税收理论的重要贡献之一是把效率与公平问题纳入经济分析框架之中。在效率与公平之间的确难免会发生冲突，但是效率与公平之间也并非总是互不相容的，比如米尔利斯的最优所得税模型就向我们展示了这一点。我们有必要，也有可能通过对各种税收的具体组合，达到兼顾效率与公平的目的。

第三，完全竞争经济是最优税收理论标准模型的主要假设条件之一，这种假设条件适合于市场机制发挥较为充分的西方发达国家，却可能不适合差异很大的发展中国家。对发展中国家来说，其主要目标应当是扫清影响经济发展的障碍，动员各种资源提高经济增长率，这与发达国家的改善收入分配、平衡公平和效率的目标存在区别。因此，在借鉴最优税收理论进行税制设计时，在公平和效率的选择方面要与西方国家有所差别。在模型设定上，这意味着用于度量公平和效率的社会福利函数在选择形式上的区别。

第四，如果要在实践中实行最优税收理论所推导的各种规则，可能需要对财税制度进行大幅度的改革，但这不太现实。基于这一考虑，许多国家选择的是渐进式的政策改革，即逐渐增减某些税种和调整某些税率。另外一个富有启示性意义的结论是，改革过程中可能产生暂时性的无效率。这表明，政策改革之路可能不会一帆风顺。

通过上述分析可知，我们在税收设计和征管中要充分运用次优原理，也就是在不能实现帕累托最优时，要在现有条件下设计好税收政策，确保资源配置实现最优化。

二、第三优原理及应用

第三优原理是在帕累托最优原理和次优原理发展的基础上提出的较为现实可行的决策原则，也是在最优原理和次优原理失效的情况下提出的决策原则。同时，也是指在第三优型经济状态下应该采取的决策和行动准则。

这里要说明一下第三优型经济的概念。前面我们分别讨论了最优型经济以及次优型经济状态的情况。所谓最优型经济，是指满足帕累托最优条件的经济状态；所谓次优型经济，是指满足次优条件的经济状态，也就是部分符合帕累托最优条件，同时信息成本和行政成本可以忽略的经济状态。而第三优型经济是指部分符合帕累托最优条件，同时信息成本和行政成本不可忽略的经济状态。因此，第三优型经济状态是最接近经济现实的经济状态。那么，在第三优型经济状态下如何决策、如何行动，这就是第三优原理的研究对象和主要内容了。

在第一优型经济状态下，应该采取帕累托最优准则行动，否则将会使社会福利受损。这种行动准则与社会福利效果之间的对应关系可以用关系曲线（Relation Curve，简称RC）表示，如图2-13所示。

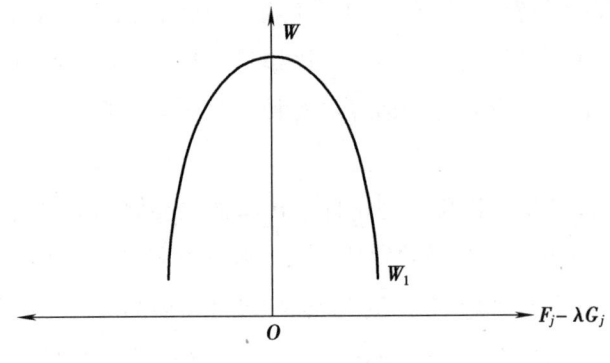

图 2-13　关系曲线图

在图2-13中，关系曲线W_1关于纵轴对称，在原点处社会福利函数值达到最大；偏离原点的位置越大，社会福利函数值下降越多，这表示偏离帕累托最优条件越远。

如果现实经济状态不能满足帕累托最优条件，就需要引进一些约束条件或限制。也就是在现实社会福利函数中某些变量不能满足最优条件，其余变量即使满足最优条件，次优原理告诉我们，按最优准则行动的结果也不能保证实现社会福利函数的最大值。在这种次优型经济状态下，要实现社会福利函数最大值目标，需要按照次优准则行动；而次优准则规定的次优条件极为复杂，需要大量的经济社会信息。如果搜集这些信息的成本可忽略不计，则可按照次优准则行动；如果信息成本和其他成本较大，不可忽略，则需按照第三优准则行动。

在存在次优型约束的现实经济中，要根据信息分布的不同状况来决定行动准则。信息分布情况一般分为三种。

第一种是信息贫乏，是指所拥有信息对以下两个方面不能作合理的概率判断：（1）采取最优准则结果偏离实际社会福利函数最优值的方向和程度；（2）关系曲线的形状和倾斜度（除了凹性）。

第二种是信息不足，是指所拥有的信息虽能做上述两方面判断，但不够充分。

第三种是信息充分，这一情形在次优原理中已有论述。

由于在现实经济中，信息成本和管理成本往往不可忽略，因此在存在次优约束情况下，现实经济状态应属于第三优型经济。在第三优型经济状态下，如果信息贫乏，应该采取最优准则行动；如果信息不足，应采取第三优准则行动；如果信息充分且成本可忽略应采取次优准则行动。也就是说,在不同的信息分布情况下,应采取相适应的行动准则,这样才可实现社会福利函数最大值。

这样,社会福利函数的取值可由两种因素决定,即信息分布类型和行动准则。因此,社会福利函数又可以表示为这样的二元函数形式:

$$W = w(I, P)$$
公式(2-16)

式中 W——社会福利函数值;

I——信息量;

P——行动准则,即政策变量。

当 I=信息贫乏,P=最优行动准则时,社会福利达到最优;当 I=信息不足,P=第三优行动准则时,社会福利达到最优。这两种情形可以通过图示加以说明。对于第一种情形,如图 2-14 所示。在现实经济中,存在次优约束,但由于信息贫乏,不能确定关系曲线的偏离方向和偏离程度。W_1 代表最优型经济的关系曲线,W_2、W_3 分别代表左偏和右偏的第三优型经济关系曲线。由于信息贫乏,不知现实经济中关系曲线是左偏还是右偏以及其发生概率,在此情况下,只要社会成员属于风险中立或风险回避型,采取最优行动准则是最佳的,即 W_2、W_3 与纵轴的交点到原点的距离比任一垂线截 W_2、W_3 线所形成的两线段的平均值要大。

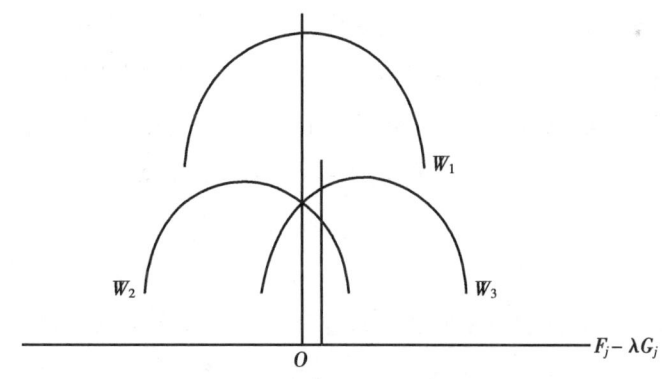

图 2-14 信息贫乏的第三优型经济

对于第二种情形,如图 2-15 所示。假设根据有关信息,推知关系曲线发生了倾斜,即向左偏离最优条件没有向右偏离时社会福利函数值下降得多。在这种情形下,采取最优准则行动的结果没有采取负向偏离时的最优准则结果好,由图 2-15 可以进行比较。因此,如果我们能确定关系曲线发生了负向偏离,当然采取负向偏离时的最优准则为最佳行动准则。综合上述,我们在选择行动准则时,必须要考虑关系曲线的偏离方向、倾斜度以及社会成员的风险态度等因素。这就是第三优准则的基本要求。

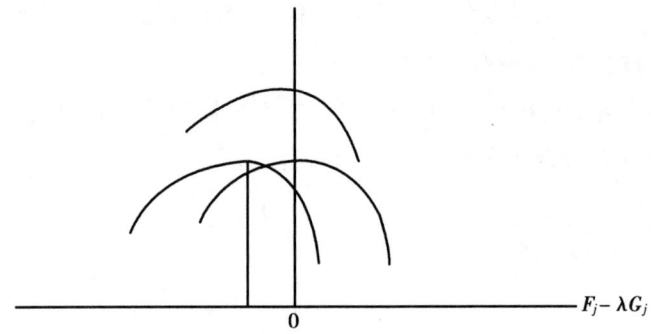

图 2-15 信息不足的第三优型经济

在现实经济中，第三优准则应用较多，因为次优型约束处处存在，而信息充分的情况很少见，往往通过一定的努力可以获得一定的相关信息，便于进行第三优决策，这也就是"相机抉择"决策。下面举例说明各类准则的应用。

例如，在市场经济中经常发生一些次优型扭曲，如垄断、外部性、税收以及政府干预等。假定某种商品 X 具有重大的负外部效应，则如果在最优型经济状态中，我们可以采取最优原则行动，即对 X 商品征收相应的庇古税，设为 M 元。但现实世界并非最优型经济状态，征收 M 元税收反而可能有害。如果存在与 X 商品有互补关系的 Y 商品有一定的正外部效应，则征收庇古税对社会福利最优化是不利的。如果我们对与 X 商品有关系的商品的特点有明确的信息，我们就可以利用这些信息修正最优准则；如果我们对这些信息毫无了解，那么最好采取最优准则行动。如果我们准确地了解 Y 商品有正外部效应或负外部效应 N 元，那么我们就征收次优型税收 $M-N$ 或 $M+N$ 元。

【本章小结】

本章主要研究资源配置的效率问题，这也是新福利经济学派的研究对象。关于资源配置效率标准有帕累托效率、卡尔多效率、希克斯效率等，本章主要研究帕累托效率，其他效率标准在下一章进行分析说明。帕累托效率标准有两个方面，即帕累托改进和帕累托最优。

本章详细讨论了资源配置的帕累托最优的必要条件，即生产条件、交换条件和联合条件。这些条件的分析为判断社会资源的有效配置提供了前提条件。

资源配置效率与一定的经济体制相关，本章论证了完全竞争市场的一般均衡是符合帕累托最优效率的。福利经济学第一定理和第二定理概述了完全竞争市场一般均衡和帕累托最优效率之间的关系。

资源配置效率也与产权制度有关。不同的产权制度会导致不同的经济效率或资源配置效率。产权制度可使经济中的外部性内在化，产权制度还对交易费用产生影响。国有和共有产权制度交易费用较高，私有产权制度交易费用较低，因而私有产权制度是较为流行的产权制度。

帕累托最优效率在现实经济中很难实现，现实经济中存在各种次优型约束，因此导致帕累托最优条件不能全部满足。次优原理告诉我们，即使只有一个次优型约束存在，其余帕累托最优条件均能满足的条件下，也不能达到帕累托最优状态，也就是说，按帕累托最优准则行动是不能奏效的。在存在次优型约束的情况下，如果信息充分，交易费用可忽略，即可按次优准则行动；如果信息贫乏，可采取最优准则行动，可达到最好效果；如果具有一定的信息进行合理的推断，那么可执行第三优准则。

本章内容属于新福利经济学的核心内容，它与古典经济学、一般均衡理论、新制度经济学、现代信息理论和决策理论均有内在联系。它不仅在理论上综合了上述分支学科的共同本质，而且在实践上也为我们如何设计经济政策提供了有效指南。

【关键概念】

帕累托改进　罗尔斯改进　帕累托最优　生产最优条件　交换最优条件
生产和交换联合最优条件　生产可能性曲线　效用可能性曲线　总效用可能性曲线
一般均衡　马歇尔局部均衡　产权　科斯定理　福利经济学第一定理
福利经济学第二定理　交易成本　次优　次优条件　信息成本　信息充分
信息不完全　最优准则　次优准则　第三优准则

【复习思考题】

1. 什么是帕累托最优状态？帕累托最优和帕累托改进有何区别？
2. 帕累托最优的实现条件有哪些？
3. 为什么完全竞争市场一般均衡实现了帕累托最优？
4. 福利经济学第一定理的主要内容是什么？
5. 福利经济学第二定理的主要结论是什么？试举例分析说明。
6. 资源配置效率和收入分配形式是否相关？为什么？
7. 产权的含义是什么？产权制度有几种形式？
8. 科斯定理是否与科斯第二定理相冲突？试说明理由。
9. 为什么私有产权制度最有效？

10. 制度选择的主要思想是什么？
11. 次优理论的主要内容是什么？
12. 简述最优准则、次优准则和第三优准则的选择条件。
13. 试采取第三优决策标准对累进所得税这一经济政策的效果进行分析。
14. 如果 MRS＝1，MRT＝2，则如何调整才能保证整个社会经济系统福利最大化？
15. 试分别举例说明最优准则和第三优准则的决策条件差异。

【案例分析1】市场配置资源案例之——汉源两宗铅锌矿权拍卖案

两宗矿权拍卖收益，五倍于一个县的财政收入，这就是市场化配置资源的魔力。2005年12月28日，在雨城雅安举行的一次拍卖会上，汉源县唐家、普陀山两宗铅锌矿采矿权分别以1.6亿元和1 820万元的价格被公开出让，而这一年该县一般财政预算收入预计为3 600余万元。高出起拍价3.5倍的拍卖结果，为四川省深入推进"三个转变"的2005年画上圆满句号。

雅安是四川省五大资源富集地区之一，以汉源铅锌矿为代表的矿产资源优势十分突出。长期以来，由于无证开采、越界开采、非法转让、层层转包、倒卖矿权等违法行为扰乱矿业秩序，丰富的矿藏不仅没有为雅安带来经济繁荣，反而成为资源浪费、安全事故频发和环境被破坏的温床。2002—2003年，该市矿产资源拍卖收益仅600余万元。

1995年以来，雅安矿业秩序历经多次整治，但始终不见根本改观。究其原因发现，干部深陷非法利益格局的深层次矛盾浮出水面：少数干部从事非法矿山开采活动，矿山集体企业成为一些部门和腐败分子的"提款机"，干部和企业千丝万缕的非法利益连接成为历次矿业秩序整治的"拦路虎"。

"关键在干部，要害是利益。"2004年年底，在省委、省政府高度关注下，雅安新一轮矿业秩序整治找准了突破口。该市采取市里统一成立工作组，交叉整治、封闭运行的新办法，排除一切非法利益干扰，下大力气根除干部介入矿产资源开发的问题。一年时间全市129名干部主动申请退出利益格局，数十名涉案人员被严肃查处。这一年，全市依法收回采矿权204个，收回探矿权26个，矿权收回面达32.6%，其中非煤矿山采矿权回收面达50.3%，为市场化配置矿业资源铺平了道路。

汉源县两宗矿权成功拍卖，是四川省治理整顿矿业秩序成果的集中体现。在雅安矿业秩序整治过程中，汉源县五大铅锌矿区原有的210个违法开采井硐全部实施砌封和清场，依法收回矿权。曾被非法转包、违法开采的唐家、普陀山铅锌矿也"重见天日"，违法开发企业和投资人全部退出矿山开采，宝贵的矿权重新回到政府手中。

市场"魔杖"随之发力。唐家、普陀山铅锌矿矿权出让创造了单宗矿权拍卖价格全省第三的佳绩。高规格投资者的进入，将全面提升汉源铅锌矿开发水平，促使汉源铅锌矿走出"卖矿石"的低水平开发，生产附加值更高的金属铅锌，实现资源规模开发和集约利用。巨额矿权出让收益将纳入财政综合预算，用于建设矿区基础设施，改善当地群众生产生活条件，加大对再就业工程、贫困家庭和社会救助等公益事业的投入。

好消息接踵而至。通过矿业秩序整治，雅安矿产资源地质勘察获得意外"惊喜"：原预计只有5 000吨金属量的汉源乌斯河铅锌矿核实金属资源量达60.5万吨，潜在经济效益100亿元。可见，引进市场拍卖机制可以实现矿产资源收益的最大化，从而有效实现矿区经济可持续发展。

（参考：2006年01月06日《四川日报》相关报道，见http://www.sina.com.cn.）

【案例分析2】产权界定与资源配置效率分析

假定一个工厂周围有五居民，工厂烟尘排放导致居民晒在户外的衣物受到污染而使每户损失75美元，五户居民总共损失375美元。解决此问题的办法有三种：一是在工厂的烟囱上安装一个防尘罩，费用为150美元；二是每户有一台除尘机，除尘机价格为50美元，总费用是250美元；第三种是每户居民有75美元的损失补偿。补偿方是工厂。假定5户居民之间，以及居民户与工厂之间达到某种约定的成本为零，即交易成本为零，在这种情况下，如果法律规定工厂享有排污权（这就是一种产权规定），那么，居民户会选择每户出资30美元去共同购买一个防尘罩安装在工厂的烟囱上，因为相对于每户拿出50美元买除尘机，或者自认了75美元的损失来说，这是一种最经济的办法。如果法律规定居民户享有清洁权（这也是一种产权规定），那么，工厂也会选择出资150美元购买一个防尘罩安装在工厂的烟囱上，因为相对于出资250美元给每户居民配备一个除尘机，或者拿出375美元给每户居民赔偿75美元的损失，购买防尘罩也是最经济的办法。因此，在交易成本为零时，无论法律是规定工厂享有排污权，还是相反的规定即居民户享有清洁权，最后解决烟尘污染衣物导致375美元损失的成本都是最低的，即150美元，这样的解决办法效率最高。可见交易成本为零时，产权界定根本就不必要。

现在假定5户居民要达成集体购买防尘罩的契约，需要125美元的交易成本，暂不考虑其他交易成本。在这种情况下，如果法律规定工厂享有排污权，那么居民户会选择每户自掏50美元为自己的家庭购买除尘机，不再会选择共同出资150美元购买防尘罩了。因为集体购买防尘罩还需要125美元的交易成本，意味着每户要分担55美元（买防尘罩30美元加交易成本25美元），高于50美元。如果法律规定居民户享有清洁权，那么，工厂仍会选择出资150美元给烟囱安排一个防尘罩。

由此可以看出，在存在125美元交易成本的前提下，权利如何界定直接决定了资源配置的效率：如果界定工厂享有排污权，消除外部性的总成本为250美元（即每户居民选择自买除尘机）；而如果界定居民户享有清洁权，消除外部性的总成本仅为150美元。在这个例子中，法律规定居民享有清洁权，资源配置的效率高于法律规定工厂享有排污权。在交易成本不为零的现实世界中，产权如何界定的重要性通过上述例子就清楚了。

产权界定的功能是节约交易成本。在上述例子中，产权规定居民享有清洁权，就可以节省下125美元的交易成本。当然，你可以将上述例子做各种变通。例如，你假定那是一个国有工厂，因为官僚与腐败十分严重，买一个150美元的防尘罩，需要到各个政府部门盖100个以上的图章，交易成本极其昂贵，远高于居民户之间达成买防尘罩所需要的125美元的交易成本，在这种情况下，产权规定工厂享有排污权，相比较产权规定居民享有清洁权，更能节省交易成本，因而也更有助于提高效率。

产权规定越清楚，节省的交易成本可能会越多，从而使资源配置更有效率。例如，一个残疾人考上了大学但大学却以其身体有缺陷为理由不录取他，如果法律本身没有作出相关规定，"产权不清楚"，那么，这个残疾人为了能上大学也许就要与这所大学陷入无休止的扯皮之中，但现在法律有规定，每个人都享有平等的受教育权利，这个青年就可以凭此"说法"与高校"谈判"；如果法律有更清楚的规定："只要是生活能够自理，任何高校都不得拒收已符合其他录取条件的残疾人"，这个青年就根本不用与大学扯皮。所以，产权规定得越清楚，扯皮的必要性就越小，交易成本也就越低。

（参考：科斯定理. https://baike.so.com/doc/4278541-4481754.html.）

第三章 补偿原理及其应用

> **学习目标**
>
> 通过本章的学习，了解在帕累托改进满足不了的情况下，如何判断一项社会政策变动是否可取的标准。在本章中，要求理解补偿原理的含义、补偿原理的内容及其应用。掌握补偿原理对社会经济政策变动的指导意义和实践意义。

第一节 补偿原理的含义

我们在上一章中论述的帕累托改进标准是指某一项政策改革如果在提高一部分人的福利水平的同时，不改变其他人的福利水平，那么该项政策改革就是有效率的改革。可见，帕累托改进是社会福利改善的充分条件。但是在现实社会改革中，往往一项政策变动在改善一部分人的福利的同时会使另一部分人的境况变差，那么该项改革还是可取的吗？这就引出了补偿原理的问题。

最早提出补偿问题的是美国经济学家霍特林（Hotelling）。他在一篇讨论公共工程建设费用支付问题的论文中写道：对于建造桥梁、隧道和铁路等公共工程的费用支付，是采取征收直接税来支付还是采取征收通行费来支付更可取呢？他分析道，如果采取收费和课税相结合的办法，则可以使每个人的境况都有所改善。如果将桥梁、隧道和铁路的服务的收费率定为服务的边际成本，而另外通过征收所得税的方式补偿这些企业的固定费用支出，则全社会因收费率降低和这些服务的使用率提高所得到的收益，会大于因补偿这些企业的固定支出所征收的所得税额。也就是说，社会净所得是大于 0 的，最终每个人的福利均有所改善。因此，这项费用支付机制的改革是有效率的，是可取的。

对于霍特林的分析，卡尔多（Kaldor）认为这个问题与福利经济学有密切关系，他提出了补偿试验办法来解决这个问题。如果进行某项政策变革，使一部分人受益、一部分人受损，假设受益者可以弥补受损者的损失并且有剩余，那么该项政策变革就是可取的。这种判断社会改革政策是否有效的方法称为补偿原理。这里要指出的是，补偿并非实际补偿，如果实际进行了某种方式的补偿，结果如上所述，则该项社会政策变革属于帕累托改进，自然是有效率的变革。所以，补偿原理中的补偿一般是虚拟补偿，包括卡尔多补偿、希克斯补偿和西托夫斯基补偿等形式。这些内容在下节具体展开分析。

第二节　补偿原理的主要内容

任何一项社会经济政策变革或公共项目的实施均会产生一定的收益，同时也带来一定的成本。例如建造一座水坝，会增加当地的电力、水资源的供给，降低水费、电费；但同时也需要支付一笔建造成本以及可能破坏周边环境生态资源的损失。因此，任何一项社会政策的变动都要进行成本—收益分析，然后再利用补偿原理来判断改革的可取性。补偿原理为社会经济改革是否可行提供了参照标准，是改革实施的可行性分析的理论依据。为此，本节将详细介绍补偿检验标准问题。

一、卡尔多补偿标准

1939年，卡尔多针对帕累托改进标准不适用的情况提出了"客观检验方法"，即卡尔多补偿检验标准。卡尔多指出，任何一项经济政策的变革，往往导致价格体系的变动，会使一部分人得利，而另一部分人受损。如果按照帕累托改进标准，就有可能取消一些实际能增进社会福利的经济政策，因此需要建立新的检验标准。这个标准就是：如果受益者能完全补偿受损者之后还有剩余，则整体社会福利有所改善。这个补偿明显是假设的，不是实际补偿。如果是实际补偿，那就属于帕累托改进了，就无须提出卡尔多补偿标准了。既然卡尔多补偿是虚拟补偿，如何能确定该标准是有效的呢？实际上，我们把卡尔多标准又称为潜在帕累托改进标准。

所谓潜在帕累托改进，是指对于经济政策改革前的状态 A 和政策变革后的状态 B，不存在所有社会成员都一致地偏好 B，但相对于原始状态 A，均一致地偏好对状态 B 的一个重新分配，那么我们称 B 潜在帕累托优于 A。为什么属于潜在帕累托改进的改革就是可取的？支持者认为，补偿是否真正实施并不重要，因为这是一个收入分配问题。而根据我们前面所介绍的福利经济学第二定理，收入分配与资源配置效率无关，我们现在关心的是资源配置效率问题，也就是经济效率问题，因而卡尔多补偿标准无疑是成立的。下面我们就卡尔多补偿标准通过图形来深入分析。假设有两个社会成员，改革前状态为 X，改革后状态为 X'。改革的效果用效用可能性曲线反映，改革前的效用可能性曲线为 U，改革后效用可能性曲线为 U'，则效用可能性曲线可以表示为两个社会成员的效用组合集，可用公式表示如下：

$$U = \{u_1(y_1), u_2(y_2): y_1 + y_2 = X_1 + X_2\} \qquad 公式（3-1）$$

$$U' = \{u_1(y_1), u_2(y_2): y_1 + y_2 = X'_1 + X'_2\} \qquad 公式（3-2）$$

针对两个社会成员改革前后的不同效用组合变化情况，我们用效用可能性曲线图来进行比较分析，如图 3-1、图 3-2、图 3-3、图 3-4 所示。

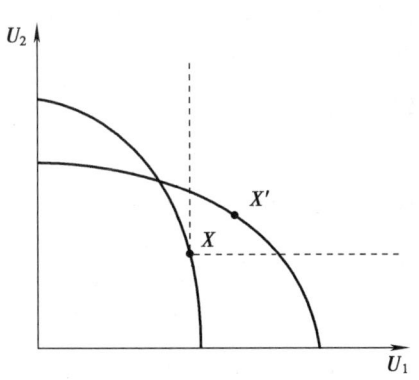

图 3-1　帕累托改进情形

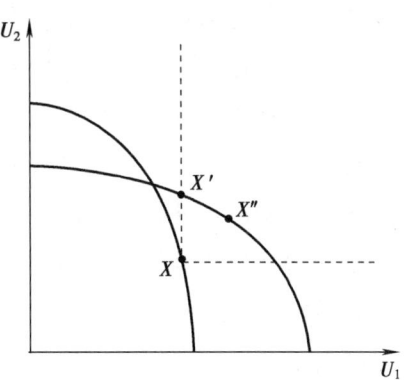

图 3-2　可取的社会政策变革结果

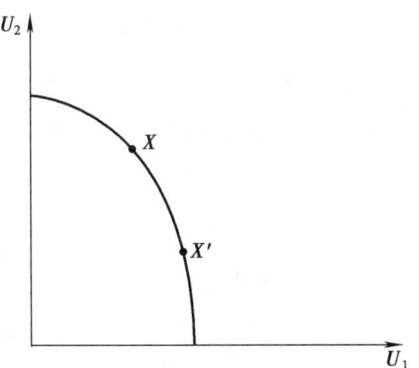

图 3-3　无法比较的社会政策变革结果

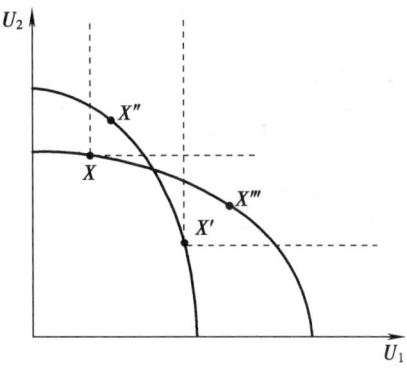

图 3-4　较为复杂的社会政策变革结果

图 3-1 反映了帕累托改进的情形，即社会政策变动使得所有社会成员的福利均有所改善。图 3-2 反映了社会政策变革后，U_2 上升了，而 U_1 有所下降，即社会政策变革使得部分人受益、部分人受损。但 X' 是 X 的潜在帕累托改进，即对 X' 进行再分配后到 X''，而 X'' 是 X 的帕累托改进。按照卡尔多补偿标准，这项政策变革是可取的。图 3-3 所反映的社会政策变革结果是效用可能性曲线没有发生变化，只是社会成员的效用组合发生了变动。这种情形运用卡尔多补偿标准对 X 和 X' 无法比较、判断好坏。图 3-4 所反映的社会政策变革结果较为复杂。相对于 X 而言，X' 是它的潜在帕累托改进；相对于 X' 而言，X 又是它的潜在帕累托改进。因此依照卡尔多补偿标准，出现了改革可行、不改革也可行

这样逻辑上不一致的矛盾。这个逻辑上矛盾的原因,我们在后面章节进行分析。

二、希克斯补偿标准

希克斯对卡尔多补偿标准十分支持,他认为一次生产改组使 A 的境况改善、B 的境况变差,如果 A 在补偿 B 的损失之后仍有改善,那么该生产改组就是有效率的。希克斯认为卡尔多补偿标准还不够完善,随后他又提出了自己的补偿检验标准,即希克斯补偿标准:如果受损者不能通过收入重组来补偿受益者以阻止改革发生,那么该项改革就是可取的。希克斯补偿标准是不是十分完善的补偿检验标准呢?下面通过图形加以分析。

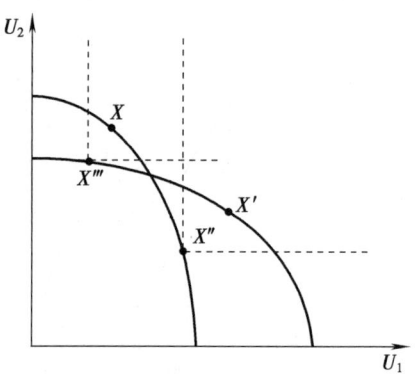

图 3-5 符合希克斯补偿标准的社会政策变革

在图 3-5 中,从 X 到 X' 的变革,符合希克斯补偿标准,因为不可能对 X 进行收入重组,以达到帕累托改进。比如在图 3-5 中 X 点移动到 X'' 点,X'' 点不可能达到 X 点的右上方。反之,从图 3-5 也可看出,从 X'' 点到 X 点的变革,也符合希克斯补偿标准,因为无论如何移动 X'' 点,也达不到 X 点的右上方。这样,也出现了与卡尔多标准相同的逻辑不一致性矛盾。

三、西托夫斯基补偿标准

上述卡尔多补偿标准和希克斯补偿标准存在的逻辑矛盾是西托夫斯基首先发现并分析的。为了解决这两个标准存在的逻辑不一致性问题,西托夫斯基提出了双向检验标准,即对某项社会政策变革既进行卡尔多补偿标准检验(正向检验标准),又进行希克斯补偿标准检验(反向检验标准),又称为双重检验标准。那么西托夫斯基双重检验标准是不是一致性标准呢?下面用图示法进行分析。根据图 3-4、图 3-5 可知,符合西托夫斯基补偿标准的政策变革的两条效用可能性曲线不会相交。也就是说,变革之后的效用可能性曲线整个地落在变革之前的效用可能性曲线的上方。结果如图 3-6 所示。

从图 3-6 中可以看出,从 X_1 到 X_2 是符合西托夫斯基标准的;从 X_2 到 X_3 是符合帕累托改进原则的;从 X_3 到 X_4 也是符合西托夫斯基补偿标准的。也就是说,从 X_1—X_2—X_3—X_4 这个过程下来,应该是社会福利逐步改善的过程,结果应该是 X_4 优于 X_1。但由图 3-6 可见,X_1 又是 X_4 的帕累托改进,形成了一个矛盾的结果。可见,连续两次使用西托夫斯基补偿检验标准,标准就失效了。因此,西托夫斯基检验标准不具有动态一致性,

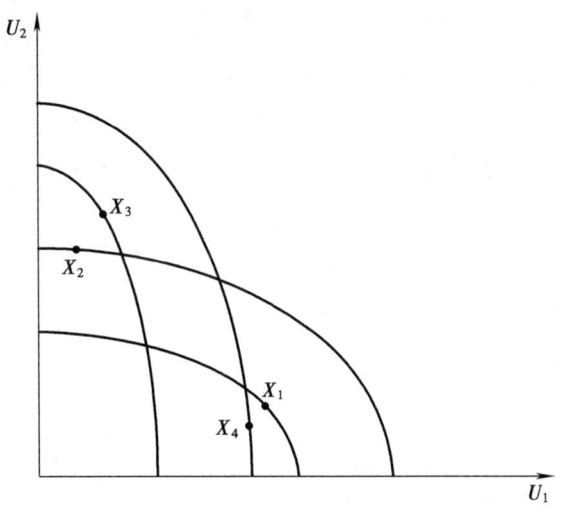

图 3-6 非动态一致性的西托夫斯基检验标准

其应用范围有很大的局限性。

四、李特尔补偿标准

为什么上述卡尔多补偿标准、希克斯补偿标准以及西托夫斯基补偿标准均会产生逻辑不一致性或动态不一致性呢？李特尔认为，上述检验标准有可能正确地检验社会改革的效率，也有可能导致不一致性的矛盾。究其原因，是因为缺乏关于收入分配的价值判断标准。如果在上述虚拟补偿检验的基础上，再进行实际补偿，也就是进行收入再分配，这些标准才可成为检验社会政策变革是否可取的充足标准。收入分配是一个伦理变量，由一定的价值观支配。尽管不同的社会有不同的伦理价值观，但在某一既定社会里，收入分配好坏是确定的。因此，收入分配标准不可忽视。李特尔提出的补偿检验标准是：(1) 是否满足卡尔多补偿标准；(2) 是否满足希克斯补偿标准；(3) 收入分配是否更合理。

如果 (1) 和 (2) 中满足一条标准，同时 (3) 也能满足，则该项社会改革是可取的；如果均不能满足，则该改革不可取。李特尔标准实际上基于两个标准：(1) 帕累托改进标准，即一项社会变革在改善一部分人的福利的同时不影响其他人的福利水平；(2) 收入分配标准，如果其他条件不变，收入分配更合理，则社会福利有所改善。下面通过图 3-7 来分析李特尔标准的合理性。

在图 3-7 中，考虑由点 X 到点 X' 的变革。如果从点 X 到 X' 的变革意味着一个收入分配上的改进，则可以构造一个点 X''，该点帕累托改进劣于 X'，而 X'' 相对于 X 分配状况有所改善。由于点 X'' 与点 X' 的分配状况一致，因此，从点 X 到点 X' 的变革符合李特尔补偿标准。那么，反向变革是否也符合李特尔补偿标准呢？答案是否定的。因为从 X 到 X' 的变革有收入分配上的改进，那么从 X' 到 X 的变革就不可能还存在收入分配上的改善。也就是说，不存在点 X'''，使得该点比 X' 分配状况更好。按照假设，如果从点 X 到点 X' 的变革符合李特尔标准，则从社会福利水平来判断，就有如下结果：

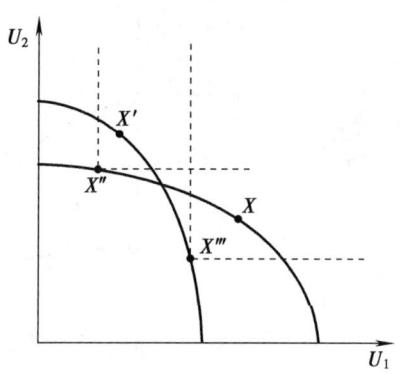

图 3-7　李特尔标准的合理性

$$\mathrm{SWF}(X') > \mathrm{SWF}(X'') > \mathrm{SWF}(X) > \mathrm{SWF}(X''')$$

因此，反向变革不可能符合李特尔补偿标准。这样，李特尔补偿标准就解决了前述几项补偿标准存在的逻辑不一致性和动态不一致的矛盾。李特尔标准实际上是将帕累托改进标准和分配标准结合起来运用的一个综合标准。前述几项补偿标准正是由于没有考虑到分配标准而产生各种矛盾。帕累托标准以及其他三项虚拟补偿标准均是效率标准，而收入分配标准属于公平标准。因此，李特尔标准实际上是效率和公平兼顾的标准，而不是只考虑效率或仅考虑公平的标准。

李特尔标准是否完美无缺呢？对这个问题的回答可以说是仁者见仁、智者见智。李特尔标准虽然克服了虚拟补偿标准的逻辑矛盾，但也引进了很难统一的价值判断问题，因而对这个标准的实用性有人提出了质疑。当然，我们要明确的是，没有放之四海而皆准的标准，任何补偿标准都具有相对性。

五、国民收入检验标准

以上所述补偿检验标准主要是就社会成员的效用大小来进行比较分析的。而由于效用计算的复杂性，采用以上补偿检验标准对社会政策变革进行客观评估难度很大。下面引进一种相对较容易进行的客观检验标准——国民收入检验标准。该检验标准主要基于这样一个原理：私人物品的当前价格在一定意义上反映这些物品对单个当事人的边际价值。

国民收入检验标准是指，若当前存在一个市场均衡 (X, P)，现在通过一项政策变革，会变动到状态 X'，如果 X' 潜在帕累托优于 X，那么以现行价格度量的国民收入在状态 X' 比在状态 X 时更多。反之，如果以现行价格度量的国民收入下降，则该政策变革不可能是潜在帕累托改进。用数学符号可以表示如下：

$$\sum_{i=1}^{n} px'_i > \sum_{i=1}^{n} px_i \qquad 公式（3-3）$$

为什么 X' 潜在帕累托优于 X，就会得出上述不等式呢？若 X' 潜在帕累托优于 X，则存在 X' 的重新分配 X'' 是 X 的帕累托改进，因而有：

$$\sum_{i=1}^{n} px''_i > \sum_{i=1}^{n} px_i$$

而 $\sum_{i=1}^{n} px''_i = p\sum_{i=1}^{n} x''_i = p\sum_{i=1}^{n} x'_i = \sum_{i=1}^{n} px'_i$，因此上述不等式成立。

由上可见，以现行价格度量的国民收入下降，则该政策变革不可能是潜在帕累托改进；如果以现行价格度量的国民收入上升，则该政策变革一定是潜在帕累托改进吗？不一定，有可能是潜在帕累托改进，也有可能不是。下面通过图 3-8 来分析。

从图 3-8 中可见，如果国民收入上升，则政策变革可能是潜在帕累托改进，也可能不是。如图中的点 X' 是潜在帕累托改进，X'' 就不是潜在帕累托改进，因为过 X'' 点的无差异曲线低于过 X 点的无差异曲线。虽然从 X 点出发的政策变革，其结果有可能不是潜在帕累托改进，但如果是一个小小的变动，还很有可能是潜在帕累托改进，这

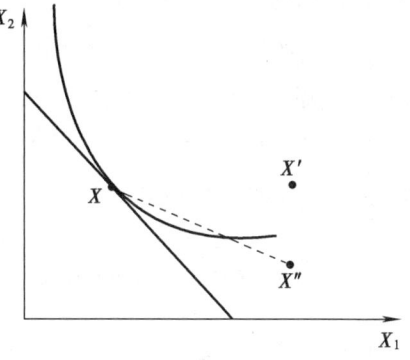

图 3-8　国民收入检验

由图 3-8 中点 X 到点 X'' 的连线上的点可以看出，越靠近点 X 的点越可能是点 X 的潜在帕累托改进。这一点也可以用数学原理来加以解释。

就一阶近似来说，个人效用的变化与其收入的变化成比例。根据效用函数的一阶泰勒展开式：

$$u_i(X'_i) - u_i(X_i) \approx \frac{\partial u_i(X_i)}{\partial X_i}(X'_i - X_i) \qquad 公式（3-4）$$

其中 $\frac{\partial u_i(X_i)}{\partial X_i}/p = \lambda_i > 0$，$P$ 为均衡价格。因此有 $\frac{\partial u_i(X_i)}{\partial X_i} = \lambda_i p$，将此式带入一阶泰勒展开式可得：

$$u_i(X'_i) - u_i(X_i) \approx \lambda_i p(X'_i - X_i) \qquad 公式（3-5）$$

可见，若该个人的消费商品集的变动价值为正时，则该变动是可取的；反之，若该消费商品集的变动价值为负，则该变动不可取。如果 X' 潜在帕累托优于 X，则必存在 X'' 是 X 的帕累托改进，且存在 $\sum_{i=1}^{n} pX'_i > \sum_{i=1}^{n} pX_i$。若令 $X = \sum_{i=1}^{n} pX_i$，$X' = \sum_{i=1}^{n} pX'_i$，再令 $X''_i =$

$X_i + \dfrac{X' - X}{n}$，可知：

$$u_i(X''_i) - u_i(X_i) \approx \lambda_i p(X''_i - X_i) \approx \lambda_i p\left(\dfrac{X' - X}{n}\right) > 0 \qquad 公式（3-6）$$

故每个人相对于 X 都选择 X''。注意上述一阶近似泰勒展开式成立的前提条件是政策变动要足够小，当受政策影响的社会成员人数很多时，这个条件是可以满足的。

第三节　补偿原理的应用

补偿原理通常应用于不同经济状态的比较，因此这对社会经济政策变革与否、具体选择哪一种改革方案是十分有用的工具。在实践中，经常进行经济状况比较的情况有：（1）不同税收制度的效率比较，如商品税或流转税（间接税）与所得税（直接税）的经济效率比较分析；（2）对于一些公共服务或民生类产品的定价机制分析等。所有这些经济福利变动都可以运用补偿原理进行分析判断。下面我们将举例说明补偿原理的运用。

一、商品税与所得税的比较

商品税是指针对商品或服务营业额按一定比例或数额征收的税收，所得税是指对企业等单位或个人所获得的净收入按一定比例征收的税收。因此，商品税一般会改变市场比价关系；而所得税只会影响消费者的收入水平，不影响市场比价。两种税收的影响区别可以用补偿原理来加以分析说明。

由于征收的商品税可以转嫁，因而导致商品的销售价格上升，如图3-9所示。其中 D 为需求曲线，S 为供给曲线，S' 为征税之后的供给曲线，t 为税率。

在图3-9中，A 点代表征税前的均衡点，B 点代表征税后的均衡点。征税前的总收入为 $R_0 = P_0 Q_0$，征税后的总收入为 $R_1 = P_1 Q_1$。征收商品税之后，社会福利总损失为 TSL $= S_{P_1 P_0 BA} + S_{P_0 P_2 CA}$，其中政府税收为 $S_{P_1 P_2 CB}$，因此社会福利净损失为 S_{BAC}。从补偿原理角度来看，征收商品税的补偿收入为 TSL，而政府实际所得税收为 $S_{P_1 P_2 CB}$，这就意味着政府征收 $S_{P_1 P_2 CB}$ 商品税相当于征收 TSL 数额的所得税，故征收商品税的福利效果劣于所得税。

一般在发达国家中，所得税所占比重较大，最高可以达到90%以上；而在发展中国家往往则是商品税或流转税所占比重较高。这个税收征管领域的差异反映了不同国家政府征税的效率差异以及社会福利的实际发展水平。由于商品税的征收会产生社会福利净损失，所以要尽量减少对商品税的征收。

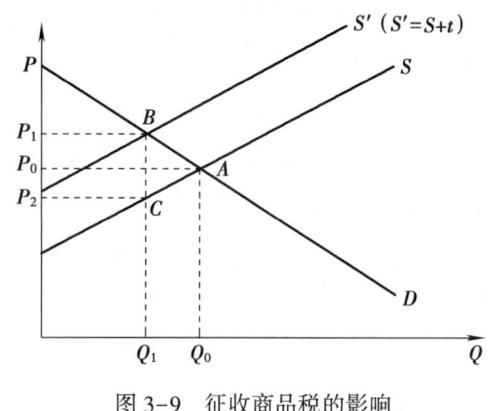

图 3-9 征收商品税的影响

二、公共品定价问题——水资源的合理利用

对于水资源较为稀缺的地区，如何合理使用公共用水是十分重要的。例如，我国首都北京市地处较为缺水的华北地区，如何合理使用水资源，关系到首都正常的发展和运转问题。我们这里主要关心作为公共品的自来水如何充分有效利用的问题。由于自来水是人们生活的必需品之一，同时也是公共品，很难使用完全的市场价格机制来调节管理。由于水资源稀缺，如果不对公共用水加以合理管制，任其浪费，结果必然会影响生态平衡。

对于作为公共品的自来水，虽然不能引用市场价格机制来管理，但可以采取适当的价格杠杆来调节。北京市近几年几次提高水价（包含污水处理费），正是为了缓解水资源的紧张程度。近几年来，我国若干缺水城市酝酿实施阶梯水价定价制度。这里我们利用补偿原理来分析阶梯水价制度的可行性。

以北京市为例，2014 年 4 月 17 日，北京市发展改革委举行居民用水价格调整听证会，公布两套调价方案，设置三个阶梯水价。在 25 名听证代表中，17 名代表赞同方案二，基本水价上调 1 元；6 名代表赞同方案一，基本水价上调 0.95 元，还有 2 位提出了新的方案。

北京市阶梯水价改革前居民用水价格为 2009 年制定，价格标准为每立方米 4 元。北京市发展改革委成本调查大队对北京市供排水成本的调查显示，北京市总的用水成本为每立方米 6.38 元，含税成本为每立方米 6.59 元。企业财务审计结果显示，2012 年，北京市自来水集团业务收入 18.95 亿元，业务成本 26.47 亿元；2012 年北京市排水集团业务收入 11.88 亿元，业务成本 15.53 亿元。

北京市阶梯水价改革从 2009 年开始启动，最终出台的两种方案。方案一为第一阶梯为户年用水量 145 立方米以下，每立方米水价为 4.95 元（提高了 0.95 元）；第二阶梯户年用水量在 146~260 立方米，每立方米水价为 7 元；第三阶梯为户年用水量 260 立方米以上，每立方米水价为 9 元。方案二：第一阶梯为户年用水量 180 立方米以下，每立方米水价为 5 元（提高了 1 元）；第二阶梯户年用水量在 181~260 立方米，每立方米水价为 7 元；第三阶梯为户年用水量 260 立方米以上，每立方米水价为 9 元。北京市发展改革委相关负责人在水价调整通气会上表示，近七成听证会参加人同意第二种调价方案。因此，从 2014 年 5 月 1 日起，北京市开始实行第二套阶梯水价方案。2015 年 1 月，北京市发展改革委表示，虽然"南水北调"来水价格提高了北京供水成本，但 2015 年北京不会对居民水价进行调整。上述北京市自来水用水价格执行阶梯水价方案才比较合理。这一点可由图 3-10 来分析。

图 3-10 表明，如果实行较低水价，则居民和企业用水量会加大；如果提高水价，则居民和企业用水量会减少。但如果直接提高水价到某一较高水平，尽管可以明显缓解用水紧张，但会使自来水用户的福利大大减少，超过自来水供应部门的直接收益和节约水资源的潜在收益。如果实行阶梯水价，可以使自来水用户的福利受损减轻，相对于直接提高水价会增加两个小三角形面积的消费者剩余量。因此，从补偿原则来看，阶梯水价更为有效，即能够在不

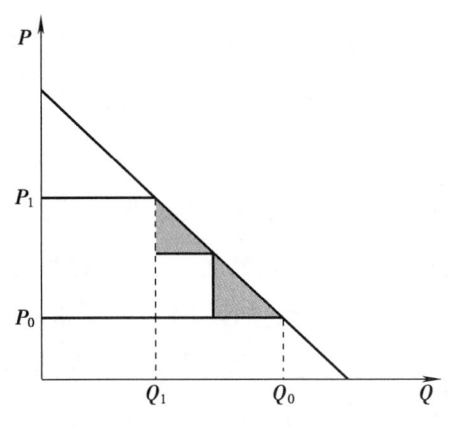

图 3-10 自来水消费与价格关系

使自来水用户福利受损较大的情况下，使水资源得到有效节约。北京市自实行阶梯水价以来，成效明显。北京市自来水集团 2015 年 1 月公布一组数据：自去年 5 月 1 日北京实施居民阶梯水价以来，自来水集团市区供水范围内，户均月用水量下降 0.17 立方米，下降比例为 2.19%，用户每人每日节约用水量 0.002 立方米；以此测算，实施居民阶梯水价后，每年可节约用水量近 1 000 万立方米，相当于 5 个昆明湖的水量。

【本章小结】

福利经济学中的补偿原理指，如果进行某项社会政策变革可能导致一部分社会成员受益，而另一部分成员受损时，如果受益者收益能够在弥补受损者之后较变革前有所改善，那么称此社会变革是可取的。

福利经济学中的补偿有实际补偿和虚拟补偿之分。实际补偿即为帕累托原理，虚拟

补偿有卡尔多补偿、希克斯补偿、西托夫斯基补偿、李特尔补偿等。

新福利经济学派认为补偿原理不涉及人与人之间的比较，是"价值无关论"。因此，他们提出的补偿标准主要是就资源配置效率而言的，不关心收入分配状况，结果补偿标准产生了逻辑不一致性的矛盾。

新福利经济学派提出的各种补偿标准均是建立在效用评价的基础上，而效用评价较为复杂，操作性差。比较实际可行的国民收入检验标准提供了一种替代评价方法，但需要变动满足一定的要求，即社会政策变动足够小这个前提条件。

补偿原理重在应用。补偿原理可应用于各种社会经济政策改革的可行性分析、公共项目的建设资金安排，以及不同国家、地区社会福利的比较和差距分析等。

【关键概念】

补偿原理　卡尔多补偿标准　希克斯补偿标准　西托夫斯基补偿标准
李特尔补偿标准　虚拟补偿　国民收入检验标准　潜在帕累托改进

【复习思考题】

1. 为什么在建造公共工程时会提出补偿问题？试举例加以说明。
2. 什么是补偿原理？补偿原理的意义是什么？
3. 卡尔多补偿标准与帕累托改进标准的区别是什么？
4. 希克斯补偿标准的内容是什么？如何使用该标准评价某一项目的可行性？
5. 为什么说卡尔多补偿标准和希克斯补偿标准是虚拟补偿标准？其评价效果如何？
6. 西托夫斯基是如何修正卡尔多和希克斯补偿标准的？
7. 运用卡尔多补偿标准、希克斯补偿标准、西托斯基补偿标准会产生什么问题？产生这些问题的内在原因是什么？
8. 如何理解李特尔补偿标准？李特尔标准是完善的标准吗？
9. 国民收入检验标准有何作用？国民收入检验标准有效发挥作用的条件是什么？
10. 国民收入检验标准与其他补偿标准有何区别和联系？
11. 试举例说明补偿检验原理在实践中的应用。

【案例分析】我国取消农业税改革分析

2005年12月29日，第十届全国人大常委会第19次会议经表决决定，《农业税条例》自2006年1月1日起废止。同日，时任国家主席胡锦涛签署第46号主席令，宣布全面取消农业税。

1958年6月3日，第一届全国人大常委会第96次会议通过的《农业税条例》，在我国实施了近半个世纪。2004年，我国政府开始实行减征或免征农业税的惠农政策，到2005年已有近8亿农民直接受益。2005年12月29日表决通过的这个决定，把这项惠农政策上升为国家法律。从而使在中国大地上延续了多年的"皇粮国税"——农业税，终于走进了历史。

农业税被全部取消，9亿中国农民将因此受益。延续了几千年的农业税从此彻底退出历史舞台，无疑是个了不起的"惊人之举"。自古以来，历朝历代都靠着农民的税赋维持运转，农业税也成为农民负担中最大的一块。农民用辛勤的劳动支撑了中国工业化的进程，这是中国农民的伟大贡献。

随着我国改革开放的不断深入，工业等第二产业和第三产业的大力发展，我国农业税已经完成了其历史使命，由此水到渠成地实施了取消农业税的改革。可以从以下几点略窥一斑：

第一，农业税在全国税收中的占比已经很小了，取消并不会对国家运行造成大的影响。

第二，工商业取代农业成为税收的主要来源。

第三，农业始终是弱势产业，国家有能力减轻农业负担，甚至补贴农业时，都会促进工商业反哺农业，保证农业稳定。

第四，取消农业税可以减小城乡差距，实现共同富裕，减少社会矛盾，让农民群体富裕起来。

取消农业税就是第一步，对农业生产进行补贴是第二步，加大农村基础设施建设、产业发展是第三步，现在正在大规模开展的脱贫攻坚是第四步。取消农业税，是我国国家强大的象征，是社会发展的必然。

农业税的取消，一方面，意味着中国经济结构在升级的过程中，农业的比重正在逐步降低；另一方面，也表明中国已完全具备了取消农业税而不至于影响国家全局发展的经济能力。农业税的重大变革，将影响到更大的区域甚至是国家财政税收结构的变革。因此，取消农业税，实际上是对财政税收结构、小区域经济结构、社会结构，甚至是国家宏观经济结构深刻变革的开始，意味着我们的改革已开始走向最艰巨的领域。取消农业税以及中央政策向"三农"倾斜，并不损害城镇的发展和城市居民的利益。相反，还将最终促进城镇的进一步发展。一个浅显的道理：全国13亿人中的9亿多农民增收了，消费水平提高了，必将促进城乡市场的兴旺，拉动内需，城镇的生产、销售和消费等环节也将随之步入良性循环，进而加快城市工业化的步伐。同时，城乡差距的缩小，还会促使农村社会更加稳定，并有助于全社会的稳定。一句话，中国的改革，都是从解放农民开始的。没有富裕的农民，就没有富裕的中国；没有农村的稳定，就不可能有一个稳定和谐的中国社会。国家全面取消农业税以后，极大减轻了农民的负担，这对于推动全面小康的实现，缩小贫富差距，稳定社会，建设更加富裕的中国具有十分重要的意义。

由上述分析可见，我国全面取消农业税是在不影响城镇居民收益和福利的情况下，极大地调动了农民积极性，又一次解放了农村生产力，必将带动农村生产关系和上层建筑某些环节的调整，推动农村经济的快速发展和农村社会的和谐进步。因此取消农业税改革就是一项帕累托改进，这项制度改革不仅减少了农民的负担，增加了农民的公民权利，体现了现代税收中的"公平"原则，同时还符合"工业反哺农业"的趋势。

（参考：我国全面取消农业税的时间是多久？2019-06-24. http://www.64365.com/zs/817395.aspx）

第四章 社会福利计量分析

> **学习目标**
>
> 通过本章的学习，了解个人福利及社会福利的度量方式、度量指标和度量指标的应用。本章学习要求理解经济剩余的概念以及表现形式、经济剩余和社会福利度量的关系，掌握经济剩余的度量方法，熟练运用经济剩余分析经济政策变动的影响。

第一节 社会福利计量指标的概念

社会福利计量指标是指用于度量社会福利及个人福利大小的数量指标，包括经济剩余、等同变差等。其中，经济剩余是经济学中较为常用的一个概念，它有消费者剩余和生产者剩余这两个基本表现形式。这些概念最早是由杜皮特（J.Dupuit）发现的。1844年，法国工程师杜皮特在《公用事业效用测量》一书中，发现各种社会公共设施如道路、桥梁和运河等所提供服务的价值要超过人们购买此服务的价格，也就是说，人们愿意支付的价格要大于人们实际支付的价格。这个差额就是后来英国著名经济学家阿尔弗雷德·马歇尔（Alfred Marshall）提出的"消费者剩余"。同样道理，如果已知这些公共设施的边际成本，那么提供这些公共设施所获得货币收入超过总边际成本的差额，就称为"生产者剩余"。杜皮特利用这两个概念分析了过桥税的提高对社会总福利的影响。消费者剩余概念在我们日常生活中随处可见，也就是我们耳熟能详的"折扣优惠"。它对公共服务、社会福利以及租税的分析，对经济剩余概念的推广和发展，以及经济剩余方法的应用起到了极大的促进作用。本节我们分别具体介绍一下消费者剩余和生产者剩余这两个概念。

一、消费者剩余的概念及度量

消费者剩余概念最早是由马歇尔定义的。在《经济学原理》一书中，马歇尔提及消费者剩余是"为了不失去该商品消费者宁愿支付的金额（Willing-To-pay，简称WTP）和他实际支付的金额之差"。按此定义，消费者剩余实际上是两种情形对比的差额，即：（1）不允许购买该种商品的任何量；（2）在某一价格下购买该种商品相应的量这两者之间的比较。所以，消费者剩余在几何图形上反映为一个曲边三角形面积的大小，如图4-1所示。

在图4-1中，消费者剩余是曲边三角形面积S_{AP_1B}。这是一个较为简单、粗略的度量。马歇尔定义的消费者剩余是如何产生的呢？一般认为，由于商品的边际效用是递减的，而需求曲线就是边际效用曲线，消费者在确定购买一定数量的该商品之后，购买的最后一单位该商品的边际效用要小于之前的每一单位该商品的边际效用。这每一单位该商品的边际效用与最后一单位该商品的边际效用之差的累积和就是消费者剩余。消费者剩余还可以用货币形式来度量，如图4-2所示。

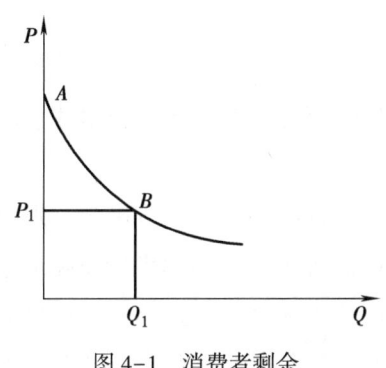
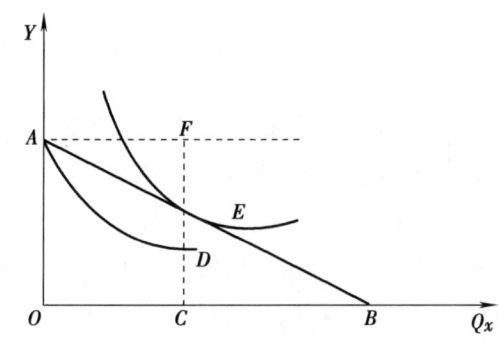

图4-1　消费者剩余　　　　　图4-2　消费者剩余的货币表示

在图4-2中，横轴表示X商品的数量，纵轴表示货币收入。AB代表消费者的收入预算线，两条曲线代表消费者的无差异曲线。E点是消费者的均衡点，即给定收入水平下的效用最大化点。EF代表购买OC量的X商品所花去的货币支出。而购买OC数量的X商品消费者所愿意支付的货币金额为FD，故DE=FD-FE即为消费者剩余的货币表示。

如上文所述，消费者剩余总量如用数字表示即为需求曲线、纵轴和水平均衡价格线所围的曲边三角形的面积，可以用需求函数关于商品购买量的积分表示。其计算公式如下所示：

$$S_{\triangle} = \int_0^{q_0} P_{(q)} d_q - p_0 q_0$$

其中，S为面积，$P_{(q)}$为需求函数，q_0为均衡数量。

二、生产者剩余的概念及度量

生产者剩余是指，生产者的实际所得和其期望所得之间的差额。它也可以用图来表示，如图4-3所示。

在图4-3中，SS'表示生产者的供给曲线，横轴表示生产者供给某一产品的数量，纵

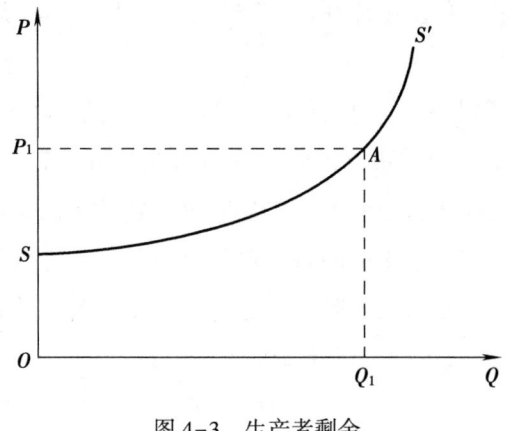

图 4-3 生产者剩余

轴表示生产者供给该产品的价格或边际成本，如供给 Q_1 数量的该产品其价格或边际成本为 P_1。生产者为什么会得到生产者剩余呢？

这一点与消费者剩余的来源道理相似。生产者供给产品的数量一旦确定，则由图可见，最后一单位产品的供给边际成本要大于在它之前的各单位产品的供给边际成本；而所有单位产品的销售价格均按最后一单位产品的边际成本来确定，这样由所销售的各单位产品的价格与其边际成本的差额的累积和就形成了生产者剩余，也就是图 4-3 中的曲边三角形面积 S_{ASP_1}。同理，可以用边际成本函数关于商品产量的积分来表示。其计算公式如下所示：

$$S'_\triangle = p_0 q_0 - \int_0^{q_0} MC_{(q)} d_q$$

其中，S' 为面积，$MC_{(q)}$ 为边际成本函数即供给曲线函数，q_0 为均衡数量。

第二节 价格变动的社会福利计量

本章第一节所介绍的消费者剩余或生产者剩余是福利变化的古典度量方式，它们只是在局部均衡下福利变化的近似度量。只有在特殊条件下，才是福利变化的精确度量，例如收入的边际效用不变或价格不变等。一般情况下，经济环境的变化，必然导致价格发生变化。为考察价格变动时的福利变化，下面就引进希克斯提出的四种价格变化时的福利度量工具，这些度量方法广泛运用于价格政策、国际贸易政策等政策变动的影响分析中。

一、补偿变差（Compensation Variation，简称CV）

补偿变差是指当价格发生变动之后，若保持消费者在价格变动之前的效用水平时所需要给予消费者或从消费者手里取走的货币量。当价格上升时，要保持消费者的效用不变，就需要给其补贴；反之，当价格下降时，就需要取走消费者多余的货币收入。补偿变差反映了当价格变化时，以货币形式度量的福利变化量（或消费者剩余）。由此可见，补偿变差反映了收入补偿效应的大小，也就是保持消费者效用不变时的收入补偿额。可以用图示的方式反映补偿变差的大小，如图4-4所示。

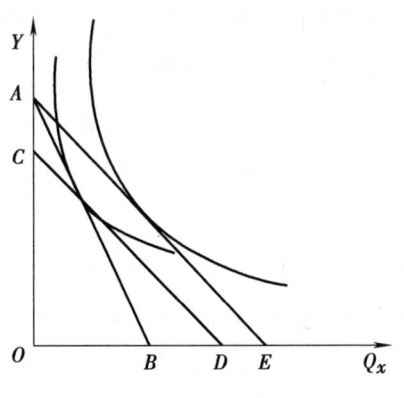

图4-4 补偿变差

在图4-4中，AB 线表示初始预算线，AE 线表示价格下降之后的预算线，CD 线表示发生补偿之后的预算线。由于纵轴表示货币收入，横轴表示 X 商品的购买量，故 AC 这段距离代表补偿变差的大小，即 $CV=AC$。此外，补偿变差的大小还可以用面积来表示，这将在下文分析。在此，可以通过消费者均衡条件来推算收入补偿额即补偿变差的数量结果。消费者均衡条件如下所示：

$$\begin{cases} \Delta U(X) - \lambda P = 0 \\ I - P^T X = 0 \end{cases}$$

上述公式中，$U(X)$ 是效用函数，$\Delta U(X)$ 是边际效用向量，λ 是货币收入的边际效用，P 是价格向量，I 是预算收入向量，X 是消费组合向量。此外，一般而言有 $\lambda>0$ 和 $X>0$ 成立。政府的收入补偿方式一般有征税和补贴两种形式，前者在限制消费和调节收入分配时较常使用，后者则是在通货膨胀时为保持消费者效用不下降而优先考虑的政策选项。不论哪种补偿方式，其结果本质是消费者效用保持不变。因此，有以下结果：

$$dU(X) = [\Delta U(X)]^T dX = 0$$

利用上述消费者均衡条件，可知：

$$[\Delta U(X)]^T dX = \lambda P^T dX = 0$$

由于 $\lambda>0$，故有 $P^T dX=0$。结合消费者均衡条件，可得到下式：

$$dI = P^T dX + X^T dP = X^T dP$$

由此可见，为保持消费者效用不变，政府应给予消费者的收入补偿额 dI 就等于与既定消费组合相对应的商品价格变化支出总额。

二、补偿剩余（Compensation Surplus，简称 CS）

补偿剩余是指，当价格变动之后，如果保持消费者在价格变动之前的效用水平，并且限制消费者在新的价格下购买没有补偿效应时所愿意购买的数量，在这种情形下应从消费者提取或给予的货币量。当价格下降时，应从消费者手中提取货币；当价格下降时，应从消费者手中提取货币；

在图4-5中，A 点代表初始均衡点，C 点代表价格下降后的均衡点。过 C 点作垂直于横轴的直线交初始无差异曲线于 D 点。D 点与 A 点在同一条无差异曲线上，因此效用相同。同时，D 点的购买量与 C 点的相同，根据补偿剩余的定义，CD 这条线段的长度即表示价格变动的补偿剩余。可见，补偿剩余主要强调购买量的限定，主要衡量当限定消费量或购买量时价格变动的福利效应。补偿剩余要求既要保持消费者的效用不变，也要限定消费价格变动之后的购买量，在这种情况下的收入补偿额要小于补偿变差，这是由于收入补偿效应对消费者剩余产生了不利的影响。这也是补偿剩余这个福利指标的真正含义。

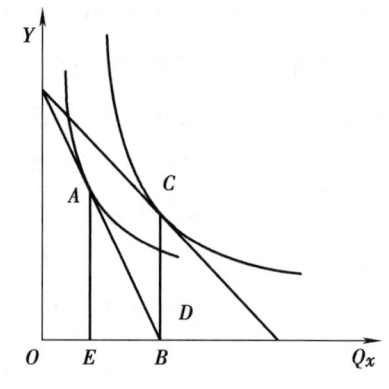

图4-5 补偿剩余

三、等同变差（Equivalent Variation，简称 EV）

等同变差是指，在现行价格下，要使消费者达到预期价格变动之后的效用水平，通过收入补偿所必须给予或剥夺的货币收入量。当预期价格下降时，要达到价格变动之后的效用水平，必须给予消费者一定的货币收入量；反之，预期价格上升时，现在就要剥夺一定的货币收入量。

在图4-6中，CB 线代表初始预算线，CE 线代表价格变动之后的预算线，AD 线代表在现行价格基础上要达到价格变动之后的效用水平的预算线。因此，等同变差就相当于 AD 线和 CB 线两条预算线所代表的收入水平的差，在图中以 AC 线段的距离表示。当预期价格下降时，等同变差就是收入补贴额；当预期价格上升时，等同变差就是收入剥夺或征收税收额。这正好与补偿变差的

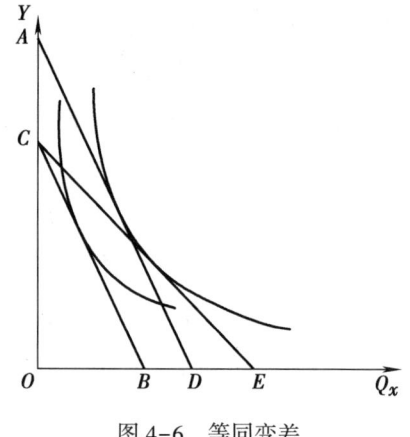

图4-6 等同变差

收入补偿方向相反。在下文中我们将继续分析二者之间的关系。

四、等同剩余（Equivalent Surplus，简称ES）

等同剩余是指，在现行价格基础上，如果限定消费者购买价格变动之前的购买量，要达到价格变动之后的效用水平所需要给予或剥夺的货币收入量。如果预期价格下降，就要给予或补贴消费者一定的货币收入量；如果预期价格上升，则要剥夺一定的货收入币量。等同剩余类似于补偿剩余，也是对消费者剩余产生了一定影响，但这种影响与补偿剩余的情况相反。简单来说，就是在补偿剩余中消费者不愿购买的要求购买，而在等同剩余中消费者想购买的却不让去购买。因此，为达到价格变动后较高的效用水平，政府机构就需要补贴更多的收入以弥补消费者剩余损失。有关等同剩余的图示可参见图4-7。

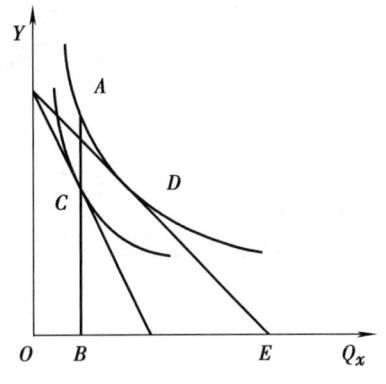

图4-7 等同剩余

在图4-7中，C点代表初始消费者均衡点，D点代表价格变动之后的均衡点。过C点作横轴的垂线交价格变动之后的无差异曲线于A点，A点与D点效用水平相同。AC线段则表示限定购买OB数量的X商品的等同剩余。

五、几种福利度量方式的比较

前面所介绍的四种福利变化度量方式均是以无差异曲线结合预算线来分析表示的，在实际应用中有一定的局限性。如果通过需求曲线来分析计算四种福利度量，更具有操作性。我们把四种福利度量指标结合到一张图上，便于比较分析。具体情况可参见图4-8。当价格由p_0下降到p_1，则X商品需求量从q_0增加到q_1。dd'为需求曲线，bgf为对应于高效用水平的补偿需求曲线，aec为对应于低效用水平的补偿需求线。则可将四种福利度量指标用面积表示如下：

$$CV = S_{p_0p_1ea} \qquad \text{公式（4-1）}$$
$$CS = S_{p_0p_1ea} - S_{ecb} \qquad \text{公式（4-2）}$$
$$EV = S_{p_0p_1bg} \qquad \text{公式（4-3）}$$
$$ES = S_{afg} + S_{p_0p_1bg} \qquad \text{公式（4-4）}$$
$$MS = S_{p_0p_1ba} \qquad \text{公式（4-5）}$$

MS表示马歇尔消费者剩余。由图4-8可见，这五种福利度量指标的关系可表示如下：

$$CS<CV<MS<EV<ES \quad 公式（4-6）$$

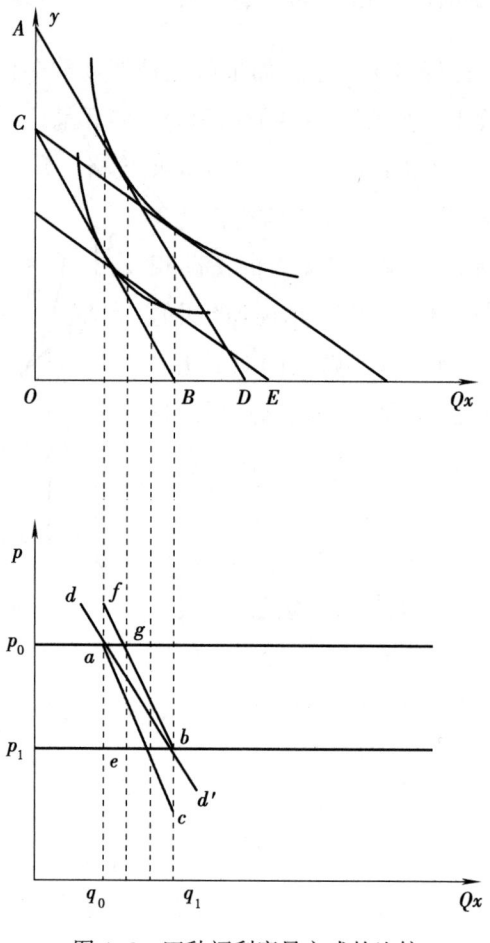

图 4-8 四种福利度量方式的比较

当没有实际补偿发生时，MS=CV=EV；当实际补偿发生之后，收入效应是不能忽略的，因此 CV<MS<EV。另外，由图 4-8 还可以发现，CV 和 EV、CS 和 ES 这两对指标是可以互相转变的。即价格下降时 CV=-价格上升时 EV，价格下降时 EV=-价格上升时 CV；价格下降时 CS=-价格上升时 ES，价格下降时 ES=-价格上升时 CS，其中负号表示货币收入流动的方向相反。

由图 4-8 可见，用面积法表示福利度量指标直观易懂，但计算起来较为繁杂。首先要根据经验数据估算普通需求曲线和补偿需求曲线的函数，然后再结合价格线，计算相应的面积。如果用数学符号来表示上述福利度量指标，则更便于数学处理和计算，同时也利于统一规范。下面重点讨论一下应用较多的补偿变差和等同变差。我们采用支出函数表示补偿变差和等同变差如下：

$$CV = \mu(p'; p', m') - \mu(p'; p_0, m_0)$$
$$= m' - \mu(p'; p_0, m_0) \qquad 公式（4-6）$$
$$EV = \mu(p_0; p', m') - \mu(p_0; p_0, m_0)$$
$$= \mu(p_0; p', m') - m_0 \qquad 公式（4-7）$$

其中，(p_0, m_0) 表示初始状态，(p', m') 表示价格变动之后的状态。$\mu(q; p, m)$ 表示消费者在价格为 q 时需要多少收入以保证达到价格为 p 和收入为 m 时的效用水平。由此可见，CV 表示以变动之后的价格为基础，寻求收入变化多少可以补偿消费者受价格变动的影响；而 EV 表示在现行价格基础上，收入变化多少在效用上等价于拟定的变化。EV 以现价为基础，便于比较不同经济方案的效果并加以选择，比较适用于政策方案的评价。

第三节 经济剩余的应用

经济剩余分析不仅在理论上有重要意义，而且在应用福利经济分析方面是不可或缺的一项重要工具。它不仅可以分析政策得失的变动方向，还可以计算出政策变动的得失大小。经常运用于政策项目评估的成本—收益法，也是经济剩余概念运用的重要体现。关于经济剩余概念的应用，我们在此举出数例加以说明。

一、垄断对社会福利的影响

在市场经济发展过程中，很多行业都出现过大型垄断企业的情况。垄断导致市场竞争程度下降，也损害了经济效率。下面我们具体分析一下垄断企业损害经济效率的原因。

垄断企业一般代表一个行业的供给，也面临着整个行业的需求。因此，垄断企业在一定程度上可以控制市场均衡产量和价格，其交易均衡如图 4-9 所示。

图 4-9 中，MC 与 MR 交于 B 点决定了均衡产量，也是垄断企业利润最大化产量 Q_0；与均衡产量相对应的是均衡价格 P_0。另外，MC、AC 与 AR 交于点 C，在点 C 处，$P = MC = AC$，均衡产量为 Q_1，对应均衡价格为 P_1。由图可见，Q_1 产量代表最低成本的产量，价格 P_1 比利润最大化时价格 P_0 低很多，实现了低价高产出。如果按照垄断企业的目标，在 Q_0 处生产，价格为 P_0。结果产生社会福利净损失，即小曲边三角形面积 S_{ABC}，这个曲边三角形称为"哈伯格三角"。

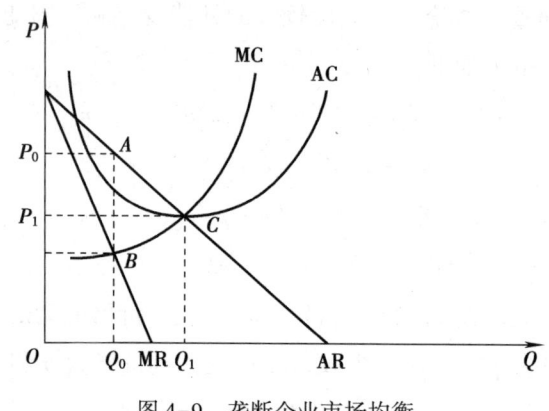

图 4-9 垄断企业市场均衡

垄断不仅会造成社会净福利损失，而且还会产生寻租成本。据美国乔治梅森大学教授戈登·塔洛克（Gordon Tullock）分析，垄断企业要获得垄断资源，就必须寻求政府保护。这样，垄断企业需要游说政府官员，支付贿赂成本，相当于垄断企业的超额利润，即图 4-9 中的 P_1 线上方的四边形，又称为"塔洛克四边形"。寻租行为导致资源浪费，寻租利润形成不合理的收入分配，这些均导致了社会经济效率的损失。

二、发达国家支持农业发展方案的比较

农业是国民经济的基础，合理引导和支持农业发展是我国国民经济协调发展的一个重要战略要点。我国虽然是一个农业大国，但农业技术相对落后，农业现代化程度不够，因此比较、借鉴发达国家农业发展政策对有效发展我国农业经济是非常必要的。本节将比较分析发达国家几种农业政策方案的影响。发达国家通常采用的支持农业发展的政策有：

（1）人为制定高于均衡价格的农产品保护价格体系，由政府收购过剩产品；

（2）提供农产品价格补贴或收入补贴，使农民可以以较低价格销售农产品；

（3）直接限制产量，使产品卖价高于市场原均衡价格。

关于这几项农业政策方案的比较，如图 4-10 所示。

在图 4-10 中，D 线代表农产品需求曲线，S 线代表农产品供给曲线，其市场均衡点是 e 点。均衡价格为 P_0，均衡产量为 Q_0。在第一种方案下，实行高保护价格 P_1，结果需求量下降为 Q'，供给量上升为 Q''。消费者剩余减少，生产者剩余增加，经济剩余净增加为 $S_{\triangle aeb}$，再考虑到政府支出，实际社会福利净损失为多边形面积 $\text{NSL}_1 = S_{aQ'Q''be}$。同样可推导出方案 2 和方案 3 的社会净福利损失分别为 $\text{NSL}_2 = S_{\triangle bec}$ 和 $\text{NSL}_3 = S_{\triangle aed}$。

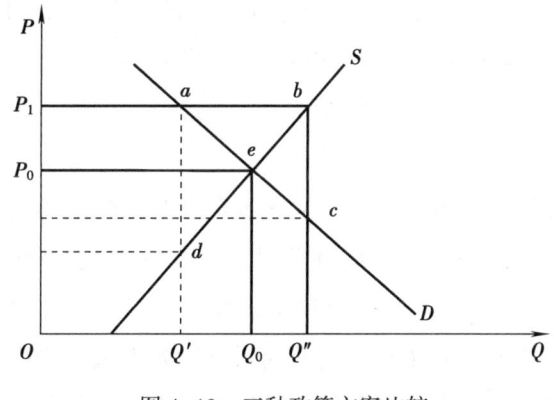

图 4-10 三种政策方案比较

从图 4-10 来看，第一种方案的社会福利净损失最大，可以排除在选择范围之外。第二种方案和第三种方案的社会福利净损失相比，第三种方案的损失结果要大（由图可明显比较两个对角三角形的面积大小）。而这两个对角三角形面积大小主要由供求曲线的倾斜度或弹性大小来决定。因此，造成图 4-10 中第二个方案的社会福利净损失小于第三个方案的社会福利净损失，是由于需求曲线较平缓，而供给曲线较陡。也就是说，供给曲线的弹性要小于需求曲线的弹性。

一般而言，农产品的需求弹性较小，而供给弹性较大，因而方案三的社会福利净损失会更小，应该选择方案三来支持农业发展。

三、实物补贴与货币补贴的比较

政府在解决低收入家庭的居住问题时，常常面临一个困难的选择：如何提供住房补贴？是提供货币津贴，还是直接提供房租津贴呢？我们运用经济剩余方法加以分析，如图 4-11 所示。

在图 4-11 中，纵轴代表货币收入，横轴代表租房面积，C 点代表初始均衡点，A 点代表给予房租补贴后的均衡点，B 点代表直接给予货币补贴的均衡点。由 C 点到 A 点的变动代表了实施房租补贴的结果，其福利变化量可以用马歇尔消费者剩余 MS 来表示。而与房租补贴等效用的货币补贴量应该以等同变差 EV 来衡量。我们已知，

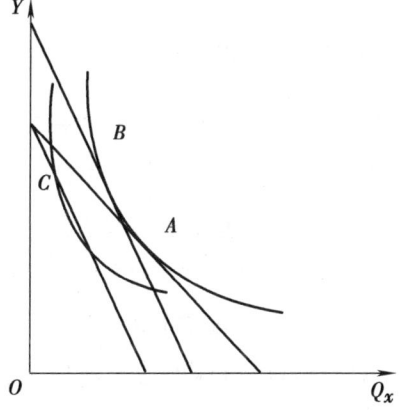

图 4-11 货币补贴与实物补贴的比较

针对同样的政策变动，不同福利度量方式结果是不同的，其中 MS<EV。这就说明了以房租补贴形式提高低收入家庭的福利水平比提供货币补贴更有效。

【本章小结】

经济剩余是社会福利度量的重要工具，它包含消费者剩余和生产者剩余两种基本形式。消费者剩余的度量方式最早由杜皮特发现，后由马歇尔明确指出并推广发展至今。经济剩余的概念在公共项目评价、社会福利计量和经济政策的分析方面得到了广泛运用。

马歇尔消费者剩余的度量方法有一定的局限性，如不适合价格变动的情形，不考虑收入效应。希克斯对消费者剩余的概念进行了推广，提出了四种价格变化时消费者剩余的计量方式，分别是补偿变差、补偿剩余、等同变差和等同剩余，其中应用最多的是补偿变差和等同变差。

补偿剩余主要涉及一个限定量，一般用于度量限额生产、价格控制和定量供给等所导致的福利损失。而补偿变差主要用于度量由税收、补贴和关税等引起的相对比价扭曲而造成的福利损失。等同变差主要适合于对不同经济方案进行评估并选择最佳方案。

在没有收入效应时，马歇尔消费者剩余和补偿变差、等同变差是等价的。因此，马歇尔消费者剩余度量仅适合于特殊情况；而希克斯消费者剩余适合于一般情况，是较为合理的度量方式。结合需求函数和货币测度效用函数可以对消费者剩余进行精确的计量。

【关键概念】

经济剩余　消费者剩余　生产者剩余　补偿变差　补偿剩余　等同变差　等同剩余　净社会福利损失　价格效应　收入效应　哈伯格三角　塔洛克四边形

【复习思考题】

1. 什么是经济剩余？经济剩余有几种形式？
2. 经济剩余的理论含义是什么？经济剩余是如何产生的？
3. 为什么马歇尔剩余仅适合于一些特殊情况？
4. 希克斯对消费者剩余作出了哪些推广？
5. 补偿变差与等同变差有何区别和联系？
6. 补偿剩余和补偿变差有何区别及联系？
7. 试对希克斯四种消费者剩余度量方式通过图示加以比较说明。
8. 试说明经济剩余度量在成本—收益分析中的应用。

9. 如何分析关税的福利影响？

10. 试应用经济剩余概念分析价格控制的福利影响。

【知识拓展】商品税与所得税对福利影响的比较

政府征收的商品税是可以转嫁给消费者承担的，实际上等同于减少了消费者的实际收入。不论是商品税还是所得税，均使消费者的福利水平有所下降。为了了解两种税收分别对消费者福利产生的影响，有必要对其福利效应展开分析。

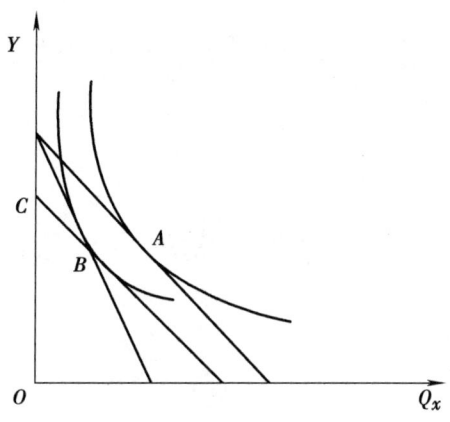

图 4-12　商品税与所得税的比较

在图 4-12 中，横轴代表某一货物的购买量，纵轴代表货币收入。A 点代表初始均衡点，C 点代表征收商品税之后的均衡点。由 A 点到 C 点是征收商品税的结果，其福利影响为 MS，与 C 点同效用的 B 点是等同变差点。等同变差为 EV，EV>MS，故为达到与征收商品税同等的福利效果，需要更大的货币支出。因此，商品税对消费者产生的不利福利影响比所得税更大。

第五章 市场机制的福利分析

> **学习目标**
>
> 通过本章的学习，要求认识到市场和市场机制的含义及特点、市场失灵现象的含义、本质及其产生原因。理解市场失灵的具体表现及其影响。掌握市场失灵的具体原因分析以及政府干预的方式、干预后果及其必要性。熟练掌握纠正市场失灵的几种方法并运用于实践。

第一节 市场机制的含义与表现

一、市场有效的含义

（一）市场的含义

市场通常是指商品和服务交换的场所。市场作为商品交换的场所，从个体考察，它由买者、卖者、交易的对象、交易的规则以及交易的中介机构等市场要素所构成。而从整体考察，市场则是一个完整的体系，它是由众多不同类型的市场所构成的统一整体。市场的另外一层含义是指市场机制。所谓市场机制是指市场各构成要素之间相互影响、相互制约的关系以及特定资源配置功能的实现方式。一般认为，市场机制包括价格机制、供求机制和竞争机制三大分体机制。我们从资源配置角度所讲的市场通常指的就是市场机制。市场机制具有自发性、分散性、信息传递快捷性和难以控制性等特征，由于这些特征，市场机制可以形成十分有效的市场决策。

（二）市场在完全竞争的条件下是有效率的

所谓完全竞争是指一种理想的市场状态，即市场不存在任何垄断因素。完全竞争的市场至少应具备以下条件：第一，市场上有无数多个买者和卖者；第二，每个买者和卖者所买卖的数量只占整个市场交易量的一小部分；第三，无论买者还是卖者信息都是充分的；第四，资源是自由流动的；第五，交易成本极低，甚至为零。

如果市场是完全竞争的，则市场供求双方力量的对比就决定了市场的均衡价格。此时，无论买者还是卖者都是价格的接受者。作为买者，其将根据自己消费产品所得到的边际效用的大小来确定购买量；作为卖者则根据自己边际成本的大小来确定供给量。此时，通过买卖双方的自愿交换，整个社会的资源配置就会符合帕累托标准，即资源配置状态的任何重新调整已不可能在不减少一个人福利的情况下去增加另外一个人的福利。这也称为帕累托最优。在资源配置达到帕累托最优的过程中，市场机制的三大分体机制都发挥着特定的作用。第一，价格机制可以正确引导资源流向，因为资源配置主体为了实现自身利益最大化，总是要把资源配置到价格高的方向上去。而价格高的方向恰恰是由于资源配置量不足而需要增加资源配置的方向。第二，供求机制控制着在某一资源配置方向上配置资源的数量，因为随着在某一资源配置方向上资源配置量的增多，其供求关系就会发生变化，而供求关系的变化又会影响价格，价格的改变又会使该资源配置方向的资源流入减少、停止甚至流出。第三，竞争机制会使资源的使用者保持较高的资源使用效率。这是因为由于商品的价格是由生产商品的社会必要劳动时间决定的，如果个别劳动时间长于社会必要劳动时间，对资源使用者而言就意味着亏损或破产，所以资源使用者为了实现自身利益最大化，必须提高资源的使用效率。

二、市场失灵的含义及表现

（一）市场失灵的含义

市场失灵是指由于内在功能性缺陷和外部条件缺陷引起的，市场机制在资源配置的某些领域运作不灵，即只靠市场达不到资源最优配置。换句话说，市场失灵是自由的市场均衡背离帕累托最优的一种情况。

微观经济学认为，在一系列理想的假定条件下，自由竞争的市场经济可导致资源配置达到帕累托最优状态。完全的市场体制取决于几大假设条件：一是经济信息完全对称，二是完全竞争市场，三是规模报酬不变或递减，四是无任何外部效应，五是当事人完全理性，六是交易成本可以忽略不计。

但是理想化的假定条件并不符合现实情况，或者即使市场符合完全竞争的条件，市场配置资源的结果也可能不符合社会所能接受的公平标准，此外，对于一些特殊的产品，还可能根本就不存在所谓的市场，因而也就不可能通过市场来配置资源。我们把市场由于上述原因而不能配置资源，或虽然可以配置资源，但是配置资源的结果却不符合社会所能接受的效率和公平标准的现象，称为市场失效或市场失灵。

(二)市场失灵的表现

1. 公共物品失灵

所谓公共物品,是指那些能够同时供许多人共同享用的产品和劳务,并且供给它的成本与享用它的效果,并不随使用它的人数规模的变化而变化,如公共设施、环境保护、文化科学教育、医药、卫生、外交、国防等。

公共物品是私人不愿意生产或无法生产,抑或无法全部生产,必须由政府提供,或者由政府和企业、个人共同提供的产品和劳务。公共物品或劳务具有与私人物品或劳务完全不同的三个特性:第一,效用的不可分割性;第二,消费的非竞争性;第三,受益的非排他性。这一方面使生产者无法通过定价来收回成本,所以追求利润最大化的生产者不可能向社会提供公共产品;另一方面,也使消费者都寄希望于别人付费购买公共产品,而自己免费享用,做一个"免费搭车者"。这种从单个消费者来看无疑是理性的行为,从整体考察,却是非理性的。因为无人为公共产品付费,所以最终所有的消费者都不能消费公共产品,从而出现所谓"公共的悲剧"(Public Tragedy)。显然,市场不能向社会提供公共产品是由于在现实经济生活中,根本就不存在一个所谓的公共产品市场。因而,这种市场失灵是由于市场功能存在局限,即便市场是完全竞争的,其也无法向社会提供公共产品。

公共物品的基本特性决定了公共物品不能在市场上被自发而有效地生产出来,不能按市场机制的方式来配置这个领域的资源。市场不能向社会提供公共产品。

2. 垄断性失灵

市场竞争有助于提高效率,但竞争发展到一定程度会产生垄断。因为生产的边际成本决定市场价格,生产成本的水平使市场主体在市场的竞争中处于不同地位,进而导致某些处于有利形势的企业逐渐占据垄断地位。同时为了获得规模经济效益,一些市场主体往往通过联合、合并、兼并的手段,形成对市场的垄断,从而导致对市场竞争机制的扭曲,使其不能发挥自发而有效的调控功能,完全竞争条件下的帕累托最优,即资源配置的最优化,也就成为纯粹的假设。

垄断性失灵表现为市场上出现为数很少的几家供应商甚至独家垄断的局面。垄断者为了实现私人收益最大化,往往要控制产量,抬高价格,以攫取超额利润,这会使市场均衡作用失灵,损害消费者的利益,降低资源配置的效率水平。垄断引起市场失灵有两个方面的表现:第一,价格扭曲和产量扭曲;第二,收入扭曲。

市场解决不了垄断问题,同样,市场也解决不了自然垄断问题。自然垄断是垄断的一种特殊形式，它除了具有垄断的一般属性之外，还具有一般垄断所不具备的两大特征：一是自然垄断往往具有严格的地域性，即如果某企业在某一地域内居于自然垄断地位，别的地域的企业将无法与其竞争。比如一个地区往往只有一个自来水公司，别的地区的自来水公司将无法与其展开竞争。二是自然垄断行业往往固定成本投入量极大，因而产品生产的平均成本呈无限下降趋势，即产量越大，平均成本越低，而一般垄断则不具备这一特征。对自然垄断行业来讲，由一个企业来从事一种产品的生产会降低平均成本，因而是有效率的；由多个企业来生产反而会提高平均成本，因而是没有效率的。但如果真由一个企业来生产，其为了实现私人利益最大化，又会像一般垄断者一样控制产量、抬高价格，攫取超额利润，损害消费者利益，进而降低资源配置的效率水平。

3. 社会公平分配的失灵

市场机制作用下的收入分配遵循的是要素分配原则。每个社会成员按照其向社会提供的生产要素的种类、数量和质量来获取相应的收入。生产要素在社会成员之间的分配格局本身就是不均衡的。通常大部分社会成员有生产要素，但有些社会成员没有生产要素；就生产要素拥有者而言，他们所拥有的生产要素的种类、数量、质量以及所能得到的价格也有很大差别，因而市场机制作用下的收入分配差距会拉得很大，有些社会成员根本没有收入，有些社会成员的收入可能连基本的生活需要也满足不了，而有些社会成员的收入却可达到天文数字，这就很难符合社会所能接受的公平标准。

社会公平分配失灵表现为：在分配领域，单纯依靠市场机制的自发作用不可能完全实现公正的收入分配。这是因为：第一，市场经济运行的目标是追求效率最大化，各经济利益主体考虑的是各自利益的最大化，由此决定社会的贫富差距加大；第二，在存在垄断的情况下，价格会严重背离价值，从而使部分人获得不合理收入；第三，市场竞争的初始条件不均等导致收入的差距；第四，经济运行时间和空间上的不均衡导致非个人原因的收入差距；第五，在市场机制的自发作用下，生产要素供求状况的不平衡必然形成要素收入的不合理差距。市场解决不了收入的公平分配问题。

4. 外部性失灵

外部性失灵表现在当某些市场主体的活动给社会或其他主体带来经济影响（受益或遭受损失）时，通过市场机制的自发作用来调节将难以达到有效配置资源的目的。在现实生活中，许多商品和劳务的成本或收益有着明显的外部性，市场解决不了外部效应问题。

所谓外部效应，是指某个经济主体的行为影响了其他的经济主体，但却没有因为好的影响而得到利益补偿，也没有因坏的影响而支付代价。前种情况被称为正的外部效应，后种情况被称为负的外部效应。一旦一个经济主体的行为产生了正的外部效应，那么意味着其应该得到的收益而没有得到,如果其是个生产者,那么必然出现产量不足;如果其是一个消费者,则必然出现消费量不足。而一旦一个经济主体的行为产生了负的外部效应,那么就意味着其应承受的负担没有承受,如果其是一个生产者,则必然出现产量过多;如果其是一个消费者,则必然出现消费量过多。

总之,一旦出现了外部效应,不管是正的外部效应,还是负的外部效应,生产者或消费者的行为就不能使资源配置的边际社会收益等于边际社会成本,即不能符合帕累托效率的要求。在出现正的外部效应的条件下,资源配置的结果是边际社会收益大于边际社会成本;而在出现负的外部效应的条件下,资源配置的结果是边际社会收益小于边际社会成本。虽然两种情况下资源配置的结果偏离"帕累托效率"的方向相反,但都导致了资源配置的效率损失。

5. 信息的不完全性失灵

市场竞争的一个重要假定是"信息是完全的",而在现实中,信息一般是不完全的,并且获得信息要付出成本。信息的不完全性失灵表现为在交易中,交易双方对于商品的质量、性能、售后服务等信息了解程度不同,出现"信息不完全"或"信息不均等"的现象。信息的不完全性会破坏市场机制运行的"优胜劣汰"的作用,以至于出现"优汰劣胜"的资源配置。市场解决不了信息不充分的问题。

在现实经济生活中,经济主体都不可能拥有充分的信息。这就意味着现实经济生活中的资源配置与假定信息充分的完全竞争条件下的资源配置是不同的,因而定会存在效率损失。

这首先体现为生产者信息不充分会导致效率损失。在现实经济生活中,生产者生产什么、生产多少,以及如何生产主要受市场价格信号的引导。一般来说,价格信号引导资源配置是有效率的,但市场价格引导资源配置也有其自身难以克服的缺陷,这种缺陷主要表现为价格传递信息的盲目性、自发性和滞后性。这意味着作为一个生产者,其只能大概而不能准确地知道市场上需要什么、需要多少。这就必然使生产带有一定的盲目性,进而使生产的结果不能很好地满足社会需要。这主要体现为供求结构的失衡,即某些产品供不应求而另一些产品供过于求。虽然价格的变动会进一步对生产的结构加以调节,但由于导致生产盲目性的根本原因仍然存在,所以,调整的结果往往不能消除供求结构失衡,而通常只不过使供求结构失衡的方向相反。因此,由于生产者信息不充分而导致的效率损失将难以避免。

其次,消费者的信息不充分也会导致效率损失。在现实经济生活中,虽然价格机制也向消费者传递信息,但消费者获取信息要花费成本,而且其获取信息的边际成本递增,边际收益递减。在获取信息的边际成本等于边际收益时，消费者获取的信息量达到均衡。但这种均衡的信息量却仍然是不充分的。在信息不充分的条件下，无论需求量过大还是过小，都会导致效率损失。

最后，信息的不充分还体现为生产者与消费者之间信息的不对称。一般来说，生产者拥有的信息比消费者要充分，因为产品是他生产的，他自然对产品的质量、性能以及真实的价格十分清楚，而作为消费者则由于要消费的产品种类繁多，因而通常不可能对每种产品的信息都有充分的了解，这样在生产者和消费者之间信息不对称的格局下，生产者可能会利用信息优势侵犯消费者的利益，从而出现市场失灵。当然，购买者（消费者）相对于出售者（生产者）具有信息优势的情况也是存在的，例如，医疗保险、人寿保险合约的买卖，消费者就具有信息优势，这样，作为合约出售者的保险公司为了防止购买者利用信息优势侵犯其利益，就会对投保及给付条件作出严格限制，从而使以盈利为目标的商业保险在分散风险方面的作用受到局限，由此而导致的市场失灵需要政府通过举办社会保险来加以弥补。

6. 宏观经济周期性失灵

宏观经济周期性失灵表现在市场总供求发生以超额供给或超额需求为特征的宏观经济总量失灵。当存在超额供给时，会引起生产过剩、经济危机和大量失业；当存在超额需求时，国民收入超分配，诱发过度需求，引起严重的通货膨胀；当两者交替出现或同时存在时，又引起"滞""胀"交替出现，或同时并存。市场解决不了社会总供求的均衡问题。

社会总供求的均衡是经济持续稳定发展的前提，但是在市场机制的自发调节下，社会总供求的波动是难以避免的，有时社会总需求大于总供给，出现经济过热；而有时社会总需求小于总供给，出现经济衰退。究其原因，一般有以下几个方面：

一是价格刚性的制约。完全竞争市场假定价格是有弹性的，会随供求关系的变化而变化。这样，在总需求大于总供给时，会通过价格的上升来抑制需求、刺激供给；而在总需求小于总供给时，则会通过价格的下降来扩张需求、减少供给，从而实现社会总供求的均衡。例如，按市场规律的要求，在社会总供给大于社会总需求时，价格包括劳动力的价格工资都应下降，才会实现总供求包括劳动力供求的均衡。但是，有时价格却具有明显的刚性，例如在工会的力量较为强大的条件下，工资往往并不下降，这就会使失业长期存在而出现经济萧条。

二是主观心理规律的作用。凯恩斯用三条主观心理规律，即边际消费倾向递减规律、资本边际效率递减规律及货币灵活偏好规律解释了需求不足的成因，并提出了解决需求不足的政策主张，但这三条规律不能解释需求大于供给的现象。

三是由于投资乘数和加速系数的交互作用，使经济运行出现繁荣和衰退的交替。根据这一理论，收入或需求的增加或减少会在投资乘数和加速系数的连锁作用下按照一定的倍数放大，从而出现经济周期性的波动。这是西方经济学解释经济周期性的主要理论。

四是货币供给量的影响。在其他条件一定时，货币供给过多会导致需求过旺，而货币供给不足则导致需求不足，因为需求表现为有货币支付能力的需求。

综上所述，可以看出，社会总供求失衡的原因是复杂的、多方面的，虽然有些原因和市场机制并无必然联系，但如果仅靠市场机制的自发调节，社会总供求的均衡的确是难以实现的，因此，一般都把社会总供求失衡视作市场失灵的表现。

第二节　市场失灵的福利效果

一、公共物品难以有效供应

对于私人物品，竞争均衡状态是供求相等的状态，供求相等意味着消费者的边际支付意愿等于生产厂商的边际生产成本，即边际替代率等于边际转换率（MRS = MRT），这是私人物品的帕累托有效供应条件。

而对于公共物品，帕累托的有效供应条件是什么呢？美国著名经济学家萨缪尔森认为，帕累托有效定义是指供求双方各自实现福利最大化，那么公共物品的帕累托有效供应条件就是全部消费者的个人边际支付意愿之和等于生产厂商的边际生产成本，也就是全部消费者的个人边际替代率之和等于生产厂商的边际生产成本。

然而公共物品不能依靠市场调节达到帕累托有效状态，其中最关键的一个因素是消费者隐藏自己的真实偏好，希望别的消费者出钱购买以便自己免费消费的心理，这被形象地称为"搭便车"心理。因为既然许多人可以同时消费一个单位的公共物品，这一个单位公共物品的生产成本就应该由这些共同消费者按其主观评价来共同负担，每个消费者的主观评价则会源于人的自利行为而不愿如实表露，每个人都怕别人少说，自己多说，从而自己多负担成本，结果可能是大家都少说自己的主观评价，甚至都说自己的主观评价为零。而这样，既然每个消费者都认为这一公共产品分文不值，生产厂商当然就不会生产供应。

二、垄断带来的社会福利减损

垄断尽管往往会带来规模经济，降低产品成本，促进科学研究和采用新技术从而有助于生产力发展，但同时垄断必然存在低效率，不能实现帕累托最优。因为垄断的存在必然造成价格高，效率低下，社会缺乏公平，厂商的产量低于社会最优产量，其市场价格又高于成本等。同时，垄断行业中的技术停滞、寻租等现象，又会造成更大的社会成本。资源不能得到充分利用，社会福利遭受损失。

（一）资源配置的非效率

如图 5-1 所示，D 为行业需求曲线，MR 为边际收益线，LMC 为长期边际成本线，LAC 为长期平均成本线。在完全竞争条件下，市场供求均衡产量为 Q_1，价格为 P_1。但是在垄断条件下，厂商按利润最大化原则（MR=MC）决定的产量为 Q'，价格为 P'。我们会发现垄断产量 Q' 小于完全竞争市场的均衡产量 Q_1，这说明垄断带来资源配置失效。我们还注意到，当产量由 Q_1 减少到 Q' 时，价格由 P_1 上升为 P'，消费者剩余由 gP_1E 减少到 $gP't$，减少了 $P'P_1tE$ 个单位，生产者剩余增加了 $P'P_1tF-FSE$ 个单位，这样一来，从生产者剩余的收益中扣除消费者剩余的损失（$P'P_1tF-FSE-P'P_1tE$），净损失 tSE 个单位，这就是社会福利的净损失。

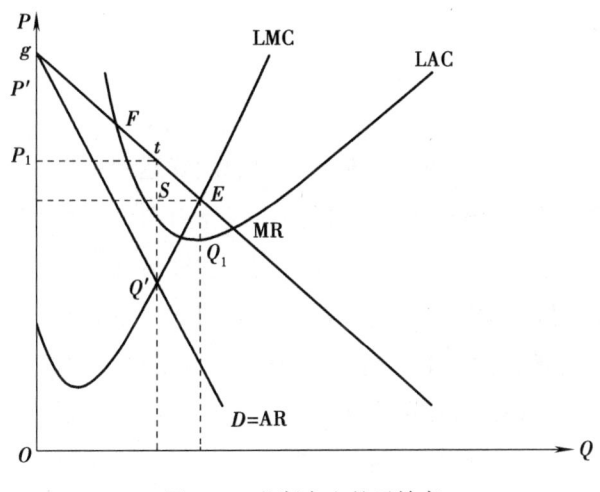

图 5-1　垄断产生的无效率

（二）资源运用的非效率

美国经济学家哈维·莱宾斯坦认为，在垄断经营条件下，由于企业没有外在的竞争压力，所以会使整个企业组织从高层决策者到最低操作层改变行为准则，即由追求利润最大化转变为追求低风险、舒适、享受原则。企业长期如此发展，会缺乏改进生产技术、减少成本的动力，造成产品质次价高、花样单调、没有变化、服务水平低下、挥霍浪费资源等，从而使企业产品成本高于相应产量规模的最低成本。这就是所谓"资源运用的非效率"，又叫作"X-非效率"。

（三）"寻租"成本

一般来说，人们通过生产性活动获得报酬，称之为"创利"活动。它既可以自己获得，也可以给社会创造新的财富；但是，假如人们发现不生产劳动，也可以从别人那里分配获得一份收入，即"寻租"活动，他们就会放弃劳动，专门去寻找利润。但如果社会的资源都用于寻找利润，而不去创造利润，则只能使社会的财富越来越少，资源浪费严重，这种为寻找租金而浪费的资源，被称为"寻租"成本。

美国经济学家塔洛克认为，形成垄断、维护垄断和反垄断都必须借助政府的政策保护，而能否寻求政府保护，则要靠投入的资源与获得的收益比较，只要获益大于投资，人们就会将资源用于寻求政府保护，造成垄断，直到获益与投资相等为止。结果，垄断的超额利润会与其寻求成本相等，消耗殆尽，也就是图 5-1 中的四边形 $P'P_1tF$ 部分，这一四边形既表示垄断超额利润，又表示垄断者所花费的社会"寻租"成本，经济学上称之为"塔洛克四边形"。

三、外部效应对社会福利的危害

微观经济学认为自由竞争的市场机制会使资源配置达到帕累托最优，其实是假定经济活动不存在外部性，即单个经济活动主体的经济行为产生的私人利益和私人成本就是社会利益和社会成本。但是现实生活中，私人利益和社会利益、私人成本和社会成本往往是不一致的。一项经济活动存在外部经济时，人们从该项活动中得到的私人利益会小于社会利益；而存在外部不经济时，人们从事该项活动所付出的成本又会小于社会成本。在这两种情况下，自由竞争条件下的资源配置都会偏离帕累托最优。也就是说，经济活动的外部性会扭曲资源的有效配置，具体表现为：外部经济对经济效率的损失体现为私人的实际产量会大大低于按社会利益最大化原则确定的最佳数量，而外部不经济会导致私人的生产量或消费量高于按社会利益最大化原则确定的最佳数量。为什么呢？

令 V_P、V_S 和 C_P、C_S 分别代表某人从事某项经济活动所能获得的私人利益、社会利益、私人成本和社会成本，再假定存在外部经济，即有 $V_P<V_S$，但又有 $V_P<C_P<V_S$，则此人显然不会进行该活动。这表明资源配置没有达到帕累托最优，因为将上述两个不等式联合起来考虑可以得到：$(V_S-V_P) > (C_P-V_P)$，这一新不等式说明，社会上由此得到的好处 (V_S-V_P) 大于私人从事这项活动所受到的损失 (C_P-V_P)。可见，这个人如果从事这项活动的话，从社会上其他人所得到的好处中拿出一部分来补偿进行这项活动的私人所受到的损失以后还会有多余，即可使其他人状况变好而没有任何人状况变坏。这说明，存在外部性的情况下，私人活动的水平常常低于社会所要求的水平。

相反，存在外部不经济时，有 $C_P<C_S$，再假定 $C_S>V_P>C_P$，则此人一定会进行此项活动。将上述两个不等式结合起来又可得到 $(C_S-C_P) > (V_P-C_P)$，此不等式说明，进行了这项活动，社会上其他人受到的损失大于此人得到的好处，从整个社会来看，是得不偿失，因此私人活动水平高于社会所要求的最优水平。

四、收入分配不公

竞争市场是遵循帕累托效率原则行事的，它追求的是生产和交换效率而不是分配效率。在竞争市场中，个人收入取决于其要素的边际生产率。如果假定个人的初始禀赋（包括体力、智力、财产、机会等）不同，那么个人的收入就会有差异，而且这种差异在没有外力的情况下会不断积累，从而出现收入分配的马太效应。这意味着，竞争市场可以保证的只是对所有人而言是一个公平的过程，它不能矫正由于初始禀赋不平等而带来的不公平分配。只要个人的初始禀赋不同，竞争市场的结果必然是收入分配的两极分化，这种低（分配）效率是竞争市场的无奈。但是，分配效率要求的是个人收入的边际效用相等，虽然它并不等于收入相等，但也绝不是收入的两极分化。

五、信息不对称导致效率低下

在风险和不确定性存在的领域里，市场也是不完全的。当交易双方中一方掌握的信息多于另一方时就存在信息不对称。拥有信息较多的一方都在与对方的交易中，会通过以下两种途径充分利用自己的信息优势造成市场失灵。这两种途径分别是逆向选择和道德风险。

逆向选择指的是市场交易中一方无法观察到另一方的重要外生特征时所发生的劣质品驱逐优质品的情形，也就是事前的信息不对称。典型的例子是保险市场。承保人一般无法分辨出一个具体受保人的风险状况，例如保险公司对于某位健康保险购买者患病的可能性不可能准确地了解。这样一来，逆向选择就发生了，那些风险大的人会更多地购买保险，从而将对保险公司而言的所谓"好的风险"驱逐出保险市场。最终，逆向选择会导致保险市场无法有效地分担风险，同时降低了市场效率。

道德风险指的是市场交易中的一方无法观察到另一方所控制和采取的行动时所发生的知情方故意不采取谨慎行为的情形。例如某投保人参加财产保险以后，即放松对其财物的保管，因而导致财物被窃，使得财产丢失风险加大。这些都会带来保险市场的低效率。

六、经济周期性波动

市场不能保持国民经济的综合平衡和稳定协调的发展。市场调节实现的经济均衡是一种事后调节并通过分散决策而完成的均衡，它往往具有相当程度的自发性和盲目性，由此产生周期性的经济波动和经济总量的失衡。在粮食生产、牲畜养殖等生产周期较长的产业部门更会发生典型的"蛛网波动"。此外，市场经济中个人的理性选择在个别产业、个别市场中可以有效地调节供求关系，但个人理性选择的综合效果却可能导致集体性的非理性行为。例如，当经济发生通货膨胀时，作为理性的个人自然会作出理性的选择——增加支出购买商品，而每个人的理性选择所产生的效果便是集体的非理性选择——维持乃至加剧通货膨胀；同样，经济萧条时，也会因每个个体的理性选择——减少支出而导致集体的非理性行为——维持乃至加剧经济萧条。再者，市场主体在激烈的竞争中，为了谋求最大的利润，往往把资金投向周期短、收效快、风险小的产业，导致产业结构不合理。

第三节　市场失灵的应对措施

上述市场调节机制的缺陷和失灵，为政府干预经济活动让出了空间，也正因为如此，政府对经济的宏观调控，已经成为现代市场经济体制的有机组成部分。正如著名经济学家、诺贝尔经济学奖获得者萨缪尔森所说："当今没有什么东西可以取代市场来组织一个复杂的大型经济。问题是，市场既无心脏，也无头脑，它没有良心，也不会思考，没有什么顾忌，所以，要通过政府制定政策，纠正某些由市场带来的经济缺陷。"因此，"现代经济是市场和政府税收、支出和调节这只看得见的手的混合体"。

一、公共物品的供给、融资和决定

由于公共物品具有消费的非排他性和非竞争性特征，一个人对公共物品的消费不会导致别人对该物品消费的减少，于是只要有公共物品存在，大家都可以消费。这样一方面公共物品的供给固然需要成本，这种费用理应由受益者分摊，但另一方面，"它一旦被生产出来，生产者就无法决策谁来得到它"，即公共物品的供给一经形成，就无法排斥不为其付费的消费者，于是不可避免地会产生如前所述的经济外在性以及由此而出现的

"搭便车者"。更严重的是，既然如此，人人都希望别人来提供公共物品，而自己坐享其成，其结果便很可能是大家都不提供公共物品。而缺乏必要的公共物品，就不能满足社会经济的客观需要，大大降低社会资源配置的效率。这就需要政府以社会管理者的身份组织和实现公共物品的供给，并对其使用进行监管。

公共物品根据其特征可以分为纯粹公共物品或完全公共物品，以及准公共物品两大类。纯粹公共物品是指既具有非排他性，也具有非竞争性的公共物品；准公共物品则指或者具有一定排他性，或者具有一定竞争性的公共物品。

税收不仅是供给公共物品的资金来源，而且也直接构成了企业的成本和负担，因而与公共物品的供给产生相反的效应。所以，对于政府而言，必须降低企业成本，减轻企业负担，以尽可能少的收入进行最有效的公共物品供给，才能真正吸引要素的流入或者使要素继续驻留。庇古、林达尔（Lindahl）和马斯格雷夫（Musgrave）都曾在考虑供给公共物品资金筹措方式的条件下，对税收与公共物品的最优供给问题进行过研究，人们分别称之为庇古均衡、林达尔均衡和马斯格雷夫均衡。但这几个模型中的需求曲线都包含了消费者自愿反映其偏好的不现实假定，当消费者意识到其偏好不能影响公共物品的产量时，其需求曲线将会发生新的变化，如果加上居民的偏好，公共物品的最优供给问题就会变得更为复杂。但作为最优的公共物品供给模型，它们为我们分析政府在公共物品供给与融资领域的竞争提供了一个参照标准。

林达尔均衡即林达尔的自愿交换理论，最早由林达尔在《公平税收：一个积极的解决方案》中提出，解释在一个小集团内，纯公共产品的数量是有效的，并且是由自愿捐款来提供资金的。而在大规模集团内这一点是不可能实现的吗？对这一问题的理解是一个关键因素，有助于了解人们要求政府提供大量公共产品的原因所在，也有助于使人们深入了解政府用强制性税收而非自愿捐款为大部分政府行为提供资金的原因所在。

林达尔的自愿交换理论假定"消费者—纳税人"显示其对公共产品的真实偏好。既然消费者显示其对公共产品的真实偏好，那么，为了提供公共产品而向每一位消费者课税将与其消费这些公共产品所获得的收益成正比。林达尔假定，个人之间和群体之间的收入分配是既定的，而且社会把收入分配状况看作"公正的和适当的"。在这种情况下，他所关心的仅仅是资源在公共部门和私人部门之间的配置。在这些假定下，林达尔均衡表明，集团内每名成员为每单位公共产品的自愿出资额恰好在有效率的产出水平上，他从这一产品中获得的边际收益等于其自愿出资额。每单位公共产品的均衡出资有时称为"林达尔价格"。

在公共物品的提供过程中，如何准确、迅速地发现辖区居民的偏好成为公共物品供给的重要内容。总体来看，居民的偏好显示机制包括投票等直接的显示形式，还包括退出——即以脚投票等间接方式（广义上还应该包括新的流动要素不进入方式）。因此，公共物品的供给和融资过程也是偏好显示和公共选择的过程。就此而论，政府在公共物品领域的竞争在很大程度上是居民偏好显示和公共选择的过程，偏好显示及公共选择机制的不同对公共物品的供给与融资产生非常重要的影响。

二、政府对垄断应采取的态度和措施

政府应当区分垄断的成因和后果，对垄断采取不同的态度和措施。对于正当经营手段形成的产品差别、店堂差别、品牌差别、服务差别应给予支持和保护，不横加干涉，以免影响企业正常经营；对于不正当经营手段形成的如串谋、非法兼并、价格歧视、低价倾销、恶意伤害等，要通过立法形式予以严格制止；对于经济技术原因形成的垄断采取或政府经营，或企业自营、政府监管，或允许准入，形成潜在竞争，从而一方面限制行业里企业数量，维护企业规模经济效益，另一方面防止企业借垄断地位损害消费者利益、造成社会福利减损；对于因特殊原因政府干预形成的垄断，要注意有针对性应对，随时评估政府保护的时效和必要性以及利弊，该削减削减，不能随意扩大政府保护的范围和时间。

三、消除或控制外部效应的措施

（一）规定产权

产生外部效应的根本原因是部分资源的产权不明确或者说是公共产权，所以美国著名经济学家科斯认为：只要公共资源的产权可以授予某些个人，不论归谁，虽然这会影响财富的个人之间的分配不等，外部性问题就可以有效地通过双方的交易协商得到解决，这即是所谓的"科斯定理"。

关于科斯定理，西方学者有多种说法，一般认为该定理可表述为：在市场交换中，若交易费用为零，那么产权对资源配置的效率就没有影响。例如，假定有一工厂排放的烟尘污染了周围5户居民晾晒的衣服，每户由此受损失75元，5户共损失375元。再假定有两个解决方法：一是花150元给工厂烟囱安装一个除尘器，二是给每户买一台价值50元的烘干机，5户共需250元。不论把产权给工厂还是给居民，即不论工厂拥有排烟权利，还是5户居民有不受污染的权利，如果听任私有制为基础的市场发生作用，工厂或居民都会自动采取150元解决问题的方法，因为这样最节省，150元成本最低表示资源配置最优。

如果产权明确，且得到充分保障，有些外部影响就不会发生。在上述例子中，只要产权归工厂还是居民是明确的，则他们中任何一方都会想出用150元安装一个除尘器来消除污染的方法，即解决外部影响问题。就是说，在解决外部影响问题上不一定要政府干预，只要产权明确，市场会自动解决外部性问题。

（二）政府行政干预

1. 行政管制或行政指导

所谓行政管制就是政府主管部门对相应的容易产生外部负影响的经济行为规定限制措施并监督执行，以减少外部负影响。例如对汽车尾气排放，规定小汽车发动机所用汽油的标准、安装消烟设备，乃至规定使用清洁燃料等，以防汽车尾气污染环境。

所谓行政指导是指政府主管部门对本行业进行规劝，提出合理规模建议，以防过度投资出现重复建设，资源浪费。例如，我国政府近几年在纺织业、煤矿业提出"限产压锭""限产压库""关闭小煤矿"等行政劝告。

2. 征税或补贴

在科斯之前，以英国庇古为主要代表的传统经济学家认为，解决外在性问题，需要政府干预：当出现外部不经济时，要用征税办法，对产生外部负影响的企业或消费者征收相当于最佳社会产量时的外部成本的税收，其数额应等于外部不经济给其他社会成员造成的损失，使私人成本加上税收以后等于社会成本，从而使外部影响内化成私人成本，使私人最佳产量等于社会最佳产量，这样可使资源配置达到帕累托最优。例如，我国的上海市为防止堵车现象，采取了汽车牌照拍卖制度，收取较高的牌照费，以增加购车成本，减少购车的数量。

此外，庇古还提出要对受到外部负影响危害的受害者进行补贴以及对产生外部正影响的生产或消费者进行补贴，使私人收益加上补贴后能等于社会最佳产量时的社会收益，从而使该领域产量提高至社会有效产量。例如，对见义勇为者进行嘉奖等。

3. 拍卖污染许可证

当政府不能确定合理的庇古税率时，可以让产生外部污染的企业去竞拍污染许可证，谁出价高，谁就获得相应污染量的污染排放权。政府则可以将此笔钱用于污染治理或补贴受害者。这种办法的好处是可以避免税率确定的技术难题，且可以使拍卖价格随行就市，但难以保证筹足治理费用或受害者的赔偿金。

四、收入再分配

收入再分配职能是指政府为了实现社会公平对市场经济形成的收入分配格局予以调

整的职责和功能。市场机制在社会公平方面的缺陷需要政府弥补。政府既要对市场机制形成的收入分配格局予以纠正，又要在初始条件方面改善社会不公平的状况。

（一）收入再分配的理论

1. 叠加性社会福利函数下的收入分配政策主张

所谓叠加性社会福利函数就是简单地将全体社会成员的个人福利函数直接加在一起，没有不同的权数，从而得出的社会福利函数。

$$\text{SWF} = U_1 + U_2 + U_3 + \cdots + U_n = \sum U_i (i = 1, \cdots, n) \qquad 公式（5-1）$$

（1）个人的效用函数 U_i 是相同的，且都是关于个人绝对收入的函数。

（2）个人效用函数是收入的边际递增函数。

（3）社会可得收入总量不受政府再分配政策的影响，即不考虑政府再分配对个人工作积极性的影响。

如此限定后，我们可以分析一个二人社会的收入分配符合社会福利最大化的最佳状态，如图5-2所示。

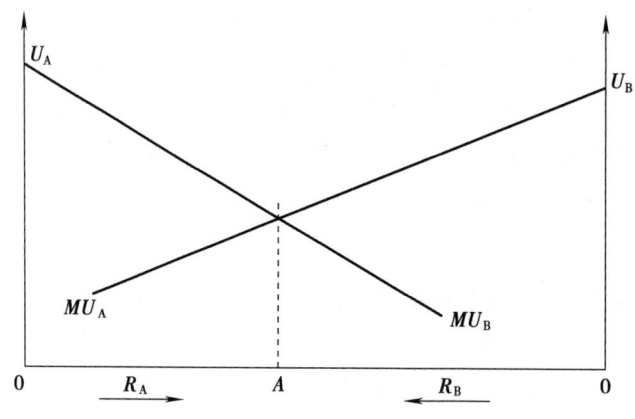

图 5-2　二人社会的最佳收入分配

我们看到，此时的最佳社会分配状况是二人收入绝对平均分配点即点 A。由此观点得出的政策主张就是支持政府进行收入和财产的再分配，以达到绝对平均状态。至少应该调节收入分配，以使收入分配尽量均等化。

2. 最大最小社会福利函数（罗尔斯的差别补偿原则）

美国学者罗尔斯提出在公平自由竞争、机会均等的社会里，社会不公平只能使得最小受惠者获得最大补偿，否则就应是均等分配。依此标准，社会最佳分配点仍然是平均分配，除非最贫穷者认为他的个人效用在收入相对较低时已经实现了最大化，才允许有收入分配差距。

3. 最大最大社会福利函数（上层社会福利函数）

最大最大社会福利函数是指把社会福利函数的权重全放在最富有者一个人身上，即只需最富的人个人效用最大化，就是社会福利最大化，这在当代社会很难成立。

4. 非功利主义哲学的收入再分配理论

（1）至善主义道德哲学的理论。许多宗教都主张人们应该博爱、至善，这应是人们生活的最高追求，而不是追求个人享乐、个人需求的满足。依此观点，收入再分配更是人们的一种自觉自愿，而且不会出现功利主义哲学分析的收入再分配和经济效率的矛盾。因为人们捐赠是一种行善，是自觉自愿的，所以不会影响其工作积极性，不会影响社会收入总量，可以实现个人收入再分配和帕累托效率的真正相容一致。

（2）保证初次收入分配的公平合理：①初始竞争起点是否公平，如个人遗产、个人家庭出身、个人教育和培训、个人的先天素质等，应尽量创造条件消灭这种差别；②竞争的过程是否公平，机会是否均等，裁决是否公正、不偏不倚；③贫穷人群的特征是否具有流动性，暂时的贫困不应提供福利，而应鼓励其寻找新机会，自我奋斗、创业。

（3）商品平均主义（政府的"父爱精神"）。对一些必需品，政府应该强制国民免费消费，如初等教育、儿童免疫、优生优育、基本食品、基本住房等。

（二）收入再分配的收入政策

1. 税收政策

税收是为了给政府筹资，让政府提供公共物品和转移支付给穷人的，这是税收的基本作用，但是税收课征却不仅仅改变了收入分配，而且产生了额外负担的效率损失。所以在现实生活中，最佳税收设计的原则就是既能实现收入再分配，又可以将额外负担降至最低。

（1）最优商品课税要求——拉姆齐法则。最佳商品课税的总原则是不改变商品的市场比价，从而使消费者在课税前后的消费量按其偏好同比例下降。按此原则，英国经济学家拉姆齐在1928年发现，对不同商品的课税在符合下列条件时是最佳的——税率的确定应当使各种商品的需求量下降的百分比相等，这被称为"拉姆齐法则"。

（2）最优所得税制要求，主要包括三个模型。一是古典的艾奇沃斯税制模型。当个人收入的效用函数相等，收入的边际效用递减，社会收入总额不变时，最优所得税就是使税后收入完全公平分配的税制，即各国通用的累进税率的个人所得税。二是米尔尼斯的最优税制模型。米尔尼斯认为最优所得税制取决于人们的能力分布，以及人们的劳动—消费品偏好。一般情况下，我们不可能证明高收入者、低收入者或中收入者中哪个边际税率更高。但如果假定效用函数是消费和闲暇的自然对数之和，能力分布为对数的正态分布，米尔尼斯得出最优税制是：平均税率累进，边际税率递减，即随着个人收入的增多，平均税率应是增多的，但增加程度应越来越小，最后可能是个人收入超过一定数量后，边际税率为零。三是固定比例税率下的最优所得税。美国学者斯特恩发现，在统一比例边际税率的所得税制下，给每个人一个最低补助额为 a，统一比例的边际税率都为 t，所得税为个人收入的线性方程式（$T=t \cdot R-a$）。

斯特恩认为最优所得税制关键是找到 a 和 t 的最优组合值，从而保证在取得一定的税收收入条件下，社会福利达至最大化。斯特恩证明，在其他条件不变时，劳动供给弹性越大，最优的 t 值就应越小。因为，劳动供给弹性越大，个人所得税导致的劳动供给下降越大，社会收入总量越小，收入再分配的代价越大，因而应少进行收入再分配；反之亦然。另外，效用的收入弹性越小，就应使其最优的 t 值越高。

一般来说，富人的劳动供给弹性较大，所以应减小税率 t，但其效用的收入弹性较小，相应就应增加其税率 t；穷人的劳动供给弹性小，应增加其税率 t，但穷人效用的收入弹性却很大，所以应减小其税率 t。

2. 民间志愿捐赠

慈善捐赠是最为典型的社会福利行为。因为慈善捐赠是人们自觉自愿的捐赠，这样富人的捐赠不但不会减少其个人福利，还会增加其个人福利，同时捐赠的人也会增加个人福利。这样看来，民间慈善捐赠会实现帕累托改进型的社会福利改善，解决了政府强制收入再分配中的公平与效率问题。

一般来说，促进民间慈善捐赠的措施主要有：（1）大力提倡助人为乐的道德观念，培养人们关心弱者，关心社会疾苦，关心社会环境、自然环境的社会责任心和同情心；（2）允许不同宗教信仰自由，凡是一切提倡爱心、善举、利国利民的宗教信仰都应让其自由发展，以解决个人的信仰危机；（3）舆论褒奖社会公益捐赠行为；（4）政策鼓励社会公益捐赠。

（三）收入再分配的支出政策

1. 社会救助和社会福利

支出政策主要通过社会救助、社会福利，将资金运用到贫困对象身上。社会救助的基础是掌握一部分国民收入作为手段，而其经济行为就是将这部分国民收入免费援助给贫困者。所以社会救助的经济实质就是将一部分国民收入直接分配或再分配给贫困者。不管是政府强制转移支付，还是民间慈善行为，社会救助都严格区别于以市场交换为基础的初始分配。以交换为基础的分配体现了按贡献分配原则，也体现了效率原则，即谁效率高、贡献大，谁就应该多分配一部分国民收入，它保证现代社会可以高效率地运行，创造出更多的物质财富。福利分配体现的是按需分配原则和公平原则，即不论是否有贡献，作为人的尊严和价值就应该得到最基本的生活需求满足，体现一种事实上的人权的平等。

2. 提供公平竞争起点和公平竞争机会

我们认为收入分配差距是否合理的标准，主要是依据人们之间竞争起点是否平等和竞争机会是否公平。所以除了要直接调节收入分配状况，还要创造平等的竞争起点和公平的竞争机会。

在创造平等竞争起点方面，主要有政府提供免费义务教育，征收遗产税，进行就业培训、转产培训等。

在创造公平竞争机会方面，主要有为失业人员提供就业咨询和就业信息，为残疾人提供就业机会和特殊教育，为穷人提供法律援助，制定公平的竞争规则，消除性别歧视，实行同工同酬等。

五、政府对经济的宏观调控

市场经济不是万能的，也有其自身的缺陷，即存在市场失灵问题。美国经济学家加尔布雷斯（Galbraith, John Kenneth）曾把市场失灵归结为三大问题：微观经济无效率、宏观经济的不稳定性、社会不公平。萨缪尔森也把这三方面视为市场经济偏离最优状态的原因。正如美国经济学家斯蒂格利茨（Joseph Eugene Stiglitz）和格林沃德（Daniel Greenwald）的"非分散化定理"所言，在一般情况下，如果没有政府的干预，就不能实现有效的市场资源配置。斯蒂格利茨还提出，从计划经济向市场经济转型的国家，不能削弱政府的作用而要重新对它加以规定。市场机制的引入及其作用的发挥，说明了市场经济的现代经济发展的最佳选择；市场失灵问题的出现，说明发展市场经济离不开政府的宏观调控。

西方发达国家及一批后发现代化国家市场经济的实际历程和政府职能的演化轨迹表明，市场调节这只"看不见的手"有其能，也有其不能。一方面，市场经济是人类迄今为止最具效率和活力的经济运行机制和资源配置手段，它具有任何其他机制和手段不可替代的功能优势：一是经济利益的刺激性。市场主体的利益驱动和自由竞争形成一种强劲的动力，极大地调动了人们的积极性和创造性，促进生产技术、生产组织和产品结构的不断创新，提高资源配置的效率。二是市场决策的灵活性。在市场经济中，生产者和消费者作为微观经济主体的分散决策结构，对供求的变化能及时作出灵活有效的反应，较快地实现供需平衡，减少资源的浪费，提高决策的效率。三是市场信息的有效性。高效率的分配资源要求充分利用经济中的各种信息。而以价格体系为主要内容的信息结构能够使每一个经济活动参与者获得简单、明晰、高效的信息，并能充分有效地加以利用，从而有利于提高资源配置的合理性。此外，市场经济的良性运行还有利于避免和减少直接行政控制下的低效和腐败等。但是另一方面，市场经济也有其局限性，其功能缺陷是固有的，光靠市场自身是难以克服的，完全摒弃政府干预的市场调节会使其缺陷大于优势，导致"市场失灵"（Market Failure）。因而必须借助凌驾于市场之上的力量——政府这只"看得见的手"来纠补市场失灵。

在市场经济活动中，个人企业等市场主体的各种经济行为及其目的的实现固然受到市场各种变量（原材料成本、价格、可用的劳动力、供求状况等）的支配，并且这些变量以其特有的规律（即由市场经济发展的内在要求而自发形成的市场运行规律，亦即亚当·斯密所说的"看不见的手"：它通过主体的独立意志、自由选择、平等互利等一系列市场原则表现出来）来调整他们的行为，自发地实现着某种程度的经济秩序；但是作为经济人以谋求自我利益最大化为目标的市场主体又总是在密切、广泛、复杂、细致的经济联系中进行竞争，产生利益矛盾和冲突是不可避免的，而当事人自己以及市场本身不具备划分市场主体产权边界和利益界限的机制，更不具备化解冲突的能力。这就需要以社会公共权力为后盾的政府充当仲裁人，设定体现和保障市场原则的"游戏规划"，即以政策或法律的形式明晰界定和保护产权关系的不同利益主体的权利，保证市场交易的效率和公正性。再进一步地说，市场竞争优胜劣汰的残酷性容易诱发人们铤而走险，产生非法侵犯他人权益的犯罪行为，扰乱社会经济生活秩序。对此，市场主体更是无能为力。只有政府运用国家暴力作后盾才能防止和打击犯罪行为。

在现代市场经济体系中，市场调节与政府干预、自由竞争与宏观调控，是紧密相连、相互交织、缺一不可的重要组成部分。因为市场机制的完全有效性只有在严格的假设条件下才成立，而政府干预的完美无缺同样也仅仅与"理想的政府"相联系。也就是说，市场调节与政府干预都不是万能的，都有内在的缺陷和失灵、失败的客观可能，关键是寻求经济及社会发展市场机制与政府调控的最佳结合点，使得政府干预在匡正和纠补市场失灵的同时，避免和克服政府失灵。这就需要政府运用计划、利用财政、货币、信贷、汇率、优惠、制裁等政策措施、经济杠杆和法律手段，特别是采取"相机抉择"的宏观调节政策，适时改变市场运行的变量和参数，以减少经济波动的幅度和频率，同时通过制定发展战略、发展计划和产业政策，对若干重要领域进行投资来引导生产力的合理布局，优化产业结构，保持宏观经济稳定与经济总量平衡。

【本章小结】

市场经济在某些情况下，实现不了帕累托最优效率。例如，存在垄断、外部性、公共物品、不完全信息等条件下，市场机制会导致微观经济无效率、收入分配不公平和宏观经济波动不稳等结果。可见，"市场机制"这只"看不见的手"不是万能的，它也会出现功能障碍，通称为"市场失灵"。

市场失灵出现的主要原因是市场机制的盲目性、自发性和无序性。市场机制最大的优点是竞争性、信息的对称性和通畅性。丧失了这些优点，市场机制就难以有效发挥作用。例如，垄断的产生、公共物品的供给、逆向选择行为的产生等。同时，市场机制本身也有天然的缺陷，例如，不能兼顾效率和公平、个体理性与集体理性的不一致等，也加大了市场失灵的可能。

政府在弥补市场机制失灵方面具有无可替代的优势，如在公共物品供给方面、社会管理方面等。政府可以运用经济手段、法律手段、道义手段和行政手段等来干预市场失灵，提高市场效率，增进社会福利水平。

政府也不是万能的，它只是一个公共部门，其服务是公共产品，因而其本身具有失灵的可能性。因此，其决策的有效性也受到质疑。所以，应对市场失灵问题，必须将市场机制与政府宏观调节机制结合起来，取长补短。

【关键概念】

有效率市场　市场失灵　不完全信息　经济周期　外部性　垄断　公共物品　寻租
X—效率　道德风险　税收政策　收入政策　产权明确　商品税　最优所得税
政府宏观调控

【复习思考题】

1. 阐述市场失灵的含义、类别及相关特征。
2. 分析市场失灵的形成原因并举例加以说明。
3. 什么是"逆向选择"和"道德风险"？举例加以分析说明。
4. 举例分析说明垄断的类型和特征。

5. 垄断的福利影响是什么？绘图加以说明。
6. 什么是寻租行为？为什么会产生寻租行为？
7. 什么是外部性？举例说明外部性的影响。
8. 公共物品为什么会导致市场失灵？
9. 市场机制能否解决社会公平问题？为什么？
10. 市场机制能否避免宏观经济波动？为什么？
11. 收入分配的理论主张有哪些？分别体现了什么原则？
12. 政府解决市场失灵问题的举措有哪些？分别举例加以说明。

【案例分析】我国农业发展中的外部性

我国农业中普遍、独特的外部性现象形成了农业发展的障碍，因此，对其发生规律进行分析研究可以为相应的制度规范提供参考，促使农业外部性问题内部化，从而更好地促进农业发展。我国农业外部性的主要表现在以下几个方面

（1）收益的流失。作为一个特殊的行业，农业本身具有很明显的"收益外部化"。农业的发展在整个国民经济发展中起着基础性和决定性的作用，但这种好处却难以计量，也就无法提出相应的补偿，于是，收益就发生了"外溢"。在我国，这种收益"外溢"现象突出表现在工农业产品价格"剪刀差"上。据统计，1952—1986 年，国家通过"剪刀差"从农业中抽走 5 823.74 亿元，是农业税收的 5 倍多，约占农业新创造价值的 15.7%。此外，国家对农业的投资很少，1952—1983 年国家通过财政和信贷渠道对农业的直接投资以及农村社会救济计为 2 326.09 亿元，不及国家从农业中抽取资本积累的 1/2，仅相当于农业新创造价值的 6.1%。如果扣除国家对农业的资本注入，则在工业化资本原始积累过程中，我国农业平均每年要把新创造价值的 9.4%无偿贡献给工业（冯海发、李微，1989）。也就是说，农业被迫成了"收益外部化"的供体。

（2）生态环境及景观功能的无偿提供。生态环境及景观功能也是一种公共物品，农业则在提供这类公共物品的过程中扮演了重要的角色。草原、林地、森林、绿洲、湖泊、耕地等景观的无偿提供就是农业外部经济的典型例子，它们对净化空气、保护植被、防止水土流失等都起到了积极作用，社会公众也因此而无偿获益。例如，生态农业建设促进了农业资源持续高效利用，改善了生态环境，还推动了无公害农产品、绿色食品的发展，对提高农产品质量安全发挥了积极作用。

（3）对其他行业成本外部化的接受。和工业、交通运输业等其他非农产业相比，农业更容易成为成本外部化的受体。例如，我国工业"三废"对农业环境的污染正在由局

部向整体蔓延。2000年，全国因固体废弃物堆存而被占用和毁损的农田面积已达200万亩以上，8 000万亩以上耕地遭受不同程度的大气污染，仅淮河流域农田因大气污染造成的损失就达1.7亿元。全国利用污水灌溉的面积占总灌溉面积的7.3%，比20世纪80年代增长了1.6倍。此外，工业、交通、能源、通讯、商业中的尾气污染、噪声污染、"白色污染"、电磁污染等，都会影响农业生态环境。农业的发展环境由于接受了工业等非农产业转嫁的成本而趋于恶劣，为了克服这些不良影响，农业生产经营者不得不付出额外的成本，而这些成本本来是应当由污染者——工业等非农产业来承担的。

（4）对生态环境的成本外部化。主要体现在农业使用物污染和农业废弃物污染两个方面。农业耕作时需要利用的许多介质，如农药、农用塑料等，都会造成环境污染。以农药污染为例，许多高效农药的高残留性和毒害性对生态环境造成了破坏，相当于将处理残留农药污染的成本转嫁给了社会。2000年对23个省市不完全统计，农业环境污染事件达891次，污染农田4万公顷，损失达到2.2亿元。这些损失本应由农业承担，却被转嫁给了其他经济主体。在农业废弃物方面，不恰当地处理农业废弃物也会对生态环境造成破坏。例如，目前我国每年禽畜养殖场排放的粪便及粪水总量超过17亿吨，如果投入部分资金进行妥善处理，它们可以成为优质的有机肥料。但是，人们却将其集中排放，不仅浪费了资源，而且还污染了养殖场周围的环境。此外，部分农村有在农田中随意焚烧秸秆的习惯，造成了严重的空气污染，有时还引起交通事故和飞机航班延误，给人民生活和经济建设带来不良影响。这些只顾眼前利益而漠视环境效益的行为，相当于把保护环境的责任转嫁给了社会。

我国农业外部性的产生原因首先是产业优势地位（市场地位）不明显，所以容易成为"收益外部化"的供体；其次是农业生产经营特点使农业在生产经营过程中容易接受外部成本或流失外部收益，在一定程度上成就了外部性的实现；再次是农业技术大多具有公共物品或准公共物品的性质，在应用上不具备完全的排他性，大多数可以被模仿，这使得技术难以被有效控制，从而弱化了农业技术创新，无法形成现代农业，导致农业在面对工业等非农产业的成本转嫁时显得无能为力。

针对我国农业外部性问题，解决的基本思路有以下几个方面。

（1）强制性内部化。这是指依靠政府命令和法律的引入与实行来促进外部性问题的内部化过程。例如，强制性地对排污的非农部门征收排污税，直接规定污染的最大允许数量，或对农业的收益外部化行为实施补贴，对污染减少者"行贿"（补贴）等。

（2）诱导式内部化。这指对现有外部性问题的改进，或新的防范措施的创造，是由个人或一群人，在响应获利机会时自发倡导、组织或实行的。诱导式内部化过程中的非正式制度安排有助于缓解强制性内部化中的"制度失败"问题。因为非正式制度安排创新不包含群体行动，所以尽管它还有外部效应问题，但却没有"搭便车"问题。

(3) 渐进式内部化。这指在整体外部性问题复杂、宽泛的现实情形下，先针对一些突出的、严重的外部性问题进行改进，随着这些问题的逐渐缓解、局部效率的不断提高，逐步扩大改进的范围，力求在更大范围内增进福利的过程。农业外部性是一个严重、宽泛的问题，对其防范也只能逐步实施，以不断的次优来逼近最优。例如，现阶段我们就可以先从最为严重的"农业外部收益流失"问题着手，改善农业发展环境，提高农民收入。

[参考资料：石声萍. 农业外部性问题思考 [J]. 宏观经济研究，2004（1）.]

第六章 公共物品的福利分析

> **学习目标**
>
> 通过本章的学习，了解有关公共物品的基本理论及其应用。要求理解公共物品的基本概念、主要类型和基本特征。理解公共物品的福利特征及其影响。基本掌握公共物品的供给特征和供给条件，熟练运用公共物品的局部均衡分析和一般均衡分析方法。对成本收益分析要求了解并适当运用。

第一节 公共物品的含义和类型

关于公共物品的含义，有三种具有代表性的定义。（1）萨缪尔森（P.Samuelson）的定义。按照意大利传统的公共财政理论，萨缪尔森在他的论文中曾经把纯公共物品的概念定义如下："每个人对这种产品的消费，都不会导致其他人对该产品消费的减少。"也就是说，所有成员集体享用的集体消费品，社会全体成员可以同时享用该物品；而每个人对该物品的消费都不会减少其他社会成员对该物品的消费。举出的例子有社区和平与安全、国防、路灯、天气预报等等。（2）奥尔森（M.Olson）的定义。他认为"任何物品，如果一个集团 $X_1 \cdots X_i \cdots X_n$ 中的任何个人 X_i 能够消费它，它就不能够排除其他人对该物品的消费"。（3）布坎南（J.M.Buchanan）的定义。他认为"任何集团或者社团因为任何原因通过集体组织提供的商品或服务，都被定义为公共物品"。换言之，凡是由团体提出的物品都是公共物品。但是，现代经济学所广泛接受的是被后来经济学家所发展的萨缪尔森提出的概念。

一、公共物品的基本特征

公共物品（Public Goods）和私人物品（Private Goods）是对应的。可以将人类社会需要的各种物品和服务总体上分为两大类：一类是"个人需要"，如食品或服装；另一类是"社会需要"，如国防。那些用于满足私人需要的物品就称为私人物品，而用于满足社会公共需要的物品，我们把它称为公共物品。私人物品是指那些具有竞争性（Competition）和排他性（Exclusion），能够通过市场交易达到资源优化配置的产品；公共物品则是指那些具有非排他性（Non-excludablity）和非竞争性（Non-rivalness），不能靠市场交易实现有效配置的产品。相对于私人物品或服务来说，公共物品的特性主要表现为如下两个方面。

（一）非排他性（Non-excludability）

非排他性是指物品一旦被提供出来，不可能将拒绝为它支付费用的个人或厂商排除在公共物品的受益范围之外。也可以说，公共物品不能因为拒绝付款的个人或厂商而停止，任何人也都不能用拒绝付款的办法来把自己所不喜欢的公共物品排除在其享用范围之外。包含三层含义：（1）任何人都不可能不让别人消费它，即使有些人有心独占对它的消费，但要么在技术上是不可行的，要么是技术上可行但成本过高，因而是不值得的；（2）任何人都不得不消费它，即使有些人可能不情愿，但却无法对它有所拒绝；（3）任何人都可以恰好消费相同的数量，否则，如果在某人消费以后，别人消费的可能性减少了，那么，也就等于非排他性不存在了。以国防服务为例，如果在一国的范围内提供了国防服务，要想不让任何一个生活在该国领域的人享受国防是非常困难或者是不可能的，无论是谁，都将同等地处于国防安全的保障之下。另外，灯塔也是非排他性的典型例子，人们很难排斥过往船只不付费而享受灯塔利益。而私人物品则不存在这种可能性。以一件衣服为例，购买者为此付款后就取得了该种物品的所有权，并可在这时排斥他人享用这种物品。私人物品在受益上必须是具有排他性的，人们才会为了得到这种物品付款，生产者也才会在市场上提供这种物品。

纯粹公共物品的非排他性主要是由以下两方面决定的：一是纯粹公共物品大都是那种在技术上不易排斥众多受益者的产品，如国防等。二是某些公共物品在技术上虽然排他，但排他的成本十分昂贵，以致经济上不可行。此外，公共物品不仅具有排他性，而且往往具有非拒绝性，如国防。

（二）非竞争性（Non-rivalness）

非竞争性是指公共物品一旦提供出来，任何消费者对公共物品的消费都不影响其他消费者的利益，也不影响整个社会的利益。换言之，某人或厂商在享用公共物品的同时，并不排斥和妨碍其他人或厂商对其享用，而且也不会减少其他人或厂商享用该种公共物品的数量与质量。这种非竞争性是因为公共物品一般都具有效用不可分割的性质。

相比之下，私人物品的情况恰好相反，它在消费上具有竞争性（Rivalness），即某人或厂商对某种一定数量的私人物品的享用，实际上就排除了他人或厂商对其的同时享用。

例如，我们家庭必备的家具，某位消费者购买了家具后，就拥有了这套家具的所有权，因此这套家具只能归属其本人或家庭所享用，如果其他人或别的家庭也想用这套家具，就只能自己购买，这时它的边际成本显然不为零。

非竞争性包含两方面含义。第一，公共物品的边际生产成本为零。公共物品在自身产生拥挤之前，每增加一个消费者的边际成本都等于零。也就是说，只有当一种公共物品达到充分消费的界限时，每增加一个消费者才会增加相应的生产的可变资本。这里说的边际成本，是指增加一个消费者对供给者带来的边际成本，而不是微观经济学中经常分析的产量增加导致的边际成本。仍以国防为例来分析：只要国家建立国防体系，就不可能把任何居住在本国境内的人排除在该体系的保护范围之外，包括犯罪分子在内。再如，一个新生婴儿，显然不会对作为公共品的国防产生预算压力。尽管一个国家可能每天人口都在增加，但并没有因此减少其所享有的由国防提供的国家安全保障。第二，边际拥挤成本都为零。也就是说每个消费者的消费都不能影响其他消费者的消费数量和质量，这种物品不但是共同消费的，而且也不存在消费中的拥挤现象。但事实上，虽然消费者增加，但带给供给方的生产成本为零并不能说明其边际社会成本为零。例如，对高速公路的生产者（建造者）来说，只要在公路不需要拓宽的情况下，每增加一个消费者并不会引起其生产成本的增加。但对消费者而言，高速公路快捷方便，消费者都愿意走，这时的道路拥挤对消费者来说就是一项成本。在道路行驶达到饱和量之前，不存在道路的拥挤，此时我们可以认为拥挤成本为零，但当消费者人数剧增，道路达到饱和量之后时，消费者就会感受到明显的拥挤，而且拥挤的感觉和拥挤的成本与高速公路上的消费者人数成正比。由此可见，当一种公共物品产生消费竞争时，就必须采取某种限制消费者人数的措施，如收费（税收等），那么这时的商品就已经不再是纯粹的公共物品了。例如，一个公共牧场有过多的人放牧，则放牧者之间必然产生消费竞争，这时公共牧场不再是一种纯粹的公共物品了，而是变成了需要限制使用的一种公共资源。具有非竞争性的例子还有，不拥挤的桥梁、非载满的火车车厢等。

萨缪尔森以数学的形式表述纯粹的私人物品与纯粹的公共物品之间的区别。

（1）对于纯粹的私人物品来说 $X = \sum_{i=1}^{n} X_i$，即某一物品商品的总量（X）等于每一个消费者拥有的该商品的数量（X_i）总和，这意味着私人物品在效用上的可分割性。

（2）对于纯粹的公共物品来说，$X = X_i$，这就是说，对于任何一个消费者 i 来说，他为了消费而实际可支配的公共物品的数量 X_i 就是该公共物品的总量（X），这意味着公共物品在效用上是不可分割的。

总之，纯粹的公共物品是指那种提供给全社会成员共同享用的而且不具有消费竞争性和受益排他性的物品。而纯粹的私人物品是指那种只提供给为其付款的个人或厂商享用的，并且在消费上具有竞争性，在受益上把未付款的个人或厂商排除在受益范围之外的物品。

纯粹的私人物品的市场交易，既无正的外部效应，又无负的外部效应。而纯粹的公共物品，即使原本只针对某一特定对象，结果也会使该社会全体成员享用因此而带来的外部效益，我们可以认为纯粹的私人物品和纯粹的公共物品形成了一个闭区间，而私人物品和公共物品就是这个区间的两个端点，居于两者之间的就是既有公共物品或服务特性，又有私人物品的特性的物品，如公共资源。例如草原，当只有一个人在草原上放牧时，他与这块草原的其他放牧者之间在消费上就具有竞争性的关系。此外，在技术上能够实现排他性，但消费上具有竞争性的公共物品，都不属于纯粹的公共物品和纯粹的私人物品。类似这样的物品，政府就需要采取补贴的办法，并通过市场给予一定的支持。

根据公共物品消费的非排他性特性，将一定数量的某种公共物品分配给任何一追加的消费者的边际成本等于零。但是，生产每一个追加单位的公共物品时，其边际成本都永远是正数。原因在于，纯粹的公共物品的数量的增加，要求以追加的资源投入为条件。如图 6-1、图 6-2 所示。

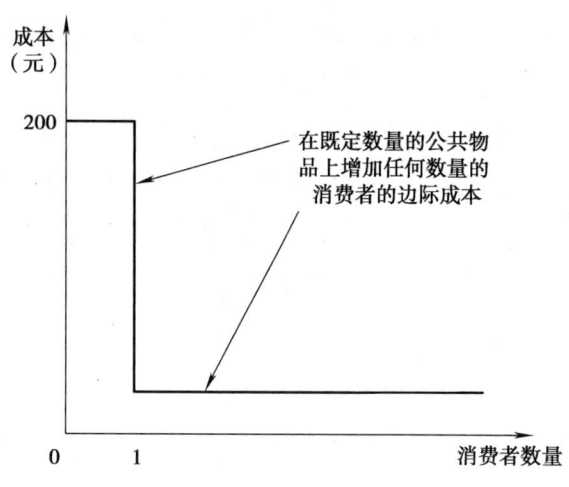

图 6-1　公共物品消费上的非排他性

其中图 6-1 表明，一旦向某人提供了一定数量的某种纯粹的公共物品，那么，在这个既定数量的该种公共物品上无论添加多少消费者，其边际成本均等于零。图 6-2 假设纯粹的公共物品的平均成本是不变的，即它的平均成本为每单位 200 元，其边际成本也会是 200 元，这说明生产该物品的边际成本始终是正数。

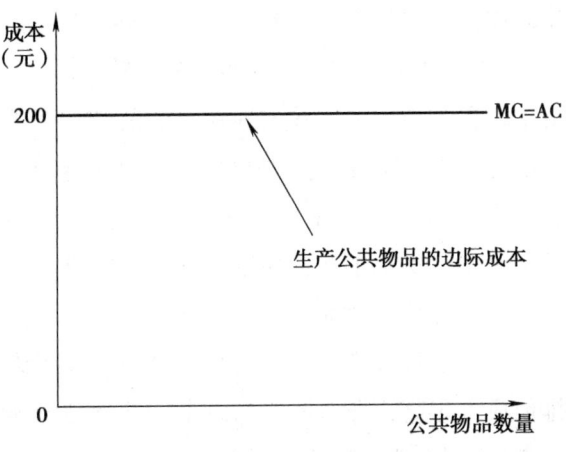

图 6-2 公共物品边际成本的不变性

公共物品的其他特征主要包括：生产具有不可分性，是指必须向集体内所有成员一次性提供，如国防；生产具有自然垄断性，如铁路交通，初始投资特别大，而随后所需的经营资本额却不大；规模效益大，规模经济往往是公共物品产生的一个重要原因；消费数量上的一致性和消费评价上的差异性，消费数量是客观的，而消费评价是主观的；不易对消费者收费，或者收费本身所需成本过高；消费具有社会文化价值，如国家对文化事业的支持；消费上具有道德风险，即消费者有意压低自我评价，希望别人出钱购买，自己免费消费的道德风险。这些特征及基本特征之间可能存在交叉和因果关系，但是对公共物品有个全面的了解，我们列举出来也是合适的。

纯粹的公共物品与纯粹的私人物品之间的区别还可以用下面的例子来说明。假设社会就是由生活在某一特定房间的人组成的，这个房间内所作出的决策只对本空间内的人有作用，而对空间外的其他人没有影响。这个房间内的人每天都能收到定量的面包和定量的取暖燃料。这时的面包就是纯粹的一种私人物品。原因如下：（1）房间里的人每天所收到的面包总量是一定的，房间内所有人所消费的面包总量也是一定的，如果某人某天所分到的面包多一些，就意味着其他人所消费的面包要少一些，满足"消费的竞争性"；（2）面包可以按照根据每天供求双方的力量对比所决定的价格在市场上出售，在面包价格既定的情况下，这个房间的人可以根据其偏好和经济状况来调整对面包的消费，符合"受益的排他性"；（3）面包的效用可以分成很多份在房间里的人之间进行分割，符合私人物品"效用的可分割性"的特征。

二、判别公共物品的步骤

通过以上分析，要辨别一种物品是否为公共物品，可以按以下步骤进行。

第一步：分析该物品在消费中是否具有非竞争性，如果不具有非竞争性，则这种物品肯定不属于公共物品的范畴；如果具有非竞争性则转入第二步。

第二步：对公共物品的进一步识别要看该种物品的消费是否具有排他性，如果不能排他，则该产品有可能是公共物品或是需要限制使用的公共所有的资源。

第三步：如果一种物品没有非竞争性，又没有非排他性，则必为纯粹的私人物品，则它有可能通过市场机制来实现供求平衡；如果该种物品的受益既具有非竞争性，又具有非排他性，那么该物品必然是公共物品，应由政府公共部门来提供，市场机制在这个领域是要失灵的。如果在技术上具有排他性，这时要进一步分析该物品在排他时的成本问题：如果该物品的排他成本很高，那么该物品属于公共物品的范围；如果一种物品在技术上具有排他性而实现排他的成本又比较低的话，则该物品属于"拥挤性的公共物品"，如电影院、高速公路和桥梁等，这类物品或服务可以通过市场来提供，同时政府给予一定程度的补贴，如图6-3所示。

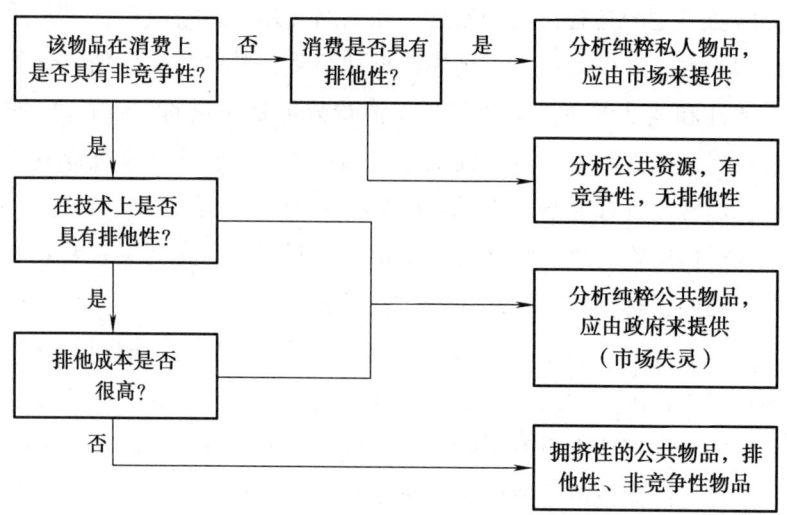

图6-3 公共物品的判别

通过上述识别步骤，可以大体分为以下四种不同类型的物品：（1）同时具有非排他性和非竞争性的纯粹的公共物品；（2）同时具有排他性和竞争性的纯粹的私人物品；（3）具有非排他性和竞争性的公共资源；（4）具有排他性和非竞争性的准公共物品。关于这四种不同物品的具体实例，如图6-4所示。

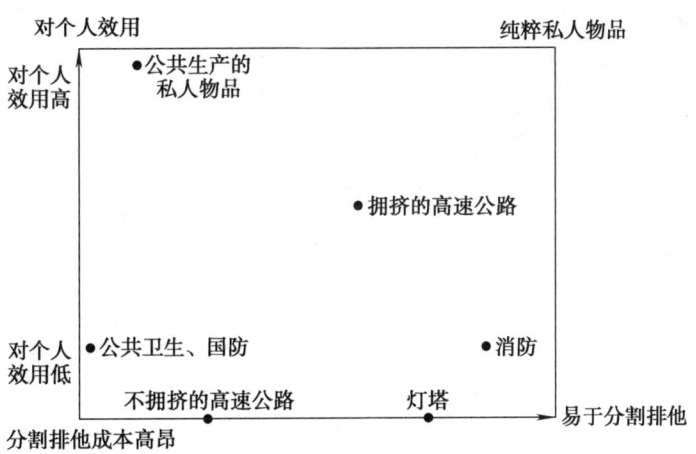

图 6-4 产品类型的划分

第二节 公共物品的需求和福利效应

在下节分析公共物品的有效供应之前，首先对公共物品的需求进行分析。对于纯粹公共物品，所有消费者必须同时消费同样的该种物品。对公共产品的需求完全不同于对私人物品的需求。

一、公共物品的需求

根据私人物品的特性，对某种私人物品的市场需求，可以通过加总某一时间内市场上所有单个消费者在各种价格水平上对该种私人物品的需求量而得出。

对于纯粹的公共物品，消费者没有能力调整其消费量，不能出现其消费量分别为 A 每天 1 个单位，B 每天 2 个单位，C 每天 3 个单位的情况。如果 A 每天的消费量为 3 个单位，其他所有人也必须每天消费 3 个单位。换言之，纯粹的公共物品的消费者是无法将其购买量调整到该种公共物品的价格恰好等于其边际效益的水平。事实上，因为纯粹的公共物品存在受益的非排他性，所以它们是不能被定价的。那么公共物品的需求曲线是怎样形成的呢？

下面以灯塔为例，假定 A、B、C 三人同时利用灯塔导航，A 对灯塔的消费并不妨碍 B 和 C 对灯塔的使用；反之亦如此。灯塔在这里就是这三个消费者的纯粹的公共物品。

在图 6-5 中，纵轴代表消费者对某种一定数量的公共物品或服务所愿支付的最大量。它通常由消费者在一定数量的公共物品获得的边际效益来表示。消费者对灯塔的需求曲线用曲线 D 来表示。每个人需求曲线上的任何一点都代表消费者为获取每一单位的相应

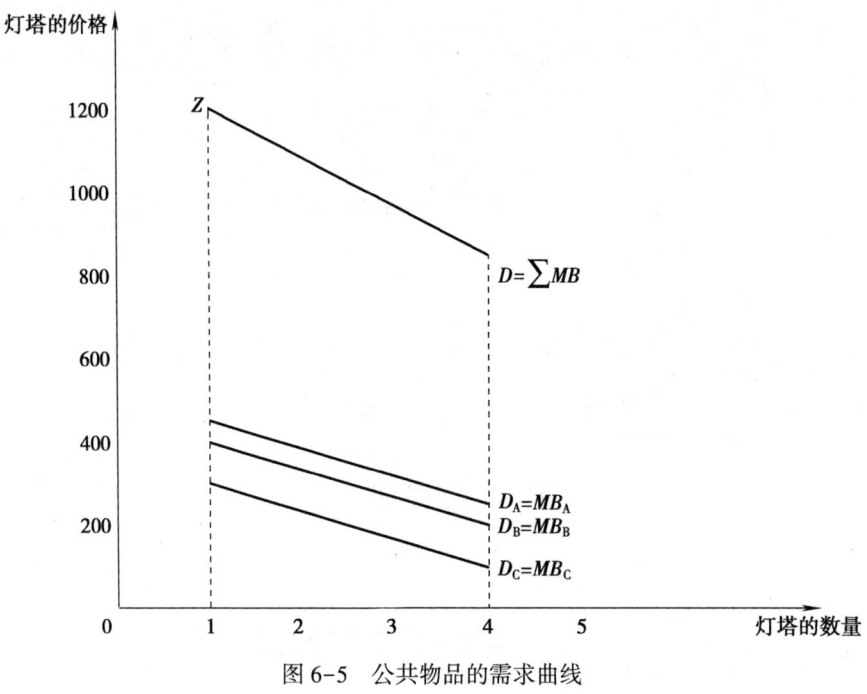

图 6-5 公共物品的需求曲线

数量的公共物品所能支付的最大数量。此处最大数量也就是指每一单位数量的灯塔所能带来的边际效益。这时，对公共物品的总需求曲线可以通过将每个消费者在每一可能数量水平上的边际效益加总而得到。因此，只要将个人需求曲线垂直相加就可以得出对公共物品的需求曲线。如图 6-5 所示，为建造一座灯塔，三名消费者愿意支付的最大量为 300、400、500，那么在这一点三个消费者的边际效益总量 $Z=1\,200$。以此类推，将人和灯塔数量水平上的每个消费者所能获得的边际效益垂直相加，结果就是公共物品曲线上的各点，各点相连就形成了需求曲线 $D=\sum MB$。

二、私人部门提供公共物品的福利损耗

竞争性的市场不可能达到公共物品的帕累托最优产量。换句话说，如果私人部门来提供公共物品，就可能会产生低效率，所以公共物品的供给应该由政府部门来提供。由于公共物品具有排他性的性质，"免费搭车者"的问题就不可避免地产生了，它是对那些试图不付出任何代价就能得到利益的行为的一种形象比喻。它是指某些人享受了公共物品的消费，但却逃避支付公共物品的生产成本的一种行为。搭便车行为是市场失灵的一种具体表现。它的存在总体上说来有两个方面的原因：一是客观原因，即公共物品自己本身存在消费的非排他性，每个人都相信他付费与否都可以享受公共物品，那么就不会

有资源付费的动机,也就是说,消费者享受公共物品不需要支付任何的费用,这决定了消费者在这种情况下不会支付无谓的价格。二是主观原因,即人的一种道德行为,是人自身利己性的表现。大卫·休谟(David Hume)早在1740年提出过所谓的"公共的悲剧",是指在一个经济社会中,如果有公共物品或劳务的存在,免费搭车者的出现就是不可避免的,而如果社会所有的成员都成为免费搭车者的话,结果最终是任何人都无法享受到公共物品的好处。由于搭便车问题的存在,市场对公共物品的配置无法达到最优化,换句话说,市场无能力使之达到帕累托最优。我们知道,帕累托最优是判断资源配置是否有效的依据,它是指经济不可能通过改变资源配置,在其他人的效用至少不下降的情况下,使任何别人(至少是一人)的效用水平有所提高。

现在我们用一座大桥为例来说明私人部门生产公共物品的福利损耗问题。

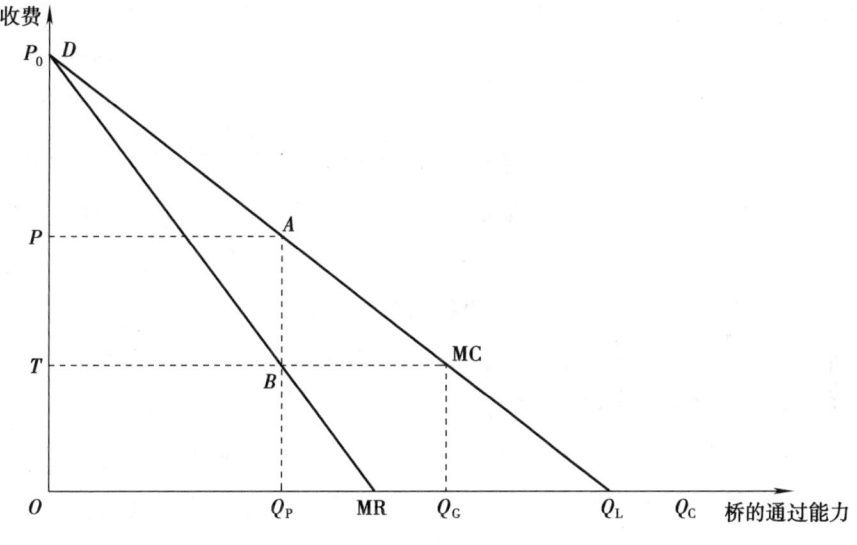

图 6-6　私人生产公共物品的福利损耗

在图6-6中,D为需求曲线,Q_L为大桥的临界通过能力,即过了这一点就会产生拥挤。在由政府生产这座大桥的情况下,政府可以做两种选择:一是免费过桥的做法。如果过桥的人数小于Q_L时,增加一个消费者的边际成本为零,因此价格也为零。这种做法增加社会福利,使所有的过桥人都可以自由过桥,使整个P_0OQ_L部分都成为消费者剩余,达到消费的福利最大值。二是过桥收费的办法。当过桥人数达到Q_C时,需求曲线可能趋于无限大,这样就会产生拥挤现象。如果产生拥挤,过桥人数增加,大桥使用的危险增加,维修、加固等就成为必要的,这时边际成本就会增加,消费者的福利也会损失,政府应该采取收费的方法,收费T应等于生产这座桥的边际成本MC,这样可能会使社会福利出现损失，但大桥的使用效率提高，达到了最佳的效果。由此造成的结果是过桥人数降为 Q_G，Q_G 到 Q_L 之间的消费者无法过桥，MCQ_GQ_L 部分成为政府的福利损失。

现在，如果这座桥不是由政府修建的，而是由私人修建的话，就可能产生低效率。因为私人企业追求利润最大化的动机将会导致大桥收费水平的提高，从而使消费者剩余部分减少。如图 6-5 所示，这家修建大桥的私人厂商由于其所具有的垄断地位，便会按照边际成本（MC）等于边际受益（MR）定价的情况下，私人厂商的边际收益曲线低于消费者的需求曲线，其对消费者的收费会上升为 P。结果，过桥人数将减少为 Q_P，由 Q_P 至 Q_L 部分的消费者无法通过付费过桥。消费者剩余将减少 $PAMCT$ 的面积。这家私人厂商虽然可以获得 $PABT$ 面积的利润，但由于 $PABT<PAMCT$，因此会造成 $PAMCT-PABT=AB-MC$ 面积的社会福利净损失，由私人部门修建大桥所造成的社会福利的净损失，清楚地表明了私人部门生产公共物品的低效率。

三、政府提供私人物品的福利效率分析

我们已经知道，实现社会资源配置效率最大化的条件是：配置在每一种物品或服务上的资源的社会边际效益均等于其社会边际成本，即 $MSN=MSC$。这一条件，并非仅是就私人物品或服务来说的，它同样适用于纯粹的公共物品或服务。

政府提供私人物品一般是出于下述两种目的：一是为了限制本物品的使用量；二是为了实现社会公平的目的。一般说来，政府提供的私人物品总是那些额外使用会导致很高边际成本的私人消费品，这样政府可以达到限制消费量、增加社会福利的目的。例如，居民用水和医疗服务就是两个典型的例子。居民用水和医疗服务本身具有私人消费品的性质，本可以由私人部门来提供。但如果人们对这两种商品产生额外的消费需求时，会导致供给方需要额外再投入大规模的固定资本，如建新水厂和医院等，这样使它们的边际成本急剧上升，因此供给价格很快就会从 P_0 上升到 P_1。结果导致了图 6-7、图 6-8 中相当于 P_0P_1AE 面积的消费者剩余的损失和 ACE 面积的社会福利净损失。这两种损失的大小则主要由该商品的需求弹性大小来决定。一般情况下，如果商品需求弹性小，其损失相对会小一些。反之，其损失相对大一些。

现在假定政府来提供具有以上特性的私人消费品，结果会大大减少以上两种损失。假定政府对上述两种私人消费品的需求量和供给成本十分清楚，那么政府可以用某种价格管制的方法把价格定为 P_0，从而把消费量控制在 Q_0 的水平上，这样就可避免过度消费引起的各种福利损失。当人们的需求量实际为 Q_1 时，政府的价格管制行为也会带来一定的福利损失，它相当于图中的 EFQ_1Q_0，具体表现在用水量大时会出现用水困难，医院看

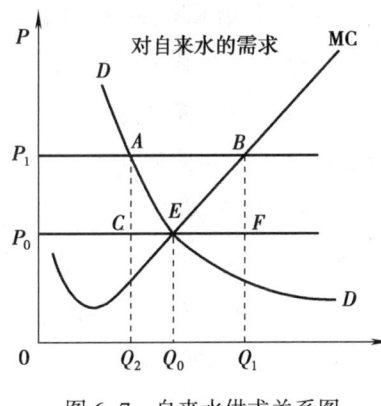
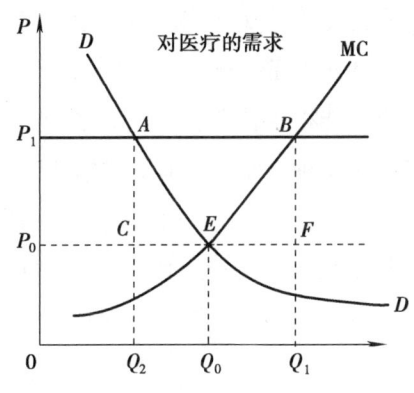

图 6-7 自来水供求关系图　　　图 6-8 医疗服务供求关系图

病要排队等候。不过这种损失与水价昂贵、医药费高以及水厂、医院供给过剩的福利损失相比就小多了。

再来看第二种情形,即政府替代私人部门的生产与分配以使人们能够公平地消费私人消费品的行为。以教育为例,教育原本属于私人消费品,但是在私人提供教育的情况下,人们的收入不同,因此能接受教育的也水平不同,人们由于受教育水平的差异不能在市场上公平竞争,这就扩大了人们未来的生活水平差距。为了避免这种情况,政府对所有阶层的人们提供一个近乎相同的教育服务是非常必要的。如图 6-9 所示 D_P 曲线表示

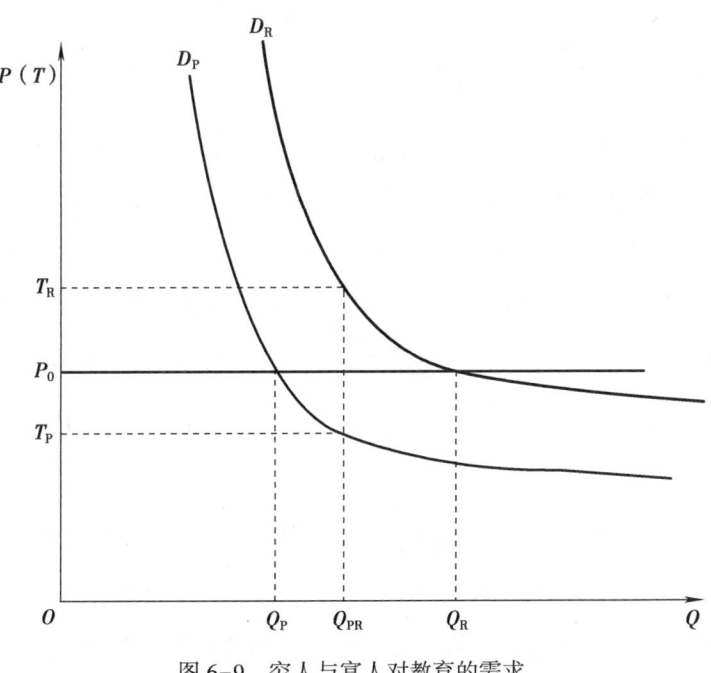

图 6-9 穷人与富人对教育的需求

穷人对教育的需求，D_R曲线表示富人对教育的需求。在教育由私人部门提供的条件下，价格对穷人和富人是一样的，都为P_0。但是两者之间的收入水平不同，因而同在价格P_0水平下，富人能得到教育Q_R，而穷人能得到的教育仅为Q_P，要远远少于富人得到的教育量。为了避免这种现象，政府要求穷人和富人支付不同的价格使他们获得同样的教育数量，达到社会公平的目的。这些反映在图中便有了穷人支付价格T_P享受Q_{PR}水平的教育和富人支付价格T_R而享受Q_{PR}水平的教育的结果。政府的这种再分配教育服务的政策可能会产生某种效率上的问题，但公平教育对人们在市场上公平竞争来说，效率的牺牲是必要的。

第三节 公共物品供给的均衡分析

公共物品是具有极端正外部性的特殊产品，当公共物品生产出来以后，正的外部性非常大，人们只享受外部性带来的效用就足够了，以致没有人愿意为消费它而付费。由于生产者难以收费或收费成本太高，使得生产成本无法收回，造成市场供给不足，因此，各国政府都面临如何提供公共物品的问题。

一、公共物品供给的局部均衡分析

（一）私人物品供给的局部均衡分析

我们首先分析一下私人物品的局部均衡（见图6-10），然后再对公共物品进行分析对比。现在假定消费者的偏好、收入与其他产品的价格是既定已知的，社会上只有A、B两个人。图6-10中D_A与D_B分别表示A和B的个人需求。不同的需求曲线反映了个人之间不同的收入与偏好。在上述假设条件下，可以将各个价格水平下A、B两人各自的市场需求量横向加总来获得市场需求。即$\sum D = D_A + D_B$。$\sum D$线在M点出现拐折是因为当价格从P_0上升为P_1时，A的需求量将变为零，此时只有B的需求。在P_1价格以上，$\sum D = D_B$。

如果该物品的供给曲线一定，市场均衡点为$\sum D$和SS线的交点E，均衡价格为P_0，均衡产量为Q_0，它等于Q_A与Q_B的和。其中，Q_A为A的消费量，Q_B为B的消费量。每个人是价格的接受者，要确定的是在某一价格水平下的总产量。在P_0这一价格下，两个消费者的最终消费量虽有所差别，但他们的边际效用相同，都等于市场价格，在私人物品

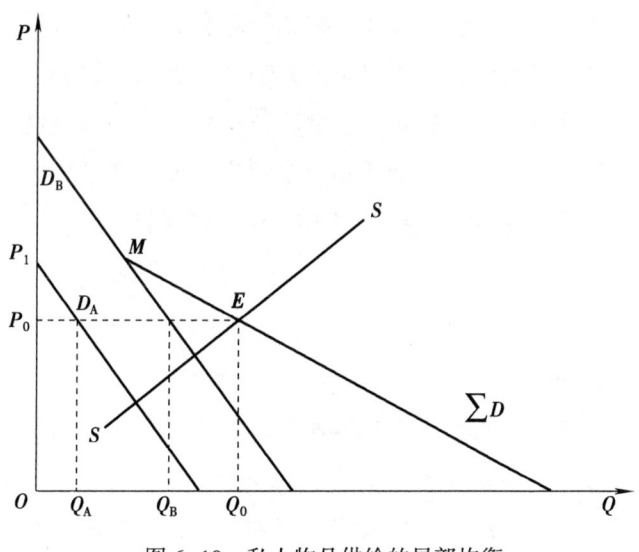

图 6-10　私人物品供给的局部均衡

条件下，E 点的社会边际成本等于社会边际效益，实现了帕累托最优。

（二）公共物品供给的局部均衡分析

在图 6-11 中，我们对公共物品供给的局部均衡进行分析。

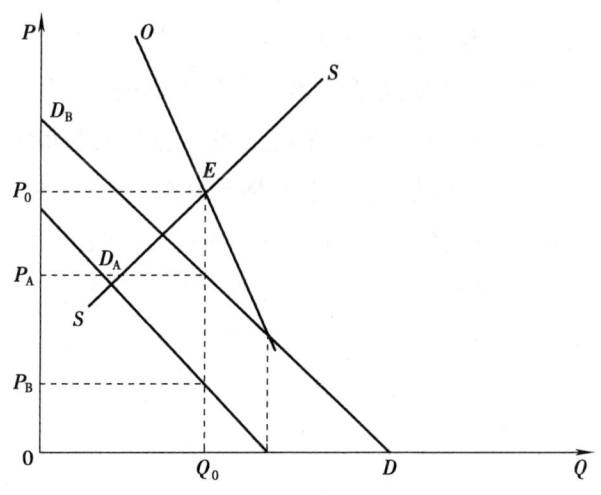

图 6-11　公共物品供给的局部均衡

D_A 与 D_B 分别代表个人 A 与个人 B 的需求曲线。萨缪尔森称这种需求曲线为"虚假的需求曲线"，因为在实际生活中，个人不会表示他对一定数量的公共物品愿意付出多少价格。然而借助一定的需求曲线，仍有助于问题的分析。公共物品在被提供以后，任何个人都可支配它。全体个人对一定数量的公共物品所愿意支付的价格由不同个人的需求曲线垂直相加而得到。这是因为从前面我们对公共物品的需求曲线的分析中可以知道，在公共物品场合，每个人所能支配的是同样数量的公共物品，但所愿意支付或者能够支付的价格量（纳税）是由社会成员获得的平均受益程度，即社会平均边际效用决定的，这一点由公共物品本身的性质所决定。因此，图中公共物品的社会需求曲线 $D=D_A+D_B$，公共物品的供给曲线为 SS，D 与 SS 线的交点决定公共物品的均衡产量 Q_0，而所有个人愿意为 Q_0 的公共物品所支付的均衡价格 $P_0=P_A+P_B$，其中，P_A 为个人 A 愿意支付的价格，P_B 为个人 B 愿意支付的价格。

因为消费者对消费既定数量的公共物品所愿意支付的价格（税收）与消费该公共物品的边际效用一致，所以所有消费者所愿意支付的价格的总和就是其边际效用的总和，即社会边际收益。因此，在 E 点上，社会边际成本等于社会边际收益，实现了帕累托最优，即公共物品帕累托最优的实现条件可写成：

$$\text{MSB} = \sum_{i=1}^{n} \text{MB}_i = \text{MSC} \qquad 公式（6-1）$$

公共物品的价格应看成一种纳税。关于公共物品有效供给的局部均衡分析，基本上假设是以个人缴纳的税收来负担公共物品的生产成本的，而不假定税收是由个人受益程度决定的。

下面用一个假设的例子来说明公共物品供给的局部均衡。如果政府决定免费向公众供水，究竟供应多少为最佳呢？假定社会上有两类用水：一类是居民生活用水，其边际效益曲线（以货币来计量）为图 6-12 中的 D_D；另一类是工业用水，其边际效益曲线（同样也可以货币来计算）为图中的 D_I。与公共物品的市场需求决定不同，私人商品是有市场价格的，市场需求是在一定的价格上把不同类别的需求数量水平相加，如水的价格是 0.5 元/立方米，在这个价格水平上，居民用水每月为 3 万立方米，也就是说，在用水量 3 万立方米时，居民用水的边际效益为 0.5 元/立方米；工业用水每月为 12 万立方米，同理，在用水量为 12 万立方米时，工业用水的边际效益是 0.5 元/立方米，则市场需求数量为 15 万立方米。现在用水是免费的，在图中价格为零时，如果居民用水量为每月 15 万立方米，工业用水每月为 30 万立方米，是否政府就必须提供 45 万立方米的水呢？不见得。因为水是有成本的，假定水的生产边际成本曲线由图中的 S_S 来表示，它说明生产水的边际成本是递增的，也就是后一个立方米水的生产成本比前一个立方米水的生产成本高。有了成本函数之后，免费提供水的数量就由需求方面来决定了。这就要看每一个立方米水所能产生的社会效益，即把居民用水的边际效益与工业用水的边际效益垂直相加，即图中的 D_S 线。我们看到，D_S 线与 S_S 线相交于 E 点，在 E 点上的用水数量为 8 万立方米，这个数量就是最佳的产出数量。不到这个数量，社会边际效益就超过社会边际成本；超过这个数量，社会边际效益就小于社会边际成本。

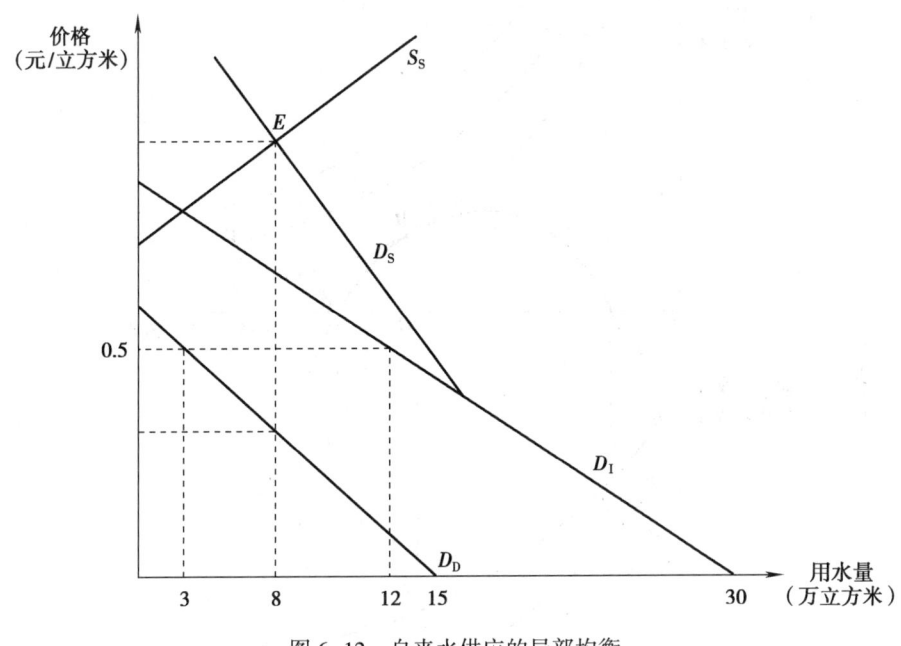

图 6-12 自来水供应的局部均衡

二、公共物品供给的一般均衡分析

前面的局部均衡分析，是在消费者的偏好、收入和其他产品价格既定的情况下，仅限于单个公共物品的情况。而公共物品有效供给的一般均衡分析，是解决社会资源如何在公共物品和私人物品之间配置的问题，扩大到了若干公共物品和若干私人物品同时存在的情况，其基本的理论模型是萨缪尔森 1954 年在《公共支出的纯理论》一书中提出来的，运用了标准的几何分析法。这种分析方法有以下假设：

(1) 社会上只存在两种物品——纯粹的私人物品 X 和纯粹的公共物品 G 可供消费；
(2) 生产可能性的组合既定——两种生产要素 L 和 K；
(3) 社会上只有两名消费者 A、B，两名消费者的偏好既定。

图 6-13 中包含了三个部分：两名消费者 A 和 B，个人 A 消费私人物品 X 和公共物品 G 的无差异曲线用图 6-13a 中的 $A_1A'_1$、$A_2A'_2$、$A_3A'_3$ 曲线表示，图 6-13b 中是表示个人 B 消费私人物品 X 和公共物品 G 的偏好，即无差异曲线 $B_1B'_1$、$B_2B'_2$、$B_3B'_3$ 曲线，X_A 代表

个人 A 对私人物品 X 的消费，X_B 代表个人 B 对 X 的消费，图 6-13c 中的 FF 线是社会资源用于生产私人物品 X 和公共物品 G 时的生产可能性边界。依照帕累托最优，可以分析确定个人 B 的效用水平时使个人 A 达到最高的效用水平所需要满足的条件。

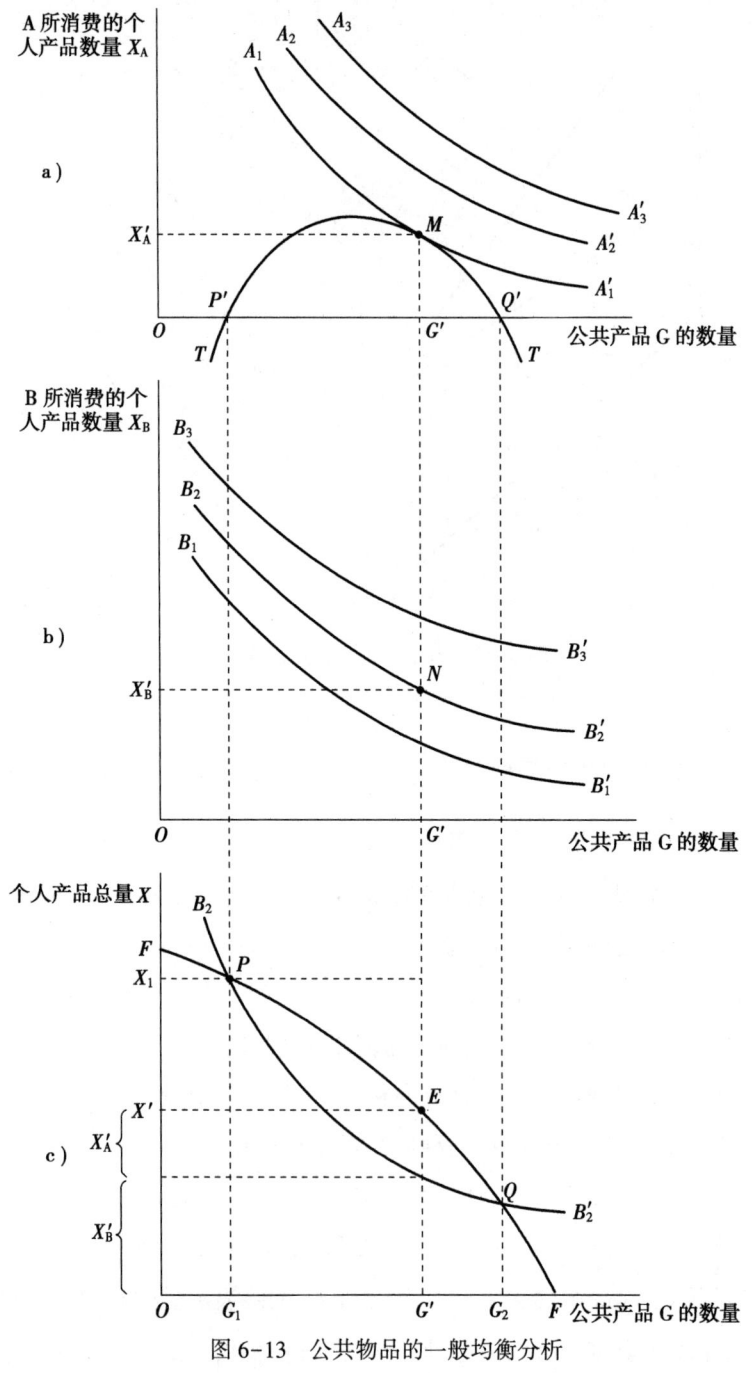

图 6-13 公共物品的一般均衡分析

首先假设 B 的效用水平为无差异曲线 B_2B_2'，把图 6-13b 中的 B_2B_2' 线向下移到生产可能性边界坐标图中，就成为图 6-13c 中的 B_2B_2' 线，由图 6-13c 中的 FF 线和 B_2B_2' 线可以推导出个人 A 的消费可能性曲线。B_2B_2' 线在 P 和 Q 点与 FF 线相交，生产可能性曲线具有的性质使 B_2B_2' 线在 P 和 Q 点之间的部分才是个人 B 可能的消费组合。这同时表明他可能消费 G_1 至 G_2 单位的公共物品。由于公共物品非排他性和非竞争性，个人 A 必然和个人 B 一样，也会消费 G_1 至 G_2 单位的公共物品，而个人 A 可能消费的私人物品的数量应等于生产可能性曲线决定的社会所有成员可能消费的总量减去个人 B 的消费量。这样我们就能够在区域 G_1G_2 内，在图 6-13a 中画出个人 A 的消费可能性曲线 TT，这一曲线是个人 B 的消费满足以后，个人 B 可能消费的私人物品和公共物品的不同组合的轨迹。TT 线上各点的纵坐标为图 6-13c 中 FF 线的 B_1B_2 线相应横坐标所对应的纵坐标的差，B_1B_2 线与 FF 线在 P、Q 两点处相交，说明全部私人物品被个人 B 消费了，从而 A 就没有私人物品可以消费了。这时，对应于 B_1B_2 线上的 P、Q 点，图 6-13a 上的 P'、Q' 点就是 A 可能消费的两种产品的组合。

在图 6-13a 中，当 TT 线与 A 的某条无差异曲线相切时，其切点就代表 A 所能达到的最大的效用水平，切点为 M。当然，M 并不是个人 A 消费可能性曲线上的最大点，M 点是满足帕累托最优条件的一个点。在 M 点上，个人 A 想改善自己的环境只有提高消费可能性曲线 TT，而 TT 上移意味着 B_2B_2' 下移（因为 FF 线已定），于是个人 B 的效用满足水平必然下降。可见，在 M 点上，要再改善 A 的状态必然要以损害 B 的利益为代价，这说明 M 是帕累托最优的一个点。从 M 点引一条垂线到图 6-13c，可以发现，个人 A 消费 X_A' 单位的私人物品和 G' 单位的公共物品，而个人 B 消费 X_B' 单位的私人物品与 G' 单位的公共物品。

那么在存在公共物品的情况下，达到帕累托最优的条件是什么？我们先来讨论只有私人物品的市场中，假定只有两个消费者 A 和 B、两种产品 X 和 Y、两种生产要素 L 和 K，则达到帕累托最优的条件是：

（1）$\text{MRTS}_{LK}^{X} = \text{MRTS}_{LK}^{Y}$（劳动与资本的边际技术替代率相等）；

（2）$\text{MRS}_{XY}^{A} = \text{MRS}_{XY}^{B}$（A 和 B 两人消费两种产品的边际替代率相等）；

（3）$\text{MRS}_{XY}^{A} = \text{MRS}_{XY}^{B} = \text{MRT}_{xy}$（生产的边际转换率等于消费的边际替代率）。

但是在存在公共物品的情况下，以上结论就成为：

（1）$\text{MRTS}_{LK}^{X} = \text{MRTS}_{LK}^{G}$（两种生产要素劳动与资本的边际技术替代率相等）；

（2）$\text{MRS}_{XG}^{A} + \text{MRS}_{XG}^{B} = \text{MRT}_{XG}$（生产的边际转换率等于消费的边际替代率之和）。

因此可以说在存在公共物品的情况下，消费的帕累托最优和产品组合的帕累托最优的实现条件与只有私人物品存在的市场情况是有所不同的。

可以看出，TT 线上任意一点的斜率等于 FF 线上对应点的斜率减去 $B_2B'_2$ 线上对应点的斜率。而在 M 点上，即帕累托最优点，TT 线的斜率等于 AA 线的斜率，所以，在帕累托最优点，$A_1A'_1$ 线的斜率=FF 线的斜率-$B_2B'_2$ 线的斜率。我们知道，$A_1A'_1$ 线斜率等于个人 A 消费 X、G 两种物品的边际替代率，即 MRS^A_{XG}，$B_2B'_2$ 线斜率等于个人 B 消费 X、G 两种物品的边际替代率，即 MRS^B_{XG}，FF 线斜率就等于社会生产 X、G 物品的边际转换率，即 MRT_{XG}，所以 $MRS^A_{XG}+MRS^B_{XG}=MRT_{XG}$，即两个消费者的边际替代率之和等于边际转换率。

将这样两种物品、两人模型加以推广，可以推论出在具有公共物品、私人物品和许多消费者的经济中，公共物品有效供给的条件是每个社会成员的边际替代率之和等于产品的边际转换率。如果公共物品对私人的边际替代率代表个人通过公共物品的边际增量而获得边际效用的增加（假设私人物品可用货币计算），由于人人都消费同一公共物品，因此必须把个人的边际效用全部加总。边际替代率之和就是为了得到一个单位的公共物品，所有社会成员愿意放弃的私人物品的总和。人们客观上所必须放弃的私人物品的产量，就是边际转换率。从另一个方面来看，边际替代率实际上是用来衡量人们对公共物品的相对效用水平的评价的，边际替代率之和就是社会成员对于公共物品的相对效用水平的总的评价；而边际转换率实际上衡量的是公共物品的机会成本。为了达到帕累托最优状态，人们从公共物品中得到的利益应等于它的客观机会成本。这与局部均衡分析所得到的个人对社会公共物品所愿意支付的价格之和应等于公共物品的边际成本的结论是相符合的。

我们可以讨论最佳社会状态——最佳的社会福利分配问题，如图 6-14 所示。首先选定个人 B 的一系列无差异曲线，得出个人 A 的一组消费可能性曲线，并可得出一系列帕累托效率配置点，图中 LL 线即是这些点的轨迹。在 LL 上，每一个点都给出了个人的序数效用指数，同时每一个点都反映了 B 的序数效用指数。如果我们把 A 和 B 的序数效用指数相应的点转化为效用面，从而得出所有帕累托最佳点的效用可能性轨迹，如图 6-15 中的 UU 线，U_A 和 U_B 分别衡量个人 A 和 B 序数效用可能性指数。然后，利用萨缪尔森和伯格逊的社会福利函数 W_0W_0——反映社会对可选择的帕累托最佳配置的道德偏好，W_0W_0 和 UU 线的切点 B 点，就是社会最理想的状态点，这就确定了公共物品和私人物品的最优组合及私人物品在个人 A 和 B 之间的最佳分配。同时，它也确定了公共物品和私人物品的一组有效价格和均衡产量。另外，它还确定了生产要素的相对价格，即实际确定了社会的分配关系。

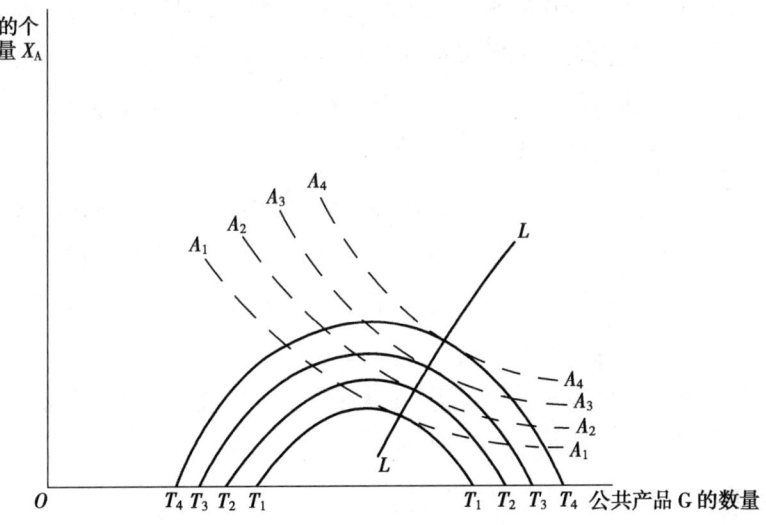

图 6-14　个人 A 的最佳消费组合轨迹

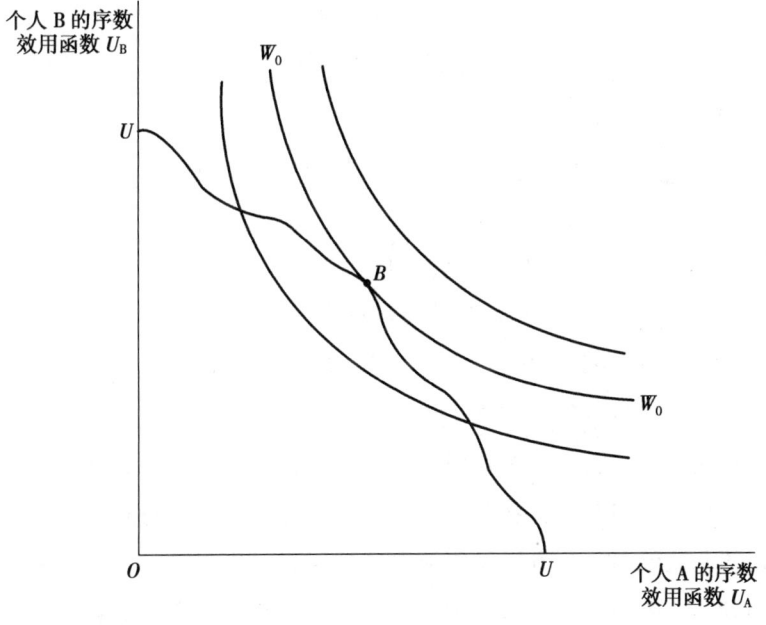

图 6-15　社会福利最佳配置点

三、庇古均衡分析

英国福利经济学家庇古是福利经济学的创始人之一，他在研究税收的规范原则时首先提出了资源如何在私人物品和公共物品之间进行最优配置的问题。庇古从基数效用论出发，认为每个人在消费公共物品时，都可以得到一定的正效用，同时，由于每个人都必须为生产这种公共物品而纳税，又会产生税收的负效用。这种负效用被庇古定义为个人放弃消费私人物品的机会成本。

在作出以上假设的基础上，庇古认为，对于每个人而言，当公共物品消费的边际效益等于税收的边际负效益时，这一点就是公共物品的最优供给。应用一般均衡—边际原理，可以使个人预算中所有的私人物品和公共物品都达到最佳配置状态。关于这一点我们可以用数学公式做进一步的推导。

假设 G_i 为个人 i 得到的公共物品，T_i 为个人 i 支付该公共物品的赋税，M_i 为个人 i 的收入，X_i 为个人 i 所得到的消费品，U_i 为个人 i 得到的效用，NU_i 为个人 i 的净效用。

假定 $T_i = G_i$，即没有政府的运作成本。

根据庇古的定义，便有：

$$\partial U_i / \partial G_i > 0, \ \partial U_i / \partial T_i < 0$$

$$\max NU_i = U_i(G_i) - U_i(T_i) \quad\quad 公式（6-2）$$

$$s.t. \ G_i + X_i P_i = M_i \quad\quad 公式（6-3）$$

根据拉格朗日函数，上式可以表示为：

$$L = U_i(G_i) - U_i(T_i) + \lambda(M_i - G_i - P_i x_i) \quad\quad 公式（6-4）$$

其一阶条件分别为：

$$\partial L / \partial G_i = -\partial U_i / \partial G_i - \lambda = 0$$

$$\partial L / \partial T_i = -\partial U_i / \partial T_i - \lambda = 0$$

由于 $\partial L / \partial G_i = -\partial L / \partial T_i = 0$，所以两产品的均衡的条件：

$$\partial U_i / \partial G_i = -\partial U_i / \partial T_i \quad\quad 公式（6-5）$$

在此需要指出的是，庇古虽然找到了个人在自己预算内对公共物品与私人物品进行最佳配置的均衡点，但却并不存在将这些个人的最佳配置结果进行加总的机制。而且由于庇古所采用的基数效用分析方法又不能明确地找到效用强度的测定方式，因此庇古的研究只能是纯理论上的研究。尽管如此，庇古的发现对于研究公共物品的最优供给问题仍然作出了重要的贡献，庇古均衡理论的提出对我们认识有关公共物品理论所必须回答的几个基本问题是有帮助的。

四、林达尔均衡分析

前面是从规范的角度给出了公共物品最佳供给的条件，对公共物品的实证解释作出理论表述的是瑞典经济学家林达尔（Erik Lindahl），他从另一个角度研究了公共物品的有效供给，他认为如果每一个社会成员都按照其所获得的公共物品或服务的边际效益的大小，来支付自己应分担的公共物品或服务的资金费用，则公共物品或服务的供给就可以达到最佳或高效率的配置，这在公共部门经济学中被称为"林达尔均衡"（Lindahl Equilibrium）。同时，瑞典经济学家维克赛尔（Knut Wicksell）也做过类似的经济研究，所以也有人称这一现象为公共物品供给的维—林模型。维—林模型是规范性的，他们试图找出民主国家选定公共物品产出的合理水平和决定人们之间税负合理分布所需的原则和决策章程。

林达尔均衡的实现，是以两个假设前提为条件的：其一，每个社会成员都愿意准确地公布自己可以从公共物品的消费中获得的边际效益，而不会隐瞒或低估其边际效益来逃避自己应分担的成本费用；其二，每个社会成员对其他成员的偏好以及收入状况十分清楚，甚至清楚地了解任何一种公共物品可以给彼此带来的真实的边际效益，因此不会有隐瞒个人边际效益的可能。

林达尔均衡模型可以从下面这个两人竞争模型中看到，如图6-16所示。假定社会中有两个成员A和B，他们分别是参加选举的两个政党代表。每个政党内部人们的偏好是一致的。图中表示A、B两个人协商决定各自应负担公共物品成本的比例情况，公共物品的成本就是税价。以 O_A 为原点的坐标系表示A的行为，B的行为由以 O_B 为原点的坐标系来描述，将两个坐标系组合起来就形成了一个长方形。AA曲线代表个人A对公共物品的需求，BB曲线代表个人B对公共物品的需求。图中纵轴表示个人A和B负担的公共物品成本的比例，其长度为1。如果A负担的比例为 h，则B负担的比例应为 $1-h$。横轴表示公共物品的数量，或者公共物品的支出规模。

站在A的角度看，BB曲线相当于他面对的供给曲线，因为BB曲线上的各点反映若A承担不同比例的公共物品成本，那么A可以得到相应数量的公共物品；同样道理，AA线也可以相当于B的供给曲线。在AA与BB的交汇点E，A、B两人经过协商，A、B双方愿意承担的成本的比例加起来等于1，此时公共物品的产量为 G^*。

这一过程可进一步解释如下：在纵轴上随便选一点 h_1，这代表个人A要负担 h_1 的税收比例，于是A就只愿意要 G_1 的公共物品数量，即只会同意 G_1 规模的公共开支；而在 h_1 点，B要承担的税收比例为 $1-h_1$，这种税负使B愿意要 G_2 的公共物品数量，也就是会同意 G_2 规模的公共开支，A和B两人要求不一致，这时实力较强的人就会取胜。为了解决这种不确定性，维克赛尔和林达尔假定两人的实力相当，这样双方就会较量下去，直到税负分配处于 h^* 点。AA与BB线相交于E点。这时双方都同意公共支出的规模为 G^*，

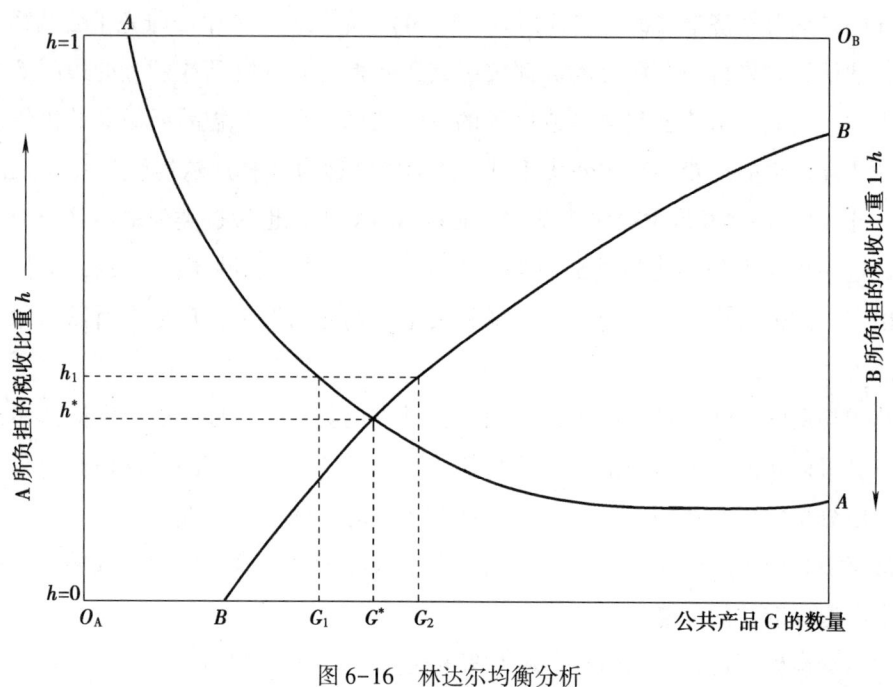

图 6-16 林达尔均衡分析

由 AA、BB 线的交点 E 所决定的均衡状态被称为林达尔均衡。

林达尔均衡的福利意义是由约翰森（Johansen）揭示出来的，他证明了林达尔均衡是帕累托最佳状态。这包含两个阶段：第一阶段是依据某些社会公正原则对全社会福利分配进行调节，在形成了公正的福利分配之后，第二阶段再找出合理的公共支出和税收份额。这一结果在民主国家采用一致通过的原则就可以得到。只有那些得到全票通过的税收和支出提议才能被接受，任何人对任一组使情况变坏的提议都具有否决权。尽管这一模型力图对民主国家决策问题进行现实讨论，但它所以为基础的假设却表明，实际生活中的民主国家在税收和支出决策过程中仍然面临很多问题。

通过上述均衡分析，可以发现公共物品供给的价格和规模。每一个均衡模型都代表了一种定价机制和决策方式，这也是公共物品供给与私人物品供给定价机制不同的特色。由于公共物品的特殊性，要确定一套合理的公共物品供给的价格和规模实属不易。只有明确了每个消费者对公共物品边际偏好的真实价值，才能有效确定公共物品的供给数量及其分配价格。

第四节　公共物品供应的成本—收益分析（CBA）法

大多数公共物品的生产都不能由市场上的个人决策来解决。因此，必须由政府来承担提供公共物品的任务。政府如何确定某公共物品是否值得生产以及应该生产多少呢？通过社会福利函数分析政府提供公共物品的效率，即政府的职能能否增进社会福利总量，如果能增进，则这项公共物品的生产决策是正确的，这个方法也是正确的，但是社会福利函数具体形式难以确定和统一，对于解决实际中公共物品的生产决策帮助不大，在这里，西方经济学经常用一个重要的方法就是成本—收益分析。

一、概念及相关问题

成本—收益分析（CBA）是经济学中常用的分析工具，用来评估经济项目或非经济项目。其含义是对可选择的行为过程获得的收益和将付出的成本进行测定，然后将成本和收益合起来加以对比分析，最后根据比较的结果决定该项目是否值得，从而为经济主体提供一个可供选择的经济决策方案。公共物品也可以看作一个项目，并运用成本—收益分析方法来加以讨论。如果评估的结果是该公共物品的收益大于或至少等于其成本，它就值得，否则就不值得。

对公共物品的生产进行决策分析时必须注意以下两方面问题：一是社会资源在私人经济与公共经济的相互竞争中保持有效配置，因为在社会资源有限的情况下，私人经济所需的资源常常被效率过低的公共经济活动所挤占，机会成本过大，造成资源有效配置的扭曲；二是成本—收益分析保证社会资源在公共物品的生产决策项目之间和内部能够有效均衡的使用。利用成本—收益分析得到的公共物品的收益和所负担成本比率的大小，对公共物品生产支出的使用效益和社会福利需要的满足都将产生重要的影响。

对于公共物品和私人物品的生产决策，成本—收益分析法都是适用的，甚至是必须的。但是政府的活动范围和经济目的不同于微观经济主体，所以利用此方法对公共物品的生产决策分析要比对后者复杂得多，所追求的虽然也是利益最大化的目标，但是它所追求的不是个人效益的最大化，而是社会效益的最大化，政府关心更多的因素。例如，政府在修建一座水坝时，不仅考虑该项目未来盈利状况，而且还要考虑大坝建成后对生态的影响，以及可能形成旅游点等诸多问题。因此，除了追求直接的经济效益外，还必须考虑公共文化，医疗健康水平的提高、社会秩序安定等外部效益。私人经济资源配置是以市场为基础的，其成本—收益分析方法应以市场为基础，而对于公共物品生产来说，要考虑市场、社会等多方面的因素。

因为公共物品的生产都是在市场不能起作用或不能有效起作用的地方，即市场失灵领域，所以对于公共物品生产决策的成本—收益分析不同于私人物品的生产决策分析，后者是以市场价格作为尺度进行评价的。公共物品生产所产生的收益包括内在收益和外在收益，涵盖了全社会得到的满足，其总和成为社会收益，不仅包括直接的经济收益，还包括用于满足公共需要的社会福利等，对于其成本分析，既包括直接消耗的人力、物力、财力等资本，还包括对社会产生的不利影响，如环境污染、社会秩序的不良因素等。这与私人物品生产决策时所考虑的成本—收益内容不同。

二、成本—收益分析的步骤

20世纪40年代，美国在公共支出的设计中，首先运用了支出项目的成本—收益分析方法，并取得了一定的经济成果，成本—收益分析方法已经成为可行性研究的一个重要组成部分。下面着重介绍一下公共物品的生产决策分析，即成本—收益分析的步骤。

第一步：根据公共物品生产的目标提出若干备选方案，备选方案越多，选择余地就越大。

第二步：计算公共项目和方案的收益和成本。计算各项目在其生命周期内可能带来的收益和成本的现金流量，这是比较复杂的。收益和成本费用可以分为该项目或方案的直接和间接的收益以及成本费用，可用货币测算的有形和无形的收益以及成本费用。所以既要考虑直接投入的社会劳务量，又要计算由于连锁效应而引起的其他人力、物力的耗费以及增加的产量和福利。在实际分析工作中，一般详尽地计算可用市场价格估量的收益和成本，适当地计算不能由市场价格表示的无形的收益和成本。最后把这一结果用统一的价格尺度表示。以防洪工程来说，直接成本应包括建设、管理和维护该项目而投入的人力、物力的价值，直接收益则指的是该工程直接增加的商品量和劳务量，如农业产量的增加以及受灾面积的减少等社会成本得以降低的价值，这些应该构成防洪工程成本和收益的主体。至于与这项工程直接与间接关联的一切不可用货币计算的成本和收益，只能采取一些替代方法进行估算。作为水利工程的一种无形效益，美化环境、减少疾病的效益无法以货币形式直接计算出来，但是当地居民健康水平的提高，则可以间接地通过人们发病率的降低表现出来，因此当地卫生防疫和医疗费用地减少就可以视为这项无形收益的货币额，这种间接的估算方法虽不完全准确，但毕竟使整个方案的成本和收益测算更加全面一些。由于成本收益计算涉及多种复杂的技术手段，因而此步骤在整个分析中也是难度较大的部分。

第三步：根据上步现金流量的结果，计算各个项目或方案的收益和成本费用的比率。使用的比率与评价标准如下：（1）成本/收益，其值的最低限是1，表明方案的收益大于或等于成本，会产生净收益或净收益为0，凡低于1的方案都是不可行的；（2）（收益—成本）/成本，即净收益和成本费用之比，其值的最低限是0，凡是负值的项目或方案在经济上都是不可行的。

第四步：确定各个项目或方案的优劣次序。计算出收益与费用的比率之后，就可以根据该比率确定各个项目或方案的优劣次序。一般来说，无论是收益和成本费用之比，还是净收益与成本费用之比，优劣次序的确定可以按照数值的大小排列，其中比率最大的就是最优方案。

第五步：进行项目或方案的选择和生产决策。要以上步中排出的次序为一种依据，同时还要看限制条件的情况而定。

三、成本—收益分析中应注意的问题

公共物品的成本—收益分析方法有着复杂的特点，尤其是在计算成本和收益时，涉及很多问题，这些问题又在很大程度上影响着成本—收益分析的有效性。

（一）社会贴现率

成本—收益分析中的时间因素一定要考虑，因为大多数公共物品的建设周期都不会限于一个年份，这样任何一个项目的成本和收益都不可能只是一个数值，而会形成一系列的数值，即形成所谓由若干年的成本和收益构成的"成本流"和"收益流"，因此必须将资金时间价值因素考虑在内，也就是说，必须将若干年内发生的成本和收益通过贴现的方式折算成现值，然后才能加总和评价。贴现属于金融的范畴，指的是以未到期的票据向银行提取现金，银行按照市场利息率扣除利息，然后将票面余额以现金的形式支付给使用者。贴现利息同期票面额的比率称为贴现率。选择正确的贴现率对于公共物品的生产决策来说是很重要的。因为今年投入的1元与若干年后收回的1元是截然不同的，再考虑通货膨胀等因素，情况更是如此。运用适中的贴现率，是计算该项目或方案在生命周期内可能带来的成本与收益的现金流量所必须的条件之一，才会减少高估收益和低估成本的可能性。

对私人物品进行成本与收益核算时，所采用的贴现率一般是其资金的机会成本（把这项资金上马其他项目可以得到的收益率作为贴现率），但对于公共物品的生产决策来说，其贴现率的选择要复杂得多。因为，一般公共物品的生产要持续很多年，而所涉及

的成本与收益也是如此，再加上公共物品往往是市场不完善的领域，若是参考市场贴现率也是不全面的。一般可以把公共物品的生产项目所采用的贴现率称为社会贴现率，由于市场贴现率不能很好地反映资源的社会机会成本和收益的相对价值，因而，对于社会贴现率要考虑三个方面：一是此项生产项目对经济产生的影响以及收益和成本由谁承担；二是要注意不同的人对同一公共物品具有不同的福利观和评价；三是要考虑福利分配的跨代问题。在计算利润现值时所采用的市场利率可能无法反映真实的社会贴现率。如果资本市场中存在扭曲，如对于资本收入征收各种类型的税收，情况更是如此。另外，资本市场上还经常存在各种代际的外部性。从后代人可以从当代人的福利中受益的角度看问题，可以认为为后代而进行的储蓄具有公共物品的特征。因跨时代而产生的另一个问题是将来产出的不确定性。所有代际资源分配均涉及一定的风险和不确定性。由于私人风险承担的成本不同于公共部门风险承担的社会成本，竞争性资本市场对风险的贴现可能不同于公共项目所进行的风险贴现。只有合理地考虑了这些因素，用市场利息率来评估社会贴现率才具有合理性。

（二）影子价格

就私人物品而言，对其进行成本与收益评估时，计算比较简单，项目或方案的收益便是其所得的利润，成本则是厂商或个人对各种要素的支付，两者都可以用市场价格进行度量。在某些理想情况下，竞争市场机制能对资源进行有效配置。在这些状态，商品价格将以货币形态反映边际社会受益，而投入的价格将反映社会机会成本。利润最大化自然会导致资源的有效配置。有很多具有普遍意义的原因用来解释为什么市场利得无法反映社会利得，我们有必要在一开始就对这些原因加以归纳。市场利得不足以反映社会利得的最明显的情况便是当有某一项目导致的收益与成本不具有市场价格的时候。这种情况很可能发生，因为一些收益具有公共物品或外部性特征，而公共物品和外部性又由于具有非法排他性或非竞争性，从而无法对其进行定价。经常被引证的例子便是在卫生免疫或教育上的支出，它们提供外部效应给那些实际上并没有受免疫或受教育的人，因而，在竞争性市场上提供这些服务得到的利润可能无法充分地反映这些供给所产生的社会净效益。与未标价的收益和成本相关的典型就是所谓的无形价值部分。它们是直接增加给项目使用者的成本和收益，而且由于无法计量，不具有市场价格。这类例子还包括因交通项目产生的时间节约所导致的收益，由保健支出带来的生命延续和疾病的减少，由体育娱乐设施的使用带来的收益，以及由飞机场的噪声污染而产生的成本。

但对于公共物品来说，所涉及问题要复杂得多，市场价格并不能全面地反映社会收益和成本。即使当投入品和产出品存在市场价格时,这些价格也无法确切地反映边际社会受益和成本。如果市场存在税收扭曲、配额,或者法规条例,市场价格可能无法表示社会价值。类似地,如果投入品是从一个垄断供应商那里购买的,其价格将会偏离边际成本。在这种情况下,成本—收益分析应该测算能够反映真实边际效益和成本的一组价格。在没有市场价格可利用时,有必要对有关成本和收益进行估算,即应用影子价格。所谓影子价格,是指对那些无价可循或有价不适的商品或劳动所规定的一个比较合理的替代价格。影子价格可以用于计算某一项目的社会利得。当在经济中其他扭曲市场上的某一项目引发了资源配置的变化时,相关的问题也同样存在。只要有可能,在计算某项目的收益时,应该考虑这些所引发的变化的净收益。这种价格并不是真正地存在于市场,它只是一种社会价格。其存在的原因是:某些物品本身就不存在价格,如由公共物品而产生的空气净化,公园建设给人们带来居住环境的改善等。总之,现实中市场的不完善性,如垄断、外部性等,扭曲了正常的市场价格,而公共物品的生产决策分析也不可能用完善的市场价格来分析。

四、成本—收益分析法案例分析

由于成本—收益分析法的模型计算简单易行且过程十分明晰,因此在社会经济决策问题分析中得到了广泛应用。在此,主要通过社会经济生活中较为常见的公路货物运输成本—收益分析来加以说明。随着我国公路建设的发展,道路运输已经成为我国最主要的运输方式。道路运输业的发展,又引发了运输市场的诸多矛盾。2004年6月,交通部等七部委展开联合治理超限超载运输的行动。2005年1月1日,我国部分省市下调重型车辆收费标准20%到30%。但是燃油价格的不断上扬也必将对我国运输市场造成极大影响。政策的变革、经济条件的变化等必然引起道路收费标准的调整、行政部门规费征收的改革及运输市场货运价格的重新形成,那么分析一定的市场条件下运输业者的盈亏状况是很有必要的。

(一)道路运输收入函数

设 $Y(x)$ 为道路使用者的收入函数,$C(x)$ 为道路使用者的成本函数。根据道路运输收益和成本特性,这两个函数可以分别表示为:

$$Y(x) = PxL \qquad \text{公式 (6-6)}$$

$$C(x) = F + C_1(X, L) \qquad \text{公式 (6-7)}$$

式中:Px 为吨公里运价,x 为实际吨位,L 为行驶里程,F 为一个运次的固定成本,

$C_1(x, 1)$ 为货运变动成本。

运输业者的效益与其运费收益、车辆运营的固定成本以及变动成本相关，车辆运行固定成本包括车辆折旧、税赋等；车辆运行变动成本包括车辆的燃油费、轮胎消耗费和保修费等运营费用、道路通行费用。车辆的购置费用、燃油费用、当前的货运价格、通行费用、税赋水平等就成为道路使用者收益的主要影响因素。

（二）2005 年我国公路货运税赋水平

1. 公路养路费

我国把专门用于道路养护维修、技术改造和管理的专项事业费用称为公路养路费。目前的公路建设和养路资金主要来源于养路费。我国不同省市的养路费有不同的征收标准，但征收标准很接近，而且大部分省市的征收标准是每吨每月 200 元。

2. 运输管理费及运输货物附加费

凡是参加公路运输营运的车辆，按规定应缴纳营运收额 1% 或者 0.8% 的运输管理费，在缺乏具体的营运车辆数据的情况下，采用定额的收费方法，一般的货运车辆收费为每吨每月 20 元，超过 20 吨以上的部分折半收取。

运输货物附加费几乎与车辆购置附加费同时开征，是地方性公路运输规范。运输货物附加费采用定额的征收标准，一般为每吨每月 22 元，超过 20 吨以上的部分折半收取。

3. 车辆购置税

我国从 1985 年开始实行征收车辆购置附加费，对国内生产和组装的车辆购置附加费率为实际售价的 10%；进口车辆的购置附加费为组合价格的 15%。从 2001 年 1 月 13 日开始，车辆购置附加费已经停止征收，改为车辆购置税。

4. 车辆通行费

1984 年以后，我国许多地方出现利用贷款集资等修建高等级公路和大型公路、桥梁、隧道等投资形式，并对车辆收取通行费，以偿还贷款、集资和支付这些公路养护管理成本。

依据《中华人民共和国交通行业标准》（JT/T489—2003），收费公路车辆通行费车型分类如表 6-1 所示，标准适用于行驶在收费公路上的所有车辆。

公路收费费率往往受到投资规模与结构、管理养护成本、预测交通量、收费路里程、收入、政策等因素的影响，不同的高速公路收费标准是不同的。我国区域、东西部发展不平衡，不同地区的高速公路的发展也不平衡，道路的收费标准也有所不同如表 6-2 所示。

表 6-1　　　　　　　　　收费公路车辆通行费车型分类

类别	车型及规格	
	客车	货车
第 1 类	≤7 座	≤2 t
第 2 类	8 座~19 座	2 t~5 t（含 5 t）
第 3 类	20 座~39 座	5 t~10 t（含 10 t）
第 4 类	≥40 座	10 t~15 t（含 15 t）；20 英尺集装箱车
第 5 类		>15 t；40 英尺集装箱车

表 6-2　　　　　　　　　东北地区部分高速公路收费标准　　　　　　　　　（元/公里）

路段 \ 车型	第 1 类	第 2 类	第 3 类	第 4 类	第 5 类
哈双高速	0.60	0.80	1.00	1.20	1.50
长平高速	0.40	0.60	0.80	1.20	2.00
沈山高速	0.35	0.60	1.00	1.20	1.40
京秦高速	0.40	0.70	1.10	1.36	1.50

（三）经济影响因素

1. 调查方法

在哈尔滨至山海关高速公路上的所有服务区，对休息车辆进行随机调查。调查以问卷的形式进行，由调查者询问填写。经过 4 天的调查，发放调查问卷共 213 份，有效问卷 196 份。其中，2 轴货运车辆问卷为 21 份，3 轴货运车辆问卷为 18 份，4 轴货运车辆问卷为 131 份，5 轴货运车辆问卷为 26 份。

2. 车辆自重及载重分布

交通部、公安部等七部委联合发布的治理车辆超限超载标准将货运汽车的总重限制在规定的范围之内，将货运汽车的载重量与车辆自重相关联起来，货运车辆载重量大小就影响到运输业者的经济利益。

3. 2005 年货运价格及运价率

道路货物运输价格是随着运输距离的延长而增加的，按距离远近制定运价是最简单、最基本，也是最常用的运价结构形式。实际上，大多数距离运价是按递远递减原则制定的，另外，货物种类的差别也会采用不同的价格。

4. 新车价格

货运汽车的新车价格代表企业或私人车主最初的资本投入，不同车型的新车价格不同,新车的价格一般随着货车轴数的增加而增加。同一车型的价格分布近似于正态,新车的价格同货车的载重能力、质量、自重、耗油率、安全性能等有极大的关系。对应于每一车轴数的车型都有一个相对集中的价格区间,分布在这个价格区间上的车型最具有代表性(见表6-3、表6-4)。

表6-3 各轴车型代表性自重载重

车型 项目	2轴货运汽车	3轴货运汽车	4轴货运汽车	5轴货运汽车
自重区间	6~8 吨	10~12 吨	12~14 吨	15~17 吨
分布概率	62%	69%	68%	50%
自重均值	7 吨	11 吨	13.5 吨	16.4 吨
载重区间	9~12 吨	14~18 吨	20~26 吨	26~33 吨
分布概率	48%	45%	78%	53%
载重均值	10 吨	16 吨	23 吨	29 吨

表6-4 各轴车型运输价格表   (元)

运距 车型	750 km	1 000 km	1 250 km	1 500 km	1 750 km	2 000 km
2轴货车	2 000	2 400	3 000	3 800	4 800	5 900
3轴货车	3 000	3 600	4 200	4 800	5 400	6 000
4轴货车	3 900	4 400	5 100	5 800	6 600	7 700
5轴货车	4 800	5 500	6 300	7 100	8 000	8 800

(四)车辆运营成本

1. 燃油费用

货运汽车的燃油消耗受车辆运行情况的影响,随运行里程、载重吨位的增加而增加。影响燃料费用的因素主要有道路状况、交通特性和交通条件等。根据196份有效问卷的调查结果,在进行数据的回归处理时,将代表车型按相近的载重区间分别计算,货运汽车的油耗与货运距离表现为线性关系,油耗的增加与货运距离成正比,直线的斜率就被看成车辆的耗油率,结合调查期间的油料价格,可以得到货运车辆的百公里耗油量(见图6-17)。

2. 轮胎磨耗费用

轮胎的磨耗在车辆运营成本中占有较大的比重,损耗主要表现为胎面磨耗和胎体损

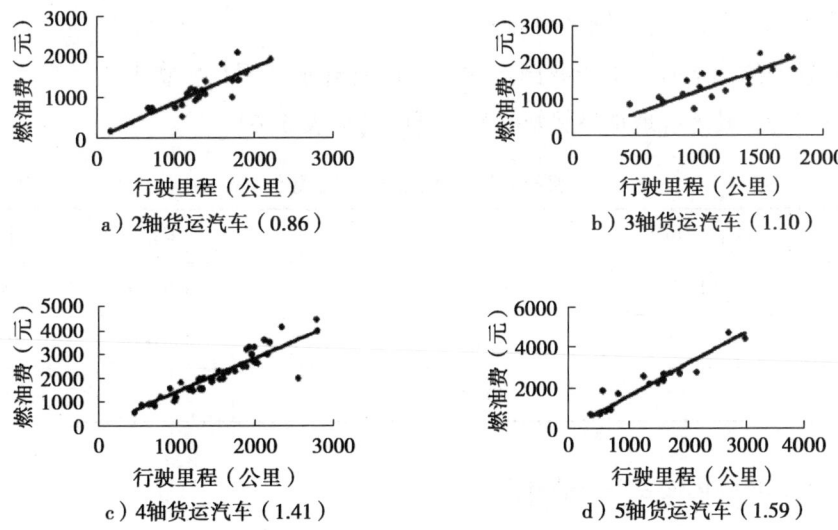

图 6-17 货运汽车油耗与运输距离的关系

耗两个方面,世界银行采用集成—力学法建立胎面磨耗和国际平整度指数理论经验关系模型,据此估计轮胎的消耗量。应用现有的轮胎消耗计算模型,估算轮胎消耗费用如下:

$$T_c = a_0 + a_1 IRI \qquad 公式(6-8)$$

式中:T_c 为每千车公里消耗的当量新轮胎数;a_0、a_1 为回归系数,列于表 6-5;IRI 为国际平整度指数。

表 6-5 轮耗—平整度关系的系数值

车型	a_0（×10⁻²）	a_1（×10⁻³）	计算值
轻货车	6.99	10.7	0.139
中货车	6.53	1.2	0.073
重货车	15.56	3.4	0.178
铰接车	21.55	5.3	0.249

3. 保修费用

保修材料的消耗量,同车辆行驶的路面状况(平整度)及车辆本身的质量有关,其关系式难以利用理论模型加以描述。世界银行利用在巴西调查的资料,采用回归分析建立经验关系式,其中货运汽车的保修费用模型为:

$$P_c = C_0(1 + C_q IRI)\, C_{km}^{kp} \qquad 公式(6-9)$$

式中:P_c 为以 1 000 车公里消耗的保修材料费占新车费用的比例计价,C_0 和 C_q 为系数，kp 为车龄指数，C_{km} 为车辆平均行驶里程。

在进行模型的标定时，由于我国运输企业的管理水平不高，缺少如保修润滑油耗等细部数据，只能将其笼统地加进保修材料模型中（见表6-6）。

表6-6　　　　　　　　　保修材料消耗模型的标定参数值

车型	C_0 （×10^{-6}）	C_q （×10^{-6}）	kp	C_{km}	计算值
轻货车	1.87	327.33	0.371	300 000	3.296×10^{-4}
重货车	5.52	45.9	0.371	300 000	7.715×10^{-4}
铰接车	5.52	20.35	0.371	300 000	6.728×10^{-4}

（五）道路货物运输经济效益分析

下文分析所用原始数据是哈尔滨至山海关沿途服务区的真实调查结果，调查地点是哈尔滨至山海关之间的高速公路服务区，拟就哈尔滨至北京这条路线进行各种车型的经济效益评价。

调查中，货运车辆在哈尔滨至北京的往返月运营次数为四五次，表6-7至表6-9中可以看到在每月往返4次的情况下，只有2轴和3轴货运汽车的年纯收入是盈利的，盈利的金额不大，而4轴和5轴货运汽车在这种情况下是亏损的；在每月往返6次的情况下，2轴和3轴货运车辆是盈利的，而4轴及5轴货运车辆稍有2万多的收入，而这几乎是一个不可能完成的运输量。

表6-7　　　　　　　　　车辆运行固定成本　　　　　　　　　（单位：万元）

年费用＼车型	2轴货运汽车	3轴货运汽车	4轴货运汽车	5轴货运汽车
新车价格	15.5	23.5	27.5	37.5
折旧	3.1	4.7	5.5	7.5
保险	0.56	1.05	1.3	1.67
养路费	5×12×0.02	7.5×12×0.02	14×12×0.02	18×12×0.02
运管费	5×12×0.004 2	7.5×12×0.004 2	14×12×0.004 2	18×12×0.004 2
年检	0.2	0.2	0.2	0.2
工资	3.0	3.6	3.6	3.6

表 6-8　　　　　　　哈尔滨至北京车辆运行趟次变动成本　　　　　　（单位：元）

费用＼车型	2 轴货运汽车	3 轴货运汽车	4 轴货运汽车	5 轴货运汽车
通行费	793	1 215	1 597	2 078
轮胎	154	237	474	728
保修费	127	192	276	328
油耗	1 118	1 430	1 833	2 067

表 6-9　　　　　　　货运汽车平均运费下年纯收入　　　　　　（单位：万元）

次数＼车型	2 轴货运汽车		3 轴货运汽车		4 轴货运汽车		5 轴货运汽车	
	①	②	①	②	①	②	①	②
4.0×12×2	9.2	0.8	12.7	0.9	11.2	-3.5	13.9	-4.4
5.0×12×2	11.5	3.1	15.9	4.1	14.0	-0.7	17.4	0.9
5.5×12×2	12.7	4.3	17.5	5.7	15.4	0.7	19.1	0.9
6.0×12×2	13.8	5.4	19.1	7.3	16.9	2.1	20.7	2.6

注：①为不扣除运营固定成本的营运收入；②为扣除运营固定成本后的纯利润。

（六）案例分析结论与建议

通过对不同类别车型的成本—收益分析，可以得出以下结论并提出相应建议：（1）基于当前的通行费标准、运输价格水平及税赋水平，如果正常装载运输，运营车辆的效益水平较低；（2）2 轴货车与 3 轴货车在当前的载重水平和正常的运营次数下只能基本维持成本；（3）高效低耗的 4 轴、5 轴等重型货运汽车不能盈利，大型货运车辆的优势得不到体现；（4）与货运车辆有关的费用与价格需要作出必要的调整。

五、对成本—收益分析法的评价

成本—收益分析作为公共物品生产的一种分析决策工具，其目标是保证公共部门把稀有资源有效地配置到互相竞争的公共部门项目中，尽管这种方法不能绝对精确地预测成本和收益，更不可能提供一个完善的计算框架，但确实为公共物品的生产决策提供了丰富的资料和信息，改善了决策的效益水平。

由于种种外部性的干扰和人为因素的存在，成本—收益分析方法并不是一种完美的分析方法。受成本—收益的度量方法、社会贴现率的高低，以及公共物品支出方案中资源配置和分配效果内部相互作用的影响，根据成本—收益法而定的决策并不一定是最佳的方案，甚至会适得其反。另外，公共物品的生产涉及两个问题。一是公共物品的筹资来源。既然由政府免费提供，政府只能通过税收或公债的形式筹资。税收是向全体公民征收的，但公共物品的享用是有特定对象的，这可能涉及公民义务（缴税）和公民权利（享用公共物品）的对称问题。二是对公共物品的收益评价显得特别困难。由于是免费提供的，受益人不太可能直接说出或者正确说出对所享用公共物品的效用评价。有的可能过分评价它的效用（如经常使用者，为促使政府提供可能夸大它的作用），有的可能低估它的效用（如不经常使用者），这就使公共物品的决策成为一个难题，它不能用市场货币投票的方式决定，而只能用某种政府决策程序来决定。所以，在公共物品的生产决策上成本—收益分析法所起的作用也是有限的。在政府由民主选举产生的国家里，如果公共物品由选民集体决定，也会碰到困难。由选民选出的代表或议员可能会受到特殊利益集团的影响甚至操纵，其决策的结果可能没有真正反映选民的大多数意见。有时一些在全社会有明显效益的公共物品项目，可能被某些特殊利益集团所阻挠。更为严重的问题是，即使某项公共物品得到大多数选民的赞同，但大多数选民从中所得到的利益可能还抵不上少数选民为之所付的代价。由此可见，对公共物品的生产决策要慎重。政府好心不一定做好事。公共物品的提供不仅要看政府的财力，而且要看该项产品究竟是作为私人产品，还是作为公共产品提供有利。由此来看，对于公共物品的生产决策一般是服务于分配目标的，而不是为达到效率目标的，成本—收益分析法的适用性也是有限的。

第五节　政府监管的福利分析

政府监管（Goverment Regulation）是各国政府提供的公共物品之一，古今中外各国政府莫不如此。有国家即有政府，有政府即有政府监管。如何合理评价分析政府监管的效率、弊端和意义，既是一个理论问题，也是一个实践问题。

一、政府监管的含义及内容

政府监管，一般又称为政府规制或管制，是市场经济条件下政府为实现某些公共政策目标，对微观经济主体进行的规范与制约，主要通过对特定产业和微观经济活动主体的进入、退出、资质、价格及涉及国民健康、生命安全、可持续发展等行为进行监督、管理来实现。政府监管从广义上来讲一般也包括对特别市场主体的产业扶持政策等。

为什么有政府监管？这和我们在本书第五章中提及的政府干预是一致的。由于在现代经济社会中，实际上并不存在纯粹的市场经济，而广泛存在着"市场缺陷"，因此，完全依靠自由市场机制难以实现资源最优配置的目标，需要代表社会公共利益的政府加以适当的干预管制，以引导市场走向良性发展循环。这是对政府监管初衷的一般解释，同时对于政府监管的效果也有不同的观点。有关政府监管是否可行有两派意见：一派是主张加强政府监管的公共利益学说；另一派是持反对意见的芝加哥学派。

公共利益学说认为，政府监管是有益的且十分必要的。例如，对于某些垄断行业，政府强制压低价格有利于消费者福利的提高，同时对生产者并无多大不利影响。有时，政府监管既有利于消费者，也有利于生产者。例如，通过政府创造出贸易所需机制环境，即可使生产者和消费者均有收获。总之，公共利益学说强调政府监管弥补了市场缺陷，有助于社会福利的提高，所以政府监管是有利的，是不可或缺的。

芝加哥学派认为，政府监管是有害的。芝加哥学派著名代表人物波斯纳（Richard Allen Posner）和斯蒂格勒（George Joseph Stigler）均是经济法律分析学派专家，他们的代表作有《垄断和监管的社会成本》《经济管制论》等。芝加哥学派特别强调了政府监管的成本以及危害性，这在下一节中有详细论述。斯蒂格勒是自由市场主义者，特别推崇市场机制的效率，认为即便市场机制暂时有缺陷，但市场机制本身有纠错功能，可以自行恢复资源配置效率。而如果政府实行干预，则恰好打乱了市场配置资源的功能，造成得不偿失的结果。所以，以斯蒂格勒等为代表的芝加哥学派坚定地反对政府监管，认为政府监管只会造成效率损失而无助于资源的有效配置。例如，对行业的垄断保护即造成了对消费者的损害，消费者要支付比完全竞争市场环境下高得多的实际价格才能得到垄断行业产品或服务。此外，政府对某些行业的资金补贴不一定能达到预期目标，相反，往往会造成资源浪费。因为，某些市场主体通过虚假提供补贴产品而获得支持，但不一定是真正促进该产业发展。

二、政府监管的成本分析

政府监管的成本是指政府实施监管服务而发生的各类成本的总和，既包括政府监管显性成本，也包括政府监管隐性成本。

（一）显性成本

政府监管显性成本是指政府为实现监管服务而成立的机构的运行成本，是实际发生的账面预算成本。政府要实现监管行为，就必须建立相应的政府监管机构并配置一定的监管人员，这样就产生了相应的费用，如监管机构的办公经费、监管人员的工资等。政府监管显性成本通过机构改革即可略窥一斑。我国在改革开放初期的机构改革，即1982年的机构改革是改革开放后进行的首次政府机构改革，是由计划经济向市场经济转轨的改革。改革前，国务院机构达100个，迫切需要通过精简机构加以解决。邓小平同志曾指出："精简机构是一场革命。"改革的重点是精简机构和编制，并为深化经济体制改革创造条件。改革后，国务院机构从100个裁并为61个，省、自治区政府工作部门从50~60个减为30~40个；直辖市政府机构稍多于省政府工作部门；城市政府机构从50~60个减为45个左右；行署办事机构从40个左右减为30个左右；县政府部门从40多个减为25个左右。在人员编制方面，国务院各部门从原来的5.1万人减为3万人；省、自治区、直辖市党政机关人员从18万人减为12万余人。市县机关工作人员约减少20%；地区机关精简幅度更大一些。可以说，这次机构改革大大节约了行政成本，减少了不必要的政府财政开支。①

改革开放以来，中国已进行了多次国务院政府机构改革，力图降低行政成本，提高行政效率，国务院组成部门已由1982年的100个削减为2018年的26个。2018年3月13日，国务院机构改革方案公布，根据该方案，改革后，国务院正部级机构减少8个，副部级机构减少7个，除国务院办公厅外，国务院设置组成部门26个。习近平总书记在党的十九大报告中就深化机构改革作出重要部署，党的十九届三中全会研究深化党和国家机构改革问题并作出决定。《中共中央关于深化党和国家机构改革的决定》明确指出，深化党和国家机构改革是推进国家治理体系和治理能力现代化的一场深刻变革。我们要以习近平新时代中国特色社会主义思想为指导，从战略全局和长远发展的高度来认识推动这场深刻变革的必要性，自觉加以贯彻落实。党的十九届四中全会审议通过的《中共中央关于坚持和完善中国特色社会主义制度、推进国家治理体系和治理能力现代化若干重大问题的决定》，是完善和发展我国国家制度和治理体系的纲领性文件，充分体现了以习近平同志为核心的中共中央的深谋远虑和宏图大略，顺应了人民对美好生活的向往，必将开启治国理政新局面。

（二）隐性成本

除了上述政府监管而需要增加的额外财政支出外，监管还会造成巨额隐性成本，这些成本在政府预算账户上看不出来。虽然没有明确的成本数字，但是产生的资源配置损失是实实在在的，因此我们称之为隐性成本。隐性成本主要表现为五种形式。

1. 道德风险成本（Moral Hazard Cost）

道德风险成本是指由于政府监管使社会成员产生了道德风险行为而形成的资源损失。

---

① 中央政府门户网站，"1982年国务院机构改革"，http://www.gov.cn/test/2009-01/16/content_1206981.htm.

道德风险本身是指由于某些制度或其他变化而引起的私人部门的行为变化，由此引起的对社会生产产生不利的或有害的影响。通常使用的例子就是火灾保险。人们一旦购买了火灾保险，就放松了火灾防范意识，不再注意火灾风险，由此会相对造成火灾发生的概率变大，产生了一些不必要的损失。因此，监管的目的是减少损失，但是往往会产生更大的损失，这是始料未及的。正是由于道德风险成本的存在，使得监管效益荡然无存。一般来说，政府是厌恶风险的，总是希望通过政府监管将各类风险消于无形，但是容易事与愿违，由于各类市场主体的逐利性，市场主体的分散决策形成的集体力量往往突破了政府监管的束缚，造成社会资源更大的浪费。

2. 寻租成本（Rent-hunting Cost）

寻租成本在上述"市场失灵"一节中已有分析，是指某些利益集团在市场竞争中为寻求政府监管的保护而从事游说等非生产性活动而发生的费用支出。寻租成本有广义和狭义之分，狭义寻租成本仅指寻租者在获取政府特许权等保护时所投入的稀缺资源，包括寻租成功者和寻租失败者的支出之和。广义寻租成本，指由寻租活动现象带来的一切成本支出或社会福利的损失既包括一切寻租者的成本支出，也包括受害者个人或一般利益集团的福利损失，还包括整个社会为此付出的短期和长期代价。本书所说的寻租成本是指狭义寻租成本，也就是寻租者本人发生的成本。显然，从经济发展效率来看，这种寻租成本是不必要的，是资源的无谓损失。

3. 守法成本（Law-abiding Cost）

守法成本是指一般市场主体因遵守监管法规而承担的额外成本或支付的更高代价。这就是说市场主体在监管条件下要比在无监管条件下产生更多的不必要的成本支出。就金融市场而言，这种成本可能非常之大。例如，据英国1986年金融服务法估计，这种成本至少达到1亿英镑以上。守法成本可以用图6-18来表示。

图6-18表明，在没有政府监管之下，竞争性市场供求均衡的结果是产量较高、价格较低的结果，即供给量为Q_0，均衡价格为P_0。政府在实施监管以后，由于监管成本使得供给量缩小为Q_1，均衡价格上升为P_1。图中MC表示供给的边际成本，RC表示监管成本。由此发生的变化及产生的影响如下所示（以字母A、B、C、E、F、G、H分别表示图中相应部分的面积）。

监管对生产者的影响：Q_0-Q_1。

监管对消费者的影响：P_1-P_0。

消费者剩余的损失：$A+B+C$。

监管后的利润：$A+E$。

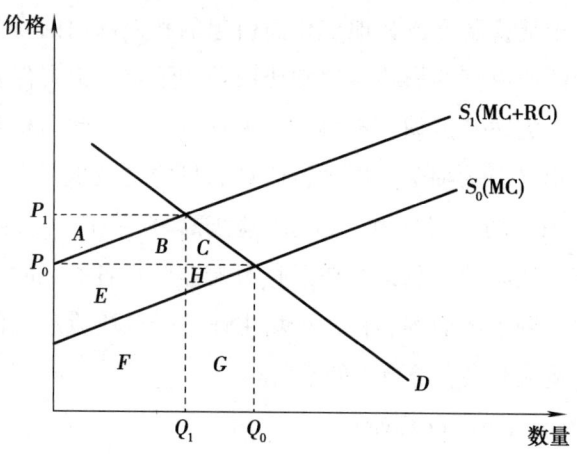

图 6-18 竞争性行业政府监管的效果

监管前的利润：$H+E+F$。

生产者剩余（利润）的损失：$(H+F)-A$。

监管总成本：$B+C+F+H$。

守法成本：$B+F$。

社会福利净损失：$C+H$。

4. 福利损失成本（Welfare Lost Cost）

福利损失成本是指由于政府监管导致的社会福利净损失（NWL），也就是图 6-18 中的（$C+H$）。这个福利损失成本是一种无谓损失，也就是本书第五章中提到的"哈勃格三角"。由于福利损失成本是隐形的，它是资源配置效率的损失，因而往往被监管者忽略了。但是福利损失成本是客观存在的，必须引起监管决策者的重视。

5. 阻碍创新成本（Anti-creation Cost）

上文阐述的几项成本又称为监管的"静态成本"，是就市场交易本身发生的成本而言的。除了静态成本之外，政府监管还产生了"动态成本"，即由于政府监管阻止了生产方式的变革、生产技术的交流创新而发生的成本。这个"动态成本"的"动态"含义主要源自生产过程是一个连续不断创新发展的过程，不是停滞不前的过程，否则该产业就会"寿终正寝"了。科技创新是经济发展的不竭源泉，而只有自由竞争才能促进科技创新。因此，政府监管在一定程度上扼杀了科技创新的动力，造成了生产创新的损失，这个成本可以说无法估量。所以，要谨慎对待政府监管，尽量减少政府监管的出现。

三、政府监管的利弊分析

正如上文所述，对政府监管的效果有两种观点：一种持赞成观点，即认为政府监管有利于社会福利的提高和大众利益的改善；另一种观点则认为，政府监管是有害的，它破坏了正常的市场竞争秩序，不利于市场资源的配置，会产生社会福利净损失。有关政府监管的利弊分析，本书将从两个方面展开。

（一）垄断与竞争程度对政府监管的影响

垄断往往是政府监管的结果，通过政府监管可以实现稳定和控制组织的卡特尔。如前所述，政府监管使得市场交易量缩小，这会有利于生产者而不利于消费者。在受政府监管的行业中，政府监管实际上提供了几种服务，包括提高进入成本和限制新企业进入该行业，也就是增加了潜在对手进入该行业的障碍，这就形成了行业垄断的局面。根据现代垄断理论阐述可知，垄断厂商往往以高价优势或短期高利润抵消其他厂商进入风险或长期低利润。行业进入障碍越大，越有利于垄断的稳定，这一点可通过图6-19予以说明。

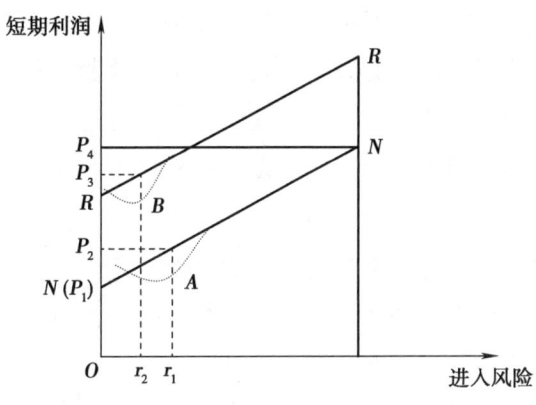

图6-19 潜在对手进入市场的障碍

在图6-19中，直线NN表示厂商在短期利润和潜在对手进入风险之间进行选择的可能，点P_1代表与阻碍对手进入价格有关的利润水平，点P_4代表短期利润的最大值。由图所示，在监管之前，厂商会选择A点的位置，此时短期利润为P_2的水平，进入风险为r_1。A点正是厂商无差异曲线与NN线的切点，代表了厂商在短期利润与进入风险之间的相对偏好。实施监管之后，NN线提高到RR线。此时，厂商的最佳选择点是B点，在这一点厂商的利润提高到P_3水平，进入风险下降到r_2。由此可见，政府监管提高了潜在对手进入市场的障碍。

政府监管还可以稳定和控制临时组织的卡特尔。因为临时组织的卡特尔是不稳定的，这个卡特尔的成员各自心怀私利，可能会互相压价以抢占市场，而不是铁板一块。通过政府监管的实施，可以避免卡特尔成员之间的欺诈行为和不稳定性。因此，政府监管有利于垄断的保持。

政府监管明显有利于垄断而不利于市场竞争，这必然会受到市场主义者的批判。但是，政府监管也并非一无是处。就鲍莫尔的可竞争市场理论而言，在坚持完全竞争市场的同时，也强调了进入企业的高退出成本，即政府监管提高了潜在进入企业的进入或退出成本，这一方面提高了市场竞争程度，提高了资源配置效率；另一方面也说明进入或退出不是完全无成本的，毕竟市场是不欢迎"打了就跑的进入者"。由此可见，此时政府监管是有利于社会福利的，有利于保护市场的完整和稳定。

（二）政治体制对政府监管的影响

政府监管究竟是对生产者有利，还是对消费者有利？这实际上涉及不同的利益集团与政府监管的关系。通常认为政府监管是有利于生产者的，政府监管对生产者的有利程度相对来说更加"突出"，生产者利益集团往往通过操纵管理过程来创造似乎有利的监管。在西方选举制国家，利益集团的投票与政治家及监管者有着理不清的利益关系；另外，监管者在退出行业监管工作后，还可以获得行业利益集团的丰厚回报。所以，监管者必然会尽力为行业利益集团服务。也就是说，选举制政治体制会产生利益集团与监管层的利益交换。

因此，不同的利益集团均有利用政府监管的可能，只要是对本集团有利，而不论是生产者利益集团，还是消费者利益集团。例如，在美国工会利益集团，由于其拥有的选票较多，即利用政府监管获得了更多的工人利益，而放松监管则不利于工会集团。在我国现行人民民主专政体制下，政府监管仍然是不可或缺的，一方面是由我国的特殊国情决定的，我国人口众多、幅员广阔，没有一定的监管将使社会秩序混乱；另一方面则是我国各地社会经济发展程度差距较大，社会成员素质参差不齐，有必要强化政府的有效监管，以促进社会公平有序发展，最大限度地改善社会整体福利。

总而言之，对政府监管可谓褒贬不一。综合上述我们对政府监管的论述，简要总结有关政府监管的论点如下：

第一，政府监管的代价是昂贵的，需要谨慎对待；

第二，政府监管会产生道德风险；

第三，政府监管会提高市场进入或退出的成本；

第四，政府监管会影响竞争性行业内的竞争条件；

第五，政府监管既能帮助部分市场主体，也能伤害一部分市场主体。

【本章小结】

公共物品的特性是在同私人物品特性的比较中得来的,这就是消费的非竞争性和受益的非排他性。公共物品还有其他特征,如生产具有不可分性、生产具有自然垄断性、初始投资大、规模效益大等。

纯粹公共物品的需求同私人物品的需求显著不同。后者表现为水平相加,即某种私人物品的需求曲线,可通过加总某一时间内所有单个消费者在各个价格水平上对该种私人物品的需求曲线而得出;前者则表现为垂直相加,即某种纯粹公共物品的需求曲线,可通过将该种公共物品的所有消费者的个人需求曲线垂直相加而得到。其原因在于,在后一种情况下,每个消费者都是既定价格的接受者,他所能调整的只是其消费的数量。在前一种情况下,每个消费者所面对的是同样数量的物品,但他所愿意支付的价格是不一样的。

纯粹公共物品的配置效率是其私人边际效益的总和(社会边际效益)恰好等于其社会边际成本,即 $MSB = \sum MB = MSC$。市场的供给对于纯粹公共物品而言,往往是缺乏效率的。这是因为对于它的个人消费必然伴随着正的外部效应,从而会导致免费搭车者的出现。

我们利用局部均衡和一般均衡分析揭示了公共物品的供给达到帕累托最佳状态必须满足的条件,显然这种方法比较抽象,但却陈述了现实的财政机构所面临的问题及其实质,即其经济行为和配置方法等。

公共物品的生产问题不能由市场上的个人决策来解决。因此,必须由政府来承担提供公共物品的任务。政府如何确定某公共物品是否值得生产以及应该生产多少呢?西方经济学经常用一个重要的方法——成本—收益分析法来解决实际中公共物品的生产决策。

政府监管作为现代政府提供的重要公共管理服务之一,既有利于市场的建设和发展,也会产生一些不利的障碍阻碍市场的有序竞争。必须全面分析政府监管的利弊,从而避免政府监管带来的无谓损失。

【关键概念】

公共物品 私人物品 非竞争性 非排他性 局部均衡 一般均衡 庇古均衡
林达尔均衡 免费搭车者 成本—收益分析 社会贴现率 影子价格 政府监管
显性成本 隐性成本 寻租成本 守法成本 道德风险 动态成本

【复习思考题】

1. 简述公共物品的概念和基本特征。
2. 请对私人部门生产公共物品所造成的福利损耗状况作出分析。
3. 用图示的方法阐述公共物品供给均衡分析的主要原理。
4. 利用成本—收益分析法评价公共物品的生产决策。
5. 区分公共物品供给的一般均衡、庇古均衡、萨缪尔森均衡和林达尔均衡。
6. 如何运用博弈方法来分析公共物品的供给决策问题？请举例加以说明。
7. 如何看待政府提供的监管服务？
8. 举例分析政府监管公共物品的效益和成本。

【案例分析】海上的灯塔必须由政府来提供吗？

一、案例描述

著名经济学家科斯（R.Coase）在 1974 年发表的《经济学上的灯塔》一文中，研究了英国早期的灯塔制度。17 世纪以前，灯塔在英国是无足轻重的。17 世纪初，由领港工会造了两个灯塔并由政府授权专门管理航海事务。科斯注意到，虽然领港工会有特权建造灯塔，向船只收取费用，但是该工会却不愿投资于灯塔。1610—1675 年，领港工会没有建造一个新灯塔，但同期，私人投资建造了至少 10 个灯塔。但在当时的灯塔制度下，私人投资要避开领港工会的特权而营造灯塔，必须向政府申请许可证，由政府同意授权向船只收费。该申请还必须由许多船主签名，说明灯塔的建造对他们有益，同时要表示愿意支付过路费，费用由船的大小及航程经过的灯塔数量而确定。久而久之，不同航程的不同灯塔费干脆付印成册，统一收费。私营的灯塔是向政府租地而建造的，租期满后，再由政府收回让领港工会经营。到 1820 年，英国当时的公营灯塔有 24 个，而私营灯塔有 22 个。在总共 46 个灯塔中，有 34 个是私人投资建造的。后来，政府开始收回私营灯塔。到 1834 年，在总共 56 个灯塔中，公营的占 42 个。到 1836 年，政府通过法规将剩余的私营灯塔全部收回，在 1842 年以后，英国的灯塔全部由工会经营了。

二、案例分析

灯塔是经济学家探讨公共物品理论时最喜欢用的一个例子。从穆勒到萨缪尔森，都认为灯塔收费困难而只能由政府经营。科斯的论文却提出了一个命题——公共物品必须由政府提供吗？

科斯的挑战有没有成功呢？关于收购私营灯塔的理由，英国当局的解释并不在于私人收费的困难，而在于私人收费过高。科斯自己说，他调查英国灯塔制度的根本目的在于证明灯塔的私人收费是可能的，从而表明从穆勒到萨缪尔森关于把灯塔看作必须由政府经营的观点是在枉费心思的。

但是，正如张五常教授所言，问题并非这么简单。"我们要问，假若政府不许以特权，私营收费能否办到？"科斯似乎没有提及这个问题。例如，有人准备在适宜建造灯塔的地方购买或租借一块土地，并在公布其计划之后，就跑到船主那里要他们签约并支付过路费。签约的船主得到灯塔的服务，当然就要按约交费，否则就会惹起官司。这样一来，收费问题似乎就解决了。但是更根本的问题是，有多少船主肯签约？科斯在文中提到了船主联合申请的步骤，但究竟有多少船主会在申请上签名？船主的签名只是帮助灯塔建造者向政府申请特许权，而特许权被批准之后，不签字的船主也要交费，在这种情况下，又会遇到收费的困难。因此张五常教授指出，在灯塔的例子中，收费困难有两种：第一种就是船主否认从灯塔中受益，从而不愿付费。这类收费的困难不太大，因为船只进入港口在航线上显然是要经过灯塔的，否认是不容易办到的；第二种困难是"搭便车"，就是承认从灯塔中受益，但不肯付费。对于这一困难，科斯没有提供解决的办法。张五常教授的主要证据就是政府给予私营灯塔一个专卖权，这意味着每一艘船只要使用灯塔都必须交付费用。这种专卖权就好像向发明者授予专利权一样，本质上是一回事。用"专卖权"来压制"搭便车"的行为，是解决公共物品收费困难的可行途径。

必须指出，无论何种收费办法都难以彻底解决收费问题。因为灯塔的自然属性决定了使用上的非排他性，要真正设计或发明一套排他的装置和制度将公共物品"私有化"，必须考虑制度设计的成本，以及执行和监督的费用。在一般情况下，这些成本是昂贵的。这就是为什么公共物品的供给缺乏激励和效率的根本原因。可见，科斯的分析是在政府许以特权的前提下进行的，而政府许以特权事实上就是由政府提供公共物品。

（资料来源：张军. 现代产权经济学 [M]. 上海：三联书店，1991.）

第七章　收入分配理论及其应用

> **学习目标**
>
> 通过本章的学习，了解收入分配中的公平与效率问题，即公平与效率的基本概念理解，二者之间的替代关系学说，在我国收入分配领域中的具体应用等。要求理解收入分配中公平与效率的含义，掌握公平与效率的替代关系学说，灵活运用公平与效率替代关系学说分析和解决实际问题。

第一节　公平与效率

公平与效率是经济学、政治学、伦理学等学科的一个基本理论问题，是经济学的内核，它对我国社会主义经济收入分配具有现实意义。所以必然为众多学者关注和争论的焦点之一。

一、公平

（一）公平的含义

公平的概念无论在社会学领域还是在经济学领域都是一个涉及范围很广的概念。追求公平一直是人类社会的美好愿望之一。不同的学者站在不同的立场上对公平概念有不同的理解，有人统计过大约有 17 种不同的释义。这不禁使人想起熊彼特说过的一句话：经济学发展得越来越复杂，越来越不能对简单的问题给予简单的回答。本书在这里所列出的公平含义只是在对学者的观点理解基础上的一种归纳总结。

自欧洲资产阶级革命以来，公平已成为现代文明不可或缺的基本价值理念，被认为构成人的基本权利之一。但是它并不仅仅指基本权利和自由的公平，还包括社会经济的公平。经济学特别是福利经济学中公平的含义可以大约概括为：公平是指居民能够不受任何自身条件以外条件的限制，在符合社会约定规则的前提下，对经济资源平均或接近平均占有、使用并获得收益。具体来说在收入分配中公平包括三个层次的内容：一是收入机会上的公平，二是收入结果上的公平，三是收入实现上的公平。

第一，收入机会上的公平主要是指在市场等价交换原则下，社会提供给每一位社会成员相等的参与竞争、就业、投资、盈利等一切经济活动的机会。即在市场经济条件下，个人、企业进入市场，需要有公平的竞争规则，机会均等地站在同一起跑线上。机会均等是公平中最基本的内容，是社会公正的根本表现。机会均等是指参与市场活动的社会必要条件必须均等，其实质是强调消除生产资料的占有、信息的占有、劳动力的占有上的差异和不均，而不是指市场活动参与者自然条件均等。每一个人都能按市场竞争规则公平地去争取社会上存在的获取收入或高收入的机会。一个社会资源配置效率的高低，在根本上决定于社会能否向全体居民提供机会均等的参与市场竞争的条件。

第二，收入结果上的公平就是个人、企业按照自己的贡献获得公平收入。应该从两个层次来理解。其一，收入分配中必须按照同一尺寸、同一标准分配收入，即每个个体获得的收入都与其要素投入的比例相等。如果每个个体获取的收入与其贡献（提供的劳动、资本、技术等）相称，不同的个体因同等的贡献取得同等收入，那么就是结果公平。这一点是保持市场效率的基本要求。其二，这个层次还要求防止居民收入差距过分悬殊。

第三，收入实现上的公平是指不同个体等量的收入可以购买到等量的相同商品和服务，就是实现的公平；出现个别个体可以凭借享有特殊权利而获得额外的商品和服务，这就是实现不公平。

三层含义上的公平都是市场经济条件下权利上的公平，市场经济要求每一个经济主体都是公平的，不能有特权。

（二）公平的衡量标准

在收入分配中是否公平可用三个标准来衡量：一是劳动分配率，即劳动收入在国民收入中所占的比例；二是洛伦兹曲线（Lorenz Curve）与基尼系数（Gini Coefficient）；三是工资的差异率。收入分配越公平，则劳动收入在国民收入中所占的比例越大，洛伦兹曲线更接近绝对收入平等线，基尼系数和工资差异率也越小；反之亦然。下面我们着重介绍一下经济学中常用来判定社会收入分配公平程度的洛伦兹曲线与基尼系数。

1. 洛伦兹曲线（Lorenz Curve）

洛伦兹曲线是德国统计学家洛伦兹（Max Otto Lorenz）提出的社会收入分配公平程度的曲线。为了更好地表明洛伦兹曲线，我们用1984年美国个人收入分配和1985年中国的居民收入分配的数字来分析，如表7-1所示。

依据表7-1我们可以画出反映此收入分配状况的洛伦兹曲线（见图7-1）。

表 7-1　　　　　　　1984—1985 年美国、中国个人收入分配状况

家庭收入高低序分布	占当年个人总收入（%）	累计的家庭（%）	累计的收入分配（%）		
			绝对平均	绝对不均	实际情况
最低 20%	47（12.8）	20	20	0	47（12.8）
第二低 20%	11（16.4）	40	40	0	157（29.2）
中间 20%	17（19.0）	60	60	0	327（48.2）
第二高 20%	244（22.2）	80	80	0	571（70.4）
最高 20%	429（29.4）	100	100	100	100

注：括号中数字为中国 1985 年的数字，不带括号的数字为美国 1984 年的数字。

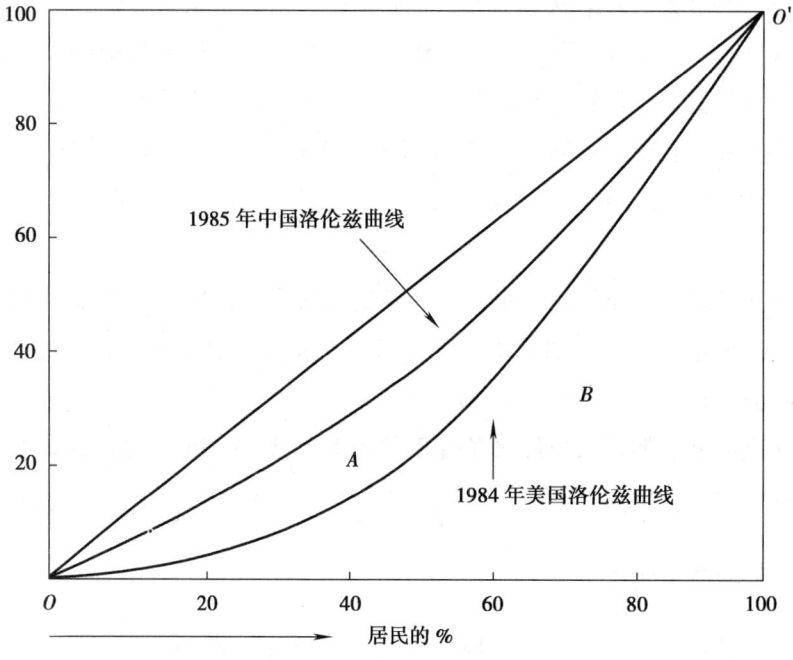

图 7-1　居民收入的洛伦兹曲线

图 7-1 为正方形，底边表示家庭序列，左边表示收入分配序列。根据表 7-1 先画出美国 1984 年收入分配状况的洛伦兹曲线，分别描绘出 5 个点（20%，4.7%），（40%，15.7%），（60%，32.7%），（80%，57.1%），（100%，100%）。然后用直线 OO' 将其联结，此直线 OO' 即是直观反映收入分配状况的洛伦兹曲线。依照此法可以画出中国 1985 年收入分配状况的洛伦兹曲线。洛伦兹曲线可以直观地反映一个国家或地区居民收入分配的总体状况。一般说来，越是靠近对角线的洛伦兹曲线表示收入分配状况越平均；越是远离对角线的洛伦兹曲线，表示收入分配状况越悬殊。

2. 基尼系数（Gini Coefficient）

洛伦兹曲线虽然形象直观，但无法用语言较为准确全面地概括收入分配总体状况。解决这一问题的办法是计算基尼系数。基尼系数是指一个社会实际收入分配比例偏离总体平均分配状况的百分比，可用来准确概括地反映一个社会的总体收入分配状况。20世纪初意大利经济学家基尼，根据洛伦兹曲线找出了判断分配公平程度的指标（见图7-1），设实际收入分配曲线和收入分配绝对平等曲线之间的面积为 A，实际收入分配曲线右下方的面积为 B。并以 A 除以 $A+B$ 的商表示不公平程度。这个数值被称为基尼系数，或称洛伦兹系数。基尼系数的计算公式如下：

$$基尼系数 = \frac{A}{A+B} \qquad 公式（7-1）$$

显然，如果 A 为0，则基尼系数为0，表示收入分配完全公平，绝对平均；如果 B 为0，则系数为1，收入分配绝对不公平。事实上，基尼系数总在0~1之间取值。收入分配越是趋向公平，洛伦兹曲线的弧度越小，基尼系数也越小；反之，收入分配越是趋向不公平，洛伦兹曲线的弧度越大，基尼系数也越大。如果个人所得税能使收入均等化，那么，基尼系数即会变小。联合国有关组织规定：若基尼系数低于0.2，表示收入绝对平均；0.2~0.3表示比较平均；0.3~0.4表示相对合理；0.4~0.5表示收入差距较大；0.6以上表示收入差距悬殊。

据世界银行的数据，中国改革开放之前的1978年，中国城镇居民收入的基尼系数是0.16，20世纪80年代以后，收入差距开始迅速拉开。据国务院研究室提供的资料：1987—1993年，我国城镇居民的基尼系数为0.2~0.7，1994年为0.3，1995—1996年连续两年为0.28。我国农村居民个人收入的基尼系数，依世界银行的数据测算，1982年是0.22，1983年是0.25，1984年是0.27，1985年是0.30，1986年是0.31。而中国社会科学院研究组计算，1988年我国农村居民收入基尼系数是0.338。社会学家李强测算，1994年我国农村居民家庭人均收入的基尼系数是0.411，城镇居民家庭人均收入的基尼系数是0.434；1996年我国农村居民家庭人均收入的基尼系数是0.432 27，城镇居民家庭人均收入的基尼系数是0.400 3，城乡合计居民家庭人均收入的基尼系数是0.457 7。

国际学术界通常认为，基尼系数小于0.2，是收入分配较为均等的状况；基尼系数为0.2~0.3，是收入分配差距轻微的状况；基尼系数为0.3~0.4，是收入分配差距较大的状况；基尼系数超过了0.5，为一个国家收入分配差距的警戒线；基尼系数超过0.6，可以判断一个国家会因为收入分配悬殊而动荡不安。

图 7-2 反映的是世界 105①个国家和地区 1999 年的人均 GNP 水平②和收入分配状况。从该图可见，以基尼系数③等于 0.40④和 1999 年的人均 GNP 等于 15 000 美元为分界线，世界各国（地区）的人均 GNP 和收入分配的类型大致可以分为三类：(1) 高收入和收入分配比较公平的国家；(2) 低收入和收入分配比较公平的国家；(3) 低收入和收入分配不公平程度比较严重的国家。除了少数发达国家以外，几乎所有的发展中国家（地区）都属于后两者之一。⑤

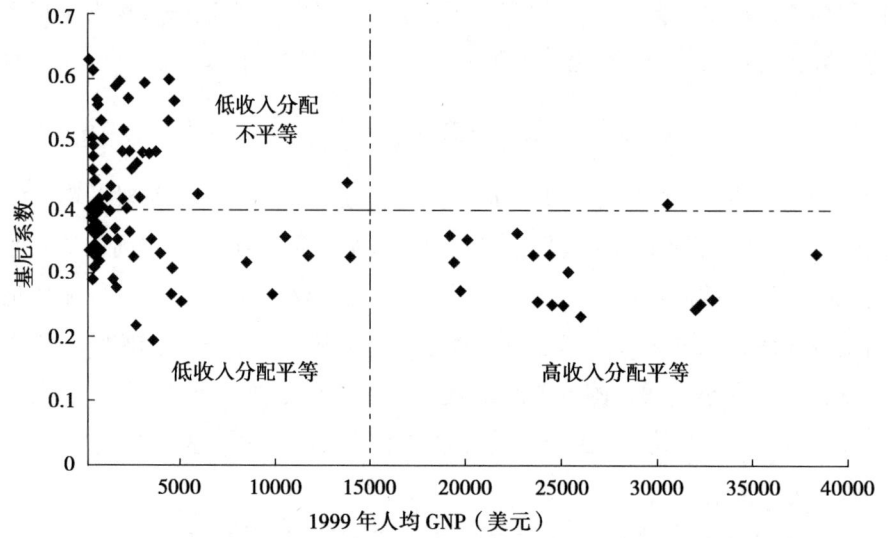

图 7-2 世界各国 1999 年人均 GNP 分布状况

资料来源：整理自 World Bank. *World Development Report* 2000—2001, Oxford：Oxford University press, 2001.

---

① 其他国家缺少人均收入或者基尼系数资料，故没有在图中标出。
② 这里的人均 GNP 是按照官方汇率折算得来的，而按照 PPP 计算的人均 GNP 和按照汇率计算的 GNP 之间相关系数为 0.966 3。从我们的研究目的来说，主要关注各国收入水平的对比，而不是实际绝对水平，所以具体选用哪个口径的 GNP，影响不大。
③ 这里的基尼系数的调查年份并不完全一样。另外有的国家是以收入调查资料计算的基尼系数，有的国家是以消费支出计算的基尼系数。具体资料，请参见 World Bank. *World Development Report* 2000—2001, Oxford：Oxford University press, 2001, pp. 283 注解和 pp. 320-321。
④ 0.4 的基尼系数是国际公认的公平和不公平的分界线。
⑤ 事实上，把衡量发达程度标志的人均收入改变为 10 000 美元或者是 8 000 美元，上述收入水平和收入分配格局的几种类型，基本没有改变。

二、效率

（一）效率的含义

效率是人类社会经济生活中的一个重要范畴。经济学对效率问题进行了广泛和深入的探讨，效率问题比公平问题分歧要小得多。从字面上说，功效的程度被认为是对效率的一种朴素的解释。微观经济学的解释是位于生产可能性曲线上的任何一点都是有效率的。传统经济学的解释是：物质资源的最优配置。所谓资源的最优配置即是指生产要素的最优组合。当然要以资源的自由流动为前提条件。

数理经济学家帕累托于1906年出版的《政治经济学教程》中提出一个被广泛接受的效率定义：对于某种经济的资源配置，如果不存在其他可行的配置，使得该经济中的所有个人至少和他们在初始时情况一样良好，而且至少有一个人的情况比初始时更好，那么，这个资源配置就是最优的，也是有效率的。

公平优先论的代表人物罗尔斯以"帕累托最优"为衡量标准，对效率的内涵作了具体的规定：一种结构，当改变它以使一些人（至少一人）状况变好的同时不可能不使其他人（至少一人）状况变坏时，这种结构就是有效率的；对于一批产品在某些人中的某些分配来说，如果不存在任何改善这些人中至少一个人的状况而同时不损害到另一个人的再分配办法，那么这种分配就是有效率的；对于某种生产组织来说，如果没有任何改变投资以生产更多的某种产品而不同时减少另一种产品的生产方法，这种生产组织就是有效率的。反之，对某种商品分配方式或某个生产计划来说，如果仍然存在别的方式可以改善一些人且不损害另一些人的状况，那么它们就是无效率的。

效率是一个经济学范畴，是指产出与投入之间的比例关系，即指资源配置合理和充分利用所带来的社会资源的投入产出比率高，即以最小的投入（或成本）获取最大的产出。一般地说，相对既定的产出，投入越少，效率越高；相对既定的投入，产出越多，效率越高。任何国家经济领域的资源总是有限的，无论是资金、自然资源等物质资源，还是高质量的劳动力资源都是有限的。有效地配置和使用有限的资源来提高效率，是市场经济活动的原则。效率可以分为资源配置效率和资源利用效率。效率是一个实证性概念，它反映的是产出与投入之间的一种物质变换关系。由于生产总是社会的生产，是在一定的生产关系中进行的，因此这种物质变换关系必然受多种因素的制约。单从生产力的范畴来讲，效率的高低体现人类利用自然、改造自然能力的大小。同时，效率又是一个多维的复合概念。从经济运行环节来看，效率可以分为生产效率、交换效率、分配效率；从时间角度看，效率又可以分为静态效率和动态效率；从空间范围看，效率又可以分为企业经营效率、资源配置效率和宏观经济效率。

我们通常理解效率就是"多多益善"，即在资源一定的前提下，提供的产品越多，说明资源配置得越有效率。但这个"多"须在人们所愿意购买的范围内。

（二）效率的标准

对效率问题的分析也是西方经济学的一条主线。但在什么是效率和如何判断效率高低问题上，经济学家们基本上都主张帕累托最优原则。帕累托最优原则认为，当社会资源在各部门的分配和使用已经达到这样一种状态：任何重新改变资源的配置方式已经不可能在不使任何一个人处境变坏的情况下使一个人处境变得更好，就意味着社会资源配置达到了最优或社会福利达到了最优化。帕累托最优条件包括：（1）交换的最优条件，任何两种产品的边际替代率对所有的消费者都相等；（2）生产的最优条件，任何两种要素替代率对所有生产者都相等；（3）生产与交换的最优条件，任何两种产品的边际转换率等于它们的边际替代率。当上述三个边际条件均得到满足时，就称为整个经济达到帕累托最优状态。帕累托认为实现最优化的途径或达到最优化的基础是完全竞争的市场经济，通过充分的竞争资源一定会实现最优配置。帕累托为此提出了一系列方程式，在竞争的市场经济中方程式有解。这一点，我们在第二章的帕累托原理部分已做了详细分析介绍。具体可参见第二章相关内容。

经济增长意味着一定的投入而获得较多的产出，或者以较少的投入获得相同的产出。如果情况相反，投入增多而产出持平或下降则说明效率没有增加或下降。用以衡量经济效率的指标一般是劳动生产率和资金利润率。二者的提高都表示效率上升，也就是说，资源得到有效的配置和使用。将有限的资源使用在急需的地方，既节约了稀缺的资源又提高了劳动生产率和资金利润率，是最好的效率。

三、公平和效率原则在经济学中的重要地位

公平和效率的重要内涵在经济学的种种定义中都可以显示出来，从而可知公平与效率在经济学这个研究领域中所具有的重要作用。

经济学成为独立学科始于1776年亚当·斯密《国富论》的问世。对于国民财富的研究，处于中心地位的是在竞争的条件下个人追求私利行为的系统分析，这便是资源分配理论的基础。从这方面来讲可以将其资源分配的著作称为"效率论"。这也就是说，经济学从其诞生开始，就是研究效率问题的。

英国经济学家罗宾斯（L.C.Robbins）说，"经济学是一门科学，它把人类行为作为目的与可以有其他用途的稀缺资源之间的关系来研究"。这个定义强调了经济学研究的目的是人的行为（虽然他不一定将人作为最高研究层次），而人的行为选择涉及公平与效率问题，这是人的行为的核心；与稀缺资源的关系含有体现最优配置与否的效率及稀缺资源的使用方向的公平内蕴。

美国经济学家 P.萨缪尔森说："经济学研究人和社会如何作出最终抉择，在使用或不使用货币的情况下，来使用可以有其他用途的稀缺的生产资源以在现在或将来生产各种商品，并把商品分配给社会各个成员或集团以供消费之用。它分析改善资源配置形式所需的代价和可能得到的利益。"这个定义除了含有罗宾斯的含义之外，涉及了生产、分配、交换、消费四个环节。其中，现在或将来利用稀缺资源生产商品反映资源利用效率问题，资源配置代价既是效率问题也是公平问题，可能得到的利益涉及公平问题，将商品分配给社会各成员或集团涉及公平问题。

美国经济学家 A.里斯（Rees）说："按广泛接受的定义，经济学是研究稀缺资源在无限而又有竞争性的用途中的配置问题。它是一门研究人与社会寻求满足他们的物质需求与欲望的方法的社会科学，这是因为他们所支配的东西不允许他们去满足一切愿望。"这个定义有三大特点：一是指出了竞争性用途，这里有公平与效率的双重含义，竞争的存在会使资源流向效益高的单位，减少稀缺资源的浪费本身体现了效率和公平原则的兑现；二是突出强调了社会资源的有限性，进一步体现了资源配置效率的重要性；三是关于人的欲望也好，愿望也好，道出了经济学研究范围拓展到心理学和伦理学，人的行为选择是与愿望连在一起的，这就与价值判断息息相关，因此又回到了公平问题的研究上来了。

美国经济学家 R.里普赛（Richard G.Lipsey）和 P.斯泰纳（Peter O.Steiner）认为，经济学应该研究的问题是：

（1）生产什么产品与劳务和生产多少？
（2）用什么方法生产这些产品与劳务？
（3）产品的供给如何在社会成员中进行分配？
（4）一国的资源是充分利用了，还是有一些被闲置，从而造成浪费？
（5）货币和储蓄的购买力是不变呢，还是由于通货膨胀而下降了呢？
（6）一个社会生产物品的能力是一直在增长呢，还是仍然没变呢？

这里所说的头三个问题属于微观经济学范畴，生产产品和劳务的数量、方法涉及效率，产品的供给及分配涉及公平；后三个问题属于宏观经济学范畴，资源的利用、闲置、浪费涉及效率，货币和储蓄的购买力反映国民福利的提高程度，反映社会生产力提高水平，反映国民收入增长幅度，它含有公平和效率的双重依赖关系，生产物品的能力的增长与否还是个效率的测度问题。所以，他们在给经济学下定义时就直言不讳地袒露了公平和效率的内涵，按广泛的定义而言，经济学涉及：

（1）一个社会使用它的资源并把生产成果分配给社会个人与集团的方式；

（2）生产和分配一直在发生变动的方式；

（3）经济体制的效率。

马克思认为："政治经济学，从最广义的意义上说，是研究人类社会中支配物质生活资料的生产和交换的规律的科学。"这里说出了经济学所研究的主要是人和人之间的关系，而人和人之间的关系问题，无论如何也回避不了公平的问题。其实，就马克思主义政治经济学研究的主旨之一的生产关系而言，生产关系的选择本身就是追求公平和效率的兼顾。不管经济学要解决生产什么、如何生产、为谁生产这些具体的共性问题，还是解决与此相关的外部经济环境的净化等诸多问题，公平与效率都是其永恒的主题。

第二节 公平与效率关系学说

一、公平与效率的交替

旧福利经济学家庇古把收入再分配和资源有效配置作为福利经济学的重要课题。庇古以后，新旧福利经济学家虽然在收入均等化是不是实现福利的必要条件问题方面还有所争议，但是在效率或资源有效配置（或保证生产和交换的最优条件）作为促进福利的手段，则是被新旧福利经济学家所普遍认同的。

西方经济学家认为，效率一词从福利经济学角度来考虑，还有许多疑难问题需要解决。第一个疑难问题是：不管生产什么东西，只要能卖掉就好，生产出来的东西能够卖掉，就等于社会生产有了效率。但如果深入一步，就会问道：是不是生产出来的任何东西能够卖掉，就称作有效率呢？如果生产出来的是对人的健康有危害的东西，也能卖掉还意味着生产有效率吗？

第二个疑难问题是：生产得越多证明经济越有效率吗？如果也做进一步考察就会发现，并不一定是生产得越多，经济就越有效率，有时甚至是生产得少些，经济反而更有效率。

除了这两个与效率本身有关的疑难问题外，另一个被认为不易回答的与效率有关的问题就是：效率与收入分配之间究竟存在着什么样的关系？

在福利经济学家看来，收入均等化意味着"公平"，资源有效配置意味着"效率"。福利经济学既要探讨公平问题，又要解决效率问题。但这两个目标能不能同时达到呢？尽管新福利经济学在把收入再分配摒除于福利经济学研究范围之外时已经声称，收入再分配有可能降低经济效率，但近年来，一些西方经济学家在对西方主要发达国家采取社会福利政策的后果进行分析后，感到这个问题还大有深入研究的必要。

公平与效率的关系问题是美国经济学家奥肯首次提出的。在《公平与效率——重大的抉择》一书中，他明确提出了公平与效率二者之间存在着矛盾。公平与效率"是资本主义民主的双重目标，一方面宣扬和追求一种公平主义的社会政治制度；另一方面，又刺激经济发展过程中的两极分化"。他还认为公平与效率之间的抉择是最大的社会经济抉择，是经济理论和经济效益的中心课题。公平与效率之间存在着矛盾，主要表现在以下几个方面。市场根据经济效率向生产要素的供给者提供报酬，这些报酬构成了人们的收入，要促使经济增长，就必须使报酬有差别，使收入有差距。这样，要做到收入均等化，就难以使社会保持高效率。因而一国的政府在制定经济政策目标时就常常会使这种矛盾表现为公平与效率的交替。公平和效率这两个政策目标是相互抵触的，二者之间存在着此长彼消的关系。如果要做到公平（即实现收入均等化）就要牺牲效率（即无法实现资源有效配置）；反之，如果要提高效率，那就要扩大收入差距，难以实现公平。这个难题就被称为公平与效率的交替问题。

公平和效率的交替被认为是很难解决的。这个问题之所以被认为难以解决，是因为公平与效率在同一层面上是一对矛盾。"我们无法在保留市场效率这块蛋糕的同时又公平地分享它。""因为公平和经济效率之间的冲突是无法避免的。"原因在于：在市场经济制度下，收入分配的基本依据是市场对个人贡献的评价和付酬制度。例如，"市场里的奖金为人们努力工作和作出生产性的贡献提供刺激力量。如果没有奖金、社会就要翻来覆去地探讨选用其他各种方法。其他方法中，有些是不可靠的，如利他主义；有些是危险的，如集体忠诚；有些是不能容忍的，如强制或压迫"。[①] 因为效率的作用也就是市场的作用，因此，必然会导致这样的结果：市场越起作用，效率就越高，收入也就越多，公平就要受到损害。反之，市场越不起作用，效率越低，收入也就越少。以政府给低收入者的补助为例，如果采取把低收入者的收入一律提到某种标准线（由政府或社会保险基金组织补助差额），被认为是对少干活的不恰当的鼓励，会引起效率的损失。如果一律不发给补助，又不利于公平的原则。因此效率和公平被认为不可能兼而有之，而只可能有所侧重，

---

① 引自阿瑟·奥肯1975年版的《平等与效率：巨大的交替》。

有所先后，这就是：为了强调收入均等化，就宁肯牺牲效率；或者，为了强调效率，就宁肯让收入差距扩大。

二、公平与效率的先后次序

（一）公平与效率的先后次序

在当代西方经济学对收入分配和经济制度领域的研究中，公平与效率先后次序是该领域尤为关注的问题。他们认为，公平就是社会成员在收入分配上的均等化程度，作为一种经济政策，其目的在于缩小贫富之间的差距，以消除社会的对抗性冲突；效率就是指资源的有效配置，讲求效率的目的就在于通过竞争刺激人们去追求更高的经济增长和更快的经济发展。公平和效率二者的目标不同，具有矛盾性，二者不可得兼，自然其先后次序（即价值判断）有不同的排列。对此，不同时期的经济学家有不同的看法。

（1）效率优先论。以现代自由主义经济学家弗里德曼和哈耶克为代表，该理论认为收入分配不等是经济普遍繁荣的发动机，收入差距扩大能促进经济增长，增长是实现公平的必要条件。

弗里德曼认为"效率第一"，公平只能通过市场竞争机制来实现。在资本主义社会中，人人都有机会得到私有财产，所以用政治或法律来限制一些人获得财产或减少一些人的财产的做法，本身就是不公平的。哈耶克说，由特殊干预行动对自发过程中造成的分配状况的"纠正"，就一个原则同等地适用于每一个人而言，从来不可能是公正的。

新自由主义和货币主义经济学家在谈到福利时，认为福利首先与自由相联系，如果公平的获得以自由为代价，那么这种公平是不可取的；公平只能通过竞争市场机制来实现而不能靠政治组织的措施来实现。新自由主义和货币主义者主张把市场竞争放在首位，侧重经济效率的提高，而不应该采取人为的收入均等化措施，强求公平，给社会带来更大损失。

（2）公平优先论。有些西方经济学家与效率优先论者们持有不同的观点。他们认为，如果听任市场竞争机制充分发挥作用而不采取人为的干预措施，那么不仅收入不可能公平地分配，甚至资源也不可能有效地配置。他们强调"使公平优先"，强调把国家干预下的收入均等化放在首位，缩小市场的调节作用，其中以美国政治哲学家约翰·罗尔斯为代表。在《正义论》中，罗尔斯主要是从分配的角度来论述公平与效率的。他认为：把收入均等化放在首位，实行公平优先。"让公平居先"，对处于不利群体中的个人，尤其应当公平分配。即制度主义者主张公平优先，把收入均等化放在首位，缩小市场的调节范围。

依罗尔斯之见,"效率原则本身不可能成为一种正义观",因为达到效率的情况有许多种,"但它们肯定不可能都公正,也不可能都不公正"。正如图 7-3 所示,假定一定量的产品在 X_1、X_2 之间分配,那么根据帕累托最优原则,曲线 AB 上任何一点都代表这种分配是有效率的,如 C、D 点。因为这种分配显示 X_1 所得正好是 X_2 所失,再无别的办法可使 X_1 状况变好而不使 X_2 的状况变坏。在曲线 AB 与原点构成的区域 QAB 内的任何一点,都是没有效率的点,如 E、F 点。尽管 C、D 两点都是效率的点,但它们所代表的公平程度却不同,由于 D 点更接近于平均分配线 OP(表示公平的直线),即相对于 C 点来说更为公平,因而这种分配也更为正义。对于 E、F 点来说,虽然它们同等程度地接近效率曲线 AB,但由于 F 点更接近平均分配线,因而相对于 E 点来说也更为正义。而对于 C 点和 F 点来说,虽然 C 点比 F 点更有效率,但 C 点与 F 点相比远离平均分配线,所以 F 点更能代表正义,因而也更为可取。

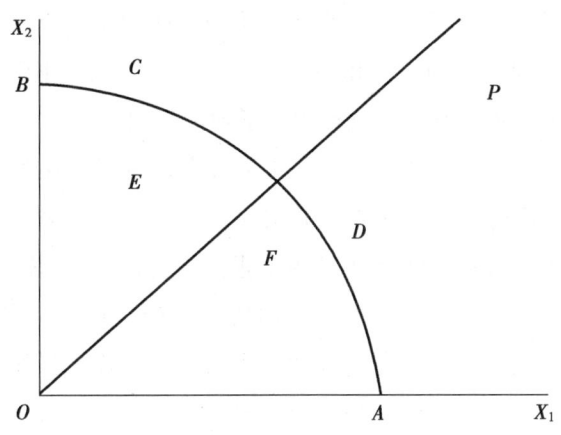

图 7-3 收入分配的效率与公平

如果在两人中间分配的不是一种定量的物品,而是基本的权利和自由,那么,一种能够体现正义的分配——公平的分配,其意义就显得极其重要了。因为从正义的立场看,最初的分配公平与否,具有决定性意义,即使是社会的、自然的因素也不应成为最初的不公平分配的理由。从契约论的角度看,公平是人们最初订立契约时最有可能达到的第一原则。罗尔斯还指出,由某一个人占有一切而另一个人一无所有绝不是一件无关宏旨的事,尽管这种分配可能体现了效率。如果把效率原则作为正义原则来设计社会基本结构,那么符合效率原则的安排就应当是在许多有效率的安排当中要确定一种正义的安排,这是不可能的,因为它们都同等程度地有效率。因此,仅仅依据效率原则,无法来安排一种正义的社会结构。当以公平作为原则来安排社会结构时，就获得了一种合乎正义而且确定的安排方案。

（3）"两者兼顾"的折中方案。既不是效率优先，也不是公平优先，而是企图找到一条既维护市场机制，又能消除收入差别扩大的途径，即设法使公平和效率两者都能有所增进的途径。

约翰·罗尔斯从福利经济学的角度考察公平问题。他认为，把新福利经济学观点运用于公平理论，所得出的结论应该是：一方面要肯定现有的分配状况是公平的，而另一方面则要照顾到"社会上最不获利的成员"的利益。他提出了两个原则：第一，最大自由原则，即每个人要有公平权利，有最广泛的基本自由，而且有与其他人同样的自由，除非自由妨害了基本的制度；第二，差异原则，即社会和经济的安排要符合每个人的利益和地位与职位，要承认差别，容许差别存在。他认为，境况较好的人有较多的希望得到收入和财富，只有这样才是公平的；而另一方面，他认为，在社会上"最不获利的成员"的利益未能提高时，那些境况好起来的人不应当否定最不获利者的利益。因此，约翰·罗尔斯的主张是一种折中的、调和的主张，既支持了现实生活强制性干预，又强调了机会公平，为"最大自由原则"的贯彻提供了理论基础。

布坎南等人提出了另一种折中的论点，他们在分配问题上主张采用合同方法，强调分配合同的效果，反对把分配概念说成是伦理准则，因此他们赞成罗尔斯的论点。但他们认为不能把罗尔斯的主张看成实际政策的主张，于是他们又采用帕累托的假设，包括效用不能比较的假设，并且以"自由的人们的协议会产生利益"的看法作为伦理依据。这种试图运用"合同原则"来解决分配问题的做法并不排斥通过国家进行干预。他们认为，国家的职能有两个方面："保护"和"生产"，而两者之间如果能够协调起来，那就会促使福利的增加。他们认为，个人在集体选择中的作用只是决定成本和行使否决权；个人的选择，只有在大家的投票取得意见一致时，才站得住脚。但实际上，集体决定是不可能取得一致的。他们提出，如果能用合同方式来使大家达到一项促进福利增加的协调，当然是理想的。如果需要国家充任这种合同的执行人或公平地执行合同的仲裁人，那也是容许的，只要政策主张能够符合事实上的多数标准就行了。而且，即使某个集体判断所作出的政策决定会使某些人受损失，但只要有其他人得到利益，这也不违反帕累托最优标准。布坎南等人甚至认为，人们因对收入分配现状的不满而要求的收入重分配并非出于公益的目的，而只是个人追逐私利的一种表现，所以最好由公共合同的方式来协调分配中的矛盾。

（二）公平与效率协调模式

采取协调主张的最重要的代表是美国经济学家阿瑟·奥肯。他在1975年出版的《平等与效率——重大的抉择》一书就是该观点的主要论述。

（1）公平与效率必须兼顾。因为资本主义是一种权利公平与收入不公平的双重交错的社会结构和价值标准的社会，它既追求法律上的权利公平，又造成经济上不断加大的差距。正是这两种力量的合力促使资本主义社会向前发展。市场经济是一种以赏罚来鼓励和刺激人们发展生产力的社会制度，它创造了有效率的经济，因而市场需要有它的地位。但市场也必须被界定在它必要的范围内。公平与效率两者齐头并进是有的，而在许多场合又是不可兼得的，如果说公平和效率都应当得到重视，那么在二者发生冲突的场合，则应当达成妥协。正因如此，奥肯认为必须采用兼顾的方法。"如果公平和效率双方都有价值，而且其中一方对另一方没有绝对的优先权，那么在它们冲突的方面，就应该妥协。这时，为了效率就要牺牲某些公平，并且为了公平就要牺牲某些效率。然而作为更多地获得另一方必要的手段（或者是获得某些其他有价值的社会成果的可能性），无论哪一方的牺牲都必须是公正的。尤其是，那些允许经济不公平的社会决策，必须是公正的，是促进经济效率的。"

奥肯认为，一个社会如果不采取在公平和效率之间妥协的做法，而是要真正去实现收入的公平，那将是一种空想，这是因为：收入的公平概念本身是不明确的。他指出，由于各个家庭的需要不同，所以要达到同等程度的福利水平，需要的是不同的家庭收入水平。反之，如果真正实现了收入的公平，那么各个家庭所得到的福利将会不一样。一个简单的例子就是城市居民和乡村居民因需要的差别而在得到同等福利方面所要求的收入水平的差别。即不能简单地利用城乡居民在收入方面的不公平来说明他们在福利方面的不公平。除此以外，奥肯还认为人们的福利并不一定来自收入，而可能有收入以外的来源，这样，即使致力于实现收入方面的公平，也不可能使人们的福利相等。

在分析了以上这些问题之后，奥肯进一步指出，强调把效率放在优先地位的经济学家们所推崇的机会公平，它的含义比收入的公平更加难以捉摸，而且在这方面很难加以度量。例如，每个人的天赋能力是不一样的，各人的家庭背景也是不同的，只要承认人与人之间有这些差异，那就很难说机会是完全公平的。再如，一个穷人和一个富人都需要向别人借钱来买房，富人很容易借到钱，穷人不容易借到钱，或者是，穷人即使能借到钱，但要按较高的利率付利息。既然实际生活中存在这种情况，那就很难说机会是公平的。奥肯由此认为，社会只有采取在公平与效率之间妥协的做法，而不可能去实现完全的机会公平。

（2）奥肯认为，在资本主义制度下，虽然公平和效率之间有冲突，但二者的妥协是可能的。这就是：既不过分强调公平，又不要不对市场的作用加以限制。这就是说，市场竞争机制在某些情况下需要加些限制，但不能限制过分；收入均等化措施需要保留一些，但也不能过度。这是因为：为了实行公平，需要政府进行干预；但政府的干预将侵犯个人自由，将产生官僚主义，所以有必要同时发挥市场的调节作用，使它能够限制官僚制度的权力，有助于维护个人自由，并且刺激劳动者去努力工作，提供更多的产品，鼓励创新；反之，如果不对市场机制的过度膨胀加以适当限制，货币将成为专横跋扈的力量，低收入者将得不到保障。

（3）奥肯认为不能从薪水方面来看待公平与不公平问题。奥肯指出，如果劳动力市场缺乏公平的就业机会，存在着某种排他性，那么收入就不可能是公平的；他把"不公平的机会""不公平的收入""无效率"三者联系在一起，声称如果就业公平原则被破坏，人们就得不到赚取同等收入的机会，个人的才能和积极性就不能发挥，于是无效率也就以复利的形式成倍地增长。只有较大的机会公平才能产生较大的收入公平。

（4）"兼顾"的关键在于"度"。"真正的问题通常在于程度，国家以什么代价用公平来交换效率。"也就是要恰到好处地增进公平。公平之所以正和效率之所失相抵，保持社会效率的总和不变。大多数收入不公平的根源是机会不公平，两者成正比例。"大部分对不公平来源的关注反映了一种信念：源于机会不均等的经济不公平，比机会均等时出现的经济不公平，更加令人不能忍受。"

（5）应采取协调公平和效率的政策措施。当然这些措施在下面也将会有详细的论述，在这里先简单介绍如下：一是将大企业的一部分股票分配给工人，让工人参与企业重大决策，从而既扩大公平，又提高效率；二是实行负所得税或有限工资津贴，从而既有利于缩小收入差距，又不损害效率，不影响企业投资和扩大生产的积极性；三是增加国家的教育经费，使劳动者有受教育、接受培训的机会，纠正机会不均等，从而既有利于效率的提高，又有利于收入的均等化；四是实行"混合经济"结构，即私人资本主义经济和包括某些部门资本主义国有化在内的社会化的经济相混合的经济，从而使以利润为动机、关心效率的私人经济与不以利润为动机、关心社会福利、关心公平的公共经济两者相互补充。

在公平和效率的协调问题上，奥肯写了这样一段具有总结性的意见："关于美国的经济制度，我最有信心的预言是，如果保持和加强它的基本构架，而不是拆毁这种构架，那它就会逐渐演化并适应新的环境。这种逐渐适应新环境的能力，乃是我们目前的混合制度的最大优点。改革它并促进它的演化，是可以办得到的事情；在我看来，要比拆毁它远远有吸引力。我所能看到的一些办法有损于效率，它们只会以危险的和代价高昂的官僚主义化为代价，很有限地增进一些公平。尽管支持资本主义的道德方面的理由完全没有说服力，可是效率方面的理由，在我看来是完全使人非相信不可的。"

（三）关于改善公平和效率之间关系的具体措施

在改善公平和效率之间关系的具体措施上，西方经济家提出要改变以往的收入再分配的具体做法。他们认为，工作积极性和闲暇之间也存在着一种交替关系。如果累进的个人所得税税率太重，人们宁肯闲着，也不愿增加工作量，从而减少效率；如果遗产税太重，人们不仅宁肯闲着，不愿多干活，从而减少效率，甚至宁愿大肆消费，也不愿储蓄，从而不利于经济增长。因此，要使公平和效率协调，就需要运用专门的税收政策。例如，征收特种消费税主要会影响不同产品和劳务的替代，而不至于影响效率；而增加土地税，则可以提高建筑用地的利用率，促进建筑业发展（刺激人们拆除旧房、朝高层和地下发展），以及提高农业土地的利用率，促进农业发展（刺激人们提高单位面积产量）。再以对穷人的补助来说，如果为了促进公平，由政府补助差额，把低收入者的收入一律提高到某个标准线，以维持一定的生活水平，那么这被认为是对"闲着少干活""干和不干一个样"的一种鼓励，会引起效率损失；而由政府提高法定最低工资率的做法，则被看作更大的效率损失，因为这样会促使企业大量解雇或拒绝使用最低工资工人，因为企业认为按这种工资率雇用某一类型的工人是不合算的。

为了使公平与效率二者处于协调状态，奥肯曾经设想过一种方案，即在资本主义现存经济制度之下，将大企业的一部分股票分配给工人所有，并且让工人有权参加企业重大事务的决定。他认为这种办法既可以扩大公平，又可以增加效率。但他认为曾经被设想得十分美妙的协调措施在美国很难实行，他认为工人不愿意采取这种办法。奥肯写道："照道理讲，工人分享利润和参加作出决定可以加强公司雇员的忠心和刺激力。然而，总的说来，美国公司和劳工并没有选择这条道路；他们似乎喜欢他们的敌对立场，似乎总在寻求能够行得通的互相斗争的办法，而不寻求通力合作的新办法。很像两只老雄猫，它们似乎总喜欢吵架。"

所以，奥肯认为只有实行一些非最优的，但阻力较少的协调措施。例如，他认为，如果改变以往的补助办法，实行所谓"负所得税"（即政府规定收入保障数额，然后根据个人实际收入给以恰当的补助金，为了不把低收入者的收入一律拉平，补助金将根据个人实际收入的多少按比例发给）；或者，实行所谓的有限的工资津贴（即政府规定每小时的工资津贴额,然后根据每个获得最低工资的工人的实际工时发放,使多干活的人多得到补助),那就可以既有利于缩小收入差距,又不影响工人的效率,也不会挫伤企业投资和扩大生产的积极性。奥肯曾建议,假定最低工资率是每小时 2 元,平均工资率是每小时 4 元,全国平均每户收入为 14 000 元,这样,政府发放的工资津贴可以定为最低工资与平均工资之差的 50%,即每小时 1 元,而让成年工人得到每小时 3 元收入,全年收入接近 6 000 元,略低于全国平均家庭收入的一半。

增加国家对教育的支出,也被认为可以促进公平和效率的协调。据说,这一方面可以提高社会的科学文化水平,提高劳动质量,提高社会的经济效率(这被称为"社会受益");另一方面使低收入者收入有所增加,有助于缩小社会上的收入差距(这被称为"个人受益")。西方经济学家认为,通过发展教育,即使还不能实现收入均等化,但可以促进效率和公平趋于协调,这一点是没有疑问的。

以上就是奥肯提出的使公平与效率互相妥协的具体措施。他特别强调,最迫切的事情是帮助那些收入等级上处于最底层的人们,帮助他们走到我们丰裕社会的主流里去。我相信帮助他们上升的各种规划,经过一段时间和让他们在更为宽广的收入等级的范围里,将会产生力量。这反映了他实际重复了从庇古以来福利经济学家们一直宣扬的资产阶级改良主义的论调。

(四)资本主义制度下公平和效率交替问题的实质

西方经济学家们关于公平和效率交替问题的争论,表明他们在福利问题上的研究与过去相比多少有些不同。但是,尽管过去在公平与效率这个问题上绞尽脑汁,这个问题在资本主义制度下始终是无法解决的。

所谓公平(即收入均等化)和效率(即劳动生产率和经济资源利用率)之间的矛盾,实际上是分配和生产之间矛盾的一种反映。因为资本主义生产是在生产资料私人资本主义所有制的基础上进行的,而分配是由生产决定的,分配关系取决于生产结构,分配本身就是生产的产物。所以公平与效率之间的这种矛盾是不可能在资本主义制度下解决的。利息和利润作为分配形式,是以资本的存在和资本对雇佣劳动的剥削为前提的;工资只是工人劳动力价值的货币表现,绝不是工人劳动所创造的全部价值。因此,所谓收入均等化在资本主义社会中只不过是资产阶级用以欺骗人民的一种花招,根本不可能付诸实现。至于资产阶级社会中的效率,它始终以雇佣劳动制度的存在、以资本主义生产过程中的饥饿纪律的存在为前提,同时它是资本主义竞争规律起作用的一个后果。在效率的背后,存在着资产阶级对工人的压榨和剥削,存在着大资本对小资本的排斥和吞并。资产阶级经济学家舍去特定的资本主义生产关系,虚构所谓公平和效率的交替,似乎资本主义社会中或者存在公平;或者虽然效率下降了,但却可以换取较高的公平;或是通过某种措施,可以使公平与效率二者兼顾。凡此种种,都是对资本主义制度的美化。

资本主义经济学家曾经设想公平和效率这两个经济政策目标在经济持续增长中能够得到实现或接近于实现。因为只有总收入增长之后才比较容易实现收入的均等化,也只有在经济增长的基础上,才能使闲置的资源得到有效利用,或使得未被合理利用的资源得到合理的利用。其实,这种设想是不符合资本主义现实状况的。一方面,在生产资料私人资本主义所有制的基础上,经济增长以加强投资为前提,而私人投资的增加需要有较高的预期利润率作为动力。如果要缩小收入差距,降低利润率和提高实际工资率,那么在其他条件不变的情况下,私人投资将下降,经济增长率也将放慢。此外,征收高额累进税后,储蓄倾向将下降,积累率可能减少,这也阻碍了经济增长。另一方面,经济增长与资源有效配置之间能否协调,取决于经济增长的部门结构、本国资源状况和经济增长过程对本国资源的利用程度,以及技术进步速度等条件。在资本主义制度下,为追求最大利润而实现的经济增长很可能在资源配置失调情况下实现。这实际上是加剧了收入分配、资源配置、经济增长之间的矛盾。

西方经济学家所说的在混合经济结构中可以兼顾公平和效率的论点,在理论上是荒谬的。按照他们的看法,所谓混合经济结构,是指经济中既含有以利润为动机的私人企业因素,又含有所谓不以利润为动机的公共企业的因素;或者说,是指私人资本主义和"社会化的"经济混合在一起,其中,"社会化"包括生产工具"社会化"、收入"社会化"等。他们鼓吹混合经济的优越性,认为私营经济关心利润、关心效率,公共经济关心社会福利、关心公平,二者互相补充,以充分利用生产资源,实现经济稳定。实际上,所谓混合经济并没有改变资本主义的性质,并没有改变资本主义经济规律发生作用的场所;发展这种混合经济,其实就是要求加强国家垄断资本主义对经济生活的干预。在资本主义社会中,只要国家企图通过财政支出来促进收入均等化,那么结果必定是增加财政赤字和加剧通货膨胀,使更多的人实际收入下降。

第三节 公平与效率原则在收入分配中的应用

运用理论知识解决社会生活中的实际问题是我们学习理论知识的根本目的。在掌握第二节理论知识的基础上,第三节就是运用公平与效率原则来分析和解决实际问题。在我国,收入分配中公平与效率原则在实际应用中就转化成如何在收入分配中体现公平与效率，以及如何避免我国收入差距过分扩大。

一、我国收入分配制度概况

在社会主义制度下，满足城乡人民的消费需要是社会主义生产的根本目的。发展经济的根本目的是提高全国人民的生活水平和质量。所以，社会产品在社会成员之间的合理分配自然成为一个社会核心问题。它既是社会发展目标能否实现的关键，又是促进社会物质财富增长的激励机制。前者是公平问题的体现，后者是效率问题的体现。换句话说，收入分配关系着公平与效率这两个政策目标，而这两个政策目标又是社会发展总目标的手段。

经济学家认为收入分配有三个标准。第一个是贡献标准，即按社会成员的贡献分配国民收入，这就是古典经济学中的分配理论。分配理论认为，国民收入应该按生产要素的价格进行分配，劳动获得工资，资本获得利息，土地获得地租，企业家才能获得利润。简单地说，各种生产要素都根据自己在生产中所作出的贡献而获得了相应的报酬。这种分配标准能保证经济效率，但由于社会各成员的能力、机遇等方面存在差异，该分配又会引起收入分配的不公平。第二个是需要标准，即按社会成员对生活必需品的需要分配国民收入。第三个是公平标准，即按公平的原则分配国民收入。第一个标准有利于经济效率的提高，有利于充分发挥每个社会成员的能力，后两个标准有利于收入分配的公平，但不利于经济效率的提高。有利于公平则损害效率，有利于效率则损害公平，这就是经济学中所谓的公平与效率的矛盾。

改革开放以来，我国收入分配发生了巨大的变化。我国现阶段的收入分配制度是坚持按劳分配为主体，多种分配方式并存。把按劳分配和按生产要素分配结合起来，坚持效率优先、兼顾公平，有利于优化资源配置，促进经济发展，保持社会稳定。依法保护合法收入，允许和鼓励一部分人通过诚实劳动和合法经营先富起来，允许和鼓励资本、技术等生产要素参与收益分配。取缔非法收入，对侵吞公有财产和用偷税逃税、权钱交易等非法手段牟取利益的，坚决依法惩处。整顿不合理收入，对凭借行业垄断和某些特殊条件获得个人额外收入的，必须纠正。调节过高收入，完善个人所得税制，开征遗产税新税种。规范收入分配，使收入差距趋向合理，防止两极分化。

二、促进共同发展，实现共同富裕

（一）效率对收入分配的影响

效率在上文所述是指资源配置，在我国经济生活中则一般是指经济主体的行为。从公平与效率的关系来看，只有实现个人收入分配上的公平，特别是机会和结果上的公平，才能对经济主体产生有效的激励，进而导致经济主体行为的高效率。如果在个人收入分配上存在严重的机会不公平，许多人没有获得收入或高收入的机会，获取收入特别是高收入的机会成为少数人的特权，会使竞争受到限制从而导致低效率。如果存在严重的结果不公平，不同的人所获收入差距悬殊，则会挫伤积极性，同样会导致低效率。如果存在严重的实现不公平，则会导致不正之风盛行，丑恶现象滋生。"平均主义"是结果不公平，"论资排辈"可谓机会不公平，"计划内外价格制"则是实现上的不公平，如此种种不公平会给国经济和社会造成严重的危害。

（二）公平对收入分配的影响

我国学者厉以宁教授认为公平是指机会均等，只要大家都在同一起跑线上，全都按自己的能力和努力程度进行竞争，尽管竞争的结果有差异，但是出发点相同，就可以理解为公平。所以追求机会的均等、起点的均等应是社会政策的首要目标，但厉以宁又认为机会的均等分为法制上的、形式上的机会均等和现实条件的机会均等两个层次。他认为形式上、法制上的机会均等容易做到，但由于天赋、家庭、出身、财富继承等不同会造成现实条件上的机会不均等，政府有必要调整，但不能绝对化。对于机会均等的公平概念，厉以宁认为它要求的个人收入分配原则和效率目标要求的个人收入分配原则是一致的，即都是指个人收入要按其投入的生产资源的数量、质量、类别在企业经济收益中的贡献程度按比例分配，如此一来也会产生结果上的个人收入分配的不均等。就此而言，机会均等的公平和效率两个政策目标是一致的。

但是公平不仅只是一种机会均等的概念，公平还被理解为个人收入分配结果上的合理差距，即不能有过于悬殊的差距。一般来说，只要个人收入的分配遵循按生产资源对收益的贡献等比例分配，个人收入差距不会太大，是合理的。但由于现实条件的机会不均等造成个人收入差距拉大，以及即使按生产资源对收益的贡献等比例分配，也会导致收入分配差距悬殊的原因，个人收入分配的差距是否合理就是两个标准：一是经济意义上的合理，二是社会意义上的合理。前者指只要收入是按生产资源对收益的贡献比例分配的，不管差距有多大都合理；后者是指如果个人收入差距过大，会影响现有的社会相当多人的心态平衡观念，导致社会认同度下降，社会不安定、经济发展受阻、效率下降。而且，一般来说，经济上的收入不合理（一是大锅饭，二是差距悬殊）会导致社会上的不合理。经济上的合理，也不一定在社会上就合理，因为社会意义上的合理与否关键取决于社会多数人的居于主导地位的价值观念和生活处境。到此，我们可以说，公平与效率的冲突主要体现为个人收入分配结果与社会意义上的合理差距的公平观念和效率的冲突。这也正是政府制定收入再分配的社会政策的主要原因。

（三）效率优先兼顾公平，实现共同富裕

效率和公平是经济发展和社会文明进步追求的目标，它关系到经济的发展、人民生活水平的提高和社会稳定，二者相互依存、密切联系。没有效率，就没有真正公平的物质基础和前提；没有公平，就没有稳定的社会环境，效率也难以提高。社会发展的根本目标是满足个人的需求，追求个人幸福和社会福利，而个人幸福和社会福利是以资源和财富的丰富供应为基础的，用邓小平同志的话讲是"共同富裕"。首先是要富裕，其次才是共同富裕。所以在社会经济的发展过程中，必须将效率放在前位，追求社会资源的高效利用，丰富可供人们消费的财富，然后才是追求大家的共同富裕，而不是少数人的富裕和大多数人贫穷，也就是要顾及公平。这是基于社会资源和财富相对于人们的需求是稀少的这一假设而言的。如果社会资源和财富很丰富，足够人们消费，那就是按需分配了，无所谓效率优先了。

1. 必须坚持效率优先

坚持效率优先就是要求由市场经济的效率来推动社会生产力的迅速发展，并以由此所形成的价值量来决定微观领域的分配。社会主义市场经济要求各生产经营单位的收入应与市场的效率挂钩，那些效率高的单位能够从市场上获得较多的经营收入，那些效率差的单位只能从市场上获得较少的经营收入，个别效率极差的企业甚至得不到经营收入。市场经济正是通过市场的这种内在分配功能，使效率较好的企业能够获得较高的收入，从而使各企业形成竞争的动力，企业为获得较高的收入必须提高效率，这就有利于促进效率的普遍提高，推动经济的快速发展。根据市场经济的效率原则要求，各生产经营单位提供的产品或服务必须是有效的，对社会有用并必须被社会所承认。如果提供的产品或服务超过社会需要量或产品质量不合格，那么社会就不会承认，从事该产品的生产劳动就是无效劳动，新增加的价值既得不到实现，原有的价值也得不到补偿。这是因为不同身份生产者所生产的同种商品，其生产一个单位产品的个别劳动时间（或个别价值）是各不相同的，价值规律通过市场的供求和竞争机制将进入市场的各不相同的个别劳动者所付出的劳动时间，均衡为统一的社会必要劳动时间（实惠价值），市场是以社会必要劳动时间为价值尺度来衡量和补偿各个生产者的个别劳动消耗。所以，劳动生产率高的生产者的个别价值可以还原为较高的社会价值，获得较高的利润；而劳动生产率低的生产者的个别价值则还原为较低的社会价值，获得较低的利润，甚至亏本。产品被淘汰与

社会需要量以外的部分，则个别价值无法还原为社会价值，因而没有利润可以获得，只能亏本或破产。在市场对各经营单位分配的基础上，各生产经营单位通过产品在市场交换中所形成的价值和收益在企业内部进行分配。在这里，报酬与效率发生直接联系，效率是分配过程中的行为准则。贡献大即效率高的应获得较多的报酬，贡献小即效率低的则获得较少的报酬。

总之，我们处于社会主义初级阶段，生产力水平比较低，解放生产力和发展生产力的社会主义本质要求提高社会劳动生产率，发展是硬道理，要发展必须效率优先。我们现在是社会主义市场经济，市场经济是竞争的经济，是受利益驱动的，市场的主体，不管是自然人还是法人，在市场的竞争中必须以效率优先，优胜劣汰。

2. 必须兼顾社会公平

贯彻效率优先原则，城乡居民个人收入水平必然会拉开差距。要以收入分配的差距来刺激经济效率，是因为从市场机制的内容来说，经济效率与收入差距正相关，差距越大，其效率的刺激作用就越大。但这只是从微观上来说的，而从宏观上来说则不一定。因为收入分配差距还与人们的社会心理承受力密切相关。收入分配差距如果太大，则会引起人民群众的强烈不满。如果差距的程度超越了人们的社会心理承受能力，出现贫富悬殊、两极分化，就会危及社会安定，破坏国民经济顺利发展所必需的社会条件，归根到底又会降低经济效率。这样看来，经济效率分微观经济效率与宏观经济效率两个方面，微观经济效率是市场机制的函数，而宏观经济效率则是市场机制、社会公平和社会稳定等多种因素的函数。因此，强调效率优先，并不意味着可以牺牲或放弃公平。以牺牲公平为代价追求效率所达到的效率也决不会持久的。要使整个社会长期保持活力和效率，必须兼顾效率和公平两个方面。

但是，公平不等于不承认差别、不等于平均，应该承认因每个人的天赋、后天受教育程度、实践经验积累的不同而导致的收入分配量上的差别。这里的公平主要体现在就业机会、劳动权利和投入再生产过程中的生产要素所有权的实现上，公平总是相对的，绝对的公平是做不到的。这种相对的公平体现在一定的心理承受度上，大多数人所能认可、接受的社会现实就是公平。

社会主义市场经济将效率优先与社会主义的基本经济制度相联系，而这种基本经济制度是实现兼顾公平的根本保证。因此，政府要积极发挥宏观调节的作用，承担实现社会公平的职能。维护社会公平的主要着眼点，是从全社会利益出发，使社会各成员的收入差距不能过于悬殊，使收入差距保持在有利于协调经济利益关系、并能促进经济发展、保证社会经济稳定的限度内。为了达到这个目的，宏观收入调节活动一般是从限制过高收入着眼，又从促进低收入者增加收入着手。限制过高收入的实现机制是累进所得税制，促进低收入者增加收入的实现机制是社会保障制度。累进所得税制度所征收的过高收入者的收入，一般通过转移支付制度转为收入保障基金，成为社会保障制度的经济源泉。政府对合法收入、合法财产坚决保护，对一些人利用法制不健全或执法不严之机，从事非法经营和非法活动所取得的非法收入，政府要依法取缔。所以，税收制度、社会保障制度及连接它们的转移支付制度、加上法律制度，构成了维护社会公平的调节和实现机制。

就目前居民收入分配格局而言，国家必须加大运用经济的、法律的和必要的行政手段，积极调整居民收入分配。运用财政手段通过企业税后利润分配制度，保护和支持农业发展政策，调节不同地区之间、城乡之间的居民收入分配；适用税收手段通过税种、税率的设置与调整，运用累进税制，调整不同行业之间、不同群体之间的分配关系，调节过高收入；适用法律手段通过制定和执行工资法、劳动就业法、个人税收申报法等基本法律，组成收入分配调节的法律体系；适用行政手段通过工商行政管理部门规范市场秩序，保护合法收入，坚决取缔非法收入；适用社会保障手段通过企业和个人缴纳社会保障费，建立城乡居民统一的养老保险、失业保险、医疗保险基金等，保障居民日常生活的基本需要。

3. 坚持共同富裕原则

共同富裕是社会主义制度优越性的突出表现。邓小平同志指出，"社会主义的本质，是解放生产力，消灭剥削，消除两极分化，最终达到共同富裕""一个公有制占主体，一个共同富裕，这是我们所必须坚持的社会主义的根本原则"。社会主义制度本身是社会生产力发展要求的产物，它的建立、完善和发展，必然要进一步解放和发展生产力，使社会财富日益丰富，最终实现共同富裕。

但共同富裕不是同步富裕、同时富裕。整个社会经济的发展，不可能齐头并进，因而整个社会成员不可能同步、同时共同富裕。其原因是，首先，全社会的资源开发和利用以及经济发展条件总是不平衡的。从我国的国情看，从东到西、从南到北，经济发展程度、科学技术的力量和水平都不平衡。这就决定了全社会成员不可能同步、同时富裕。其次，市场经济在全社会发展程度不同。率先发展市场经济的地方，生产经营纳入市场经济轨道，其经济发展快，经济效益好，生活水平就提高得快；反之，则经济发展慢，生活水平提高得慢。再次，不同收入分配方式之间和同一分配方式范围内都存在差别，实行按劳分配，劳动者之间的个人天赋、文化程度、技术水平、劳动态度等方面也存在着差异。一部分劳动者依靠诚实劳动，对社会作出更大的贡献，取得更多的报酬。各行业、各企业以及个体生产经营者，在市场竞争中求生存求发展，在优胜劣汰中必然形成经济收入的差别；不同所有制经济之间，存在劳动收入、资金收入、资产收入、雇工经营收入的差别。合理的收入差距，冲击不合理的平均分配，有积极的促进作用。但是，收入差距过分悬殊，则是不合理的、有害的，必须增加低收入者收入调节过高收入，规范收入分配，使收入差距趋向合理，防止两极分化。

部分先富是逐步实现共同富裕的必由之路。在共同富裕的道路上，一部分人先富起来，必然产生积极的社会作用。一是吸引和鼓舞作用。允许和鼓励一部分企业和个人先富起来，会对更多的企业和大多数人产生强烈的吸引和鼓舞作用。二是带动和示范作用。允许鼓励善于经营的企业和勤人能人一浪接一浪地走向富裕。这就是邓小平同志的战略思想：要允许一部分地区、一部分企业、一部分农民，由于辛勤努力成绩大而收入先多一些，生活先好起来。一部分人生活先好起来，就必然产生极大的示范力量，影响左邻右舍，带动其他地区、其他单位的人们向他们学习。这样，就会使整个国民经济不断地波浪式地向前发展，使全国各族人民都能比较快地富裕起来。

4. 改善分配格局的措施

收入分配政策的目标应该是既要有利于经济效率，又要有利于公平。有利于经济效率的收入分配原则是按劳分配和按生产要素分配，即按贡献标准分配，这有利于鼓励每个社会成员充分发挥自己的能力，在竞争中取胜。收入分配的基本原则是贡献标准，而收入分配的公平化问题则要通过其他政策来解决。这就是要坚持增加低收入者收入调节过高收入，增加原则，要把这一原则提到重要议事日程上来。

（1）税收政策。个人所得税是税收的一项重要内容，最好是通过累进所得税制度来调节社会成员收入分配的不公平状况。累进所得税制度就是根据收入的高低确定不同的税率，对高收入者按高税率征税，对低收入者按低税率征税。这种累进所得税，有利于纠正社会成员之间收入分配差距过大的状况。在个人所得税方面，还要将按劳动收入和非劳动收入区分开来。对诚实劳动的收入要按低税率征税，而对非劳动收入（如股息、利息、红利等）要按高税率征收。当然，对非法收入要坚决取缔、上缴国库。除了个人所得税之外，还有其他税种，例如，遗产税和赠予税，是指对财产的转移征收税收；财产税，是指对不动产（如房产等）征收税收；消费税，是指对某些商品和劳务的消费征收税收。这些税种都是小居民收入分配差距的有效方法。

（2）社会福利政策。如果说税收政策是通过对高收入者或富人征收重税来缩小居民收入分配差距的话，那么社会福利政策则是通过给低收入者或穷人补助来缩小居民收入分配差距。因此，社会福利政策是为实现居民收入公平化、缩小收入分配过大差距的一项重要内容。

首先,要建立健全各种形式的、各社会成员统一的社会保障制度。例如,失业救济金制度,即对失业居民按一定标准发放能使其维持基本生活的补助金;养老保险制度,按一定标准发放老人生活费;医疗保险制度,包括住院费用保险、医疗费用保险以及出院后部分护理费用的保险。此外还有对有未成年子女家庭的补助;对收入低于一定标准(即贫困线)的家庭与个人的补助,即最低社会保障制度。这些保障主要是货币形式,也可以有少量的实物。

其次,向贫困者提供就业机会与职业培训。居民收入的多少往往与个人的机遇和能力有关,政府可以通过改善穷人就业的能力和条件,来缩小贫富差距。这方面,主要是实现就业机会的均等,尤其是要保证所有社会成员的公平就业机会,并按同工同酬的原则支付报酬。同时要使穷人具有就业的能力,包括进行职业培训,实行文化教育计划,实行半工半读计划,使穷人有条件读书,等等。这些都有助于提高穷人的文化技术水平,使他们能从事收入较高的工作。

再次,对教育事业的资助,包括设立奖学金和无息贷款,帮助学校改善教学条件,资助学校的科研等。对教育事业的资助,有利于提高公众的文化水平和素质,也有利于缩小居民收入分配的差距。

最后,建立健全各种劳动者立法,包括最低工资法和最高工时法,以及环境保护法、食品和医疗卫生法等。这有利于增进劳动者的收入,改善劳动者的工作与生活条件,从而也降低收入分配的不公平程度。

三、我国收入分配存在的问题

在中国的改革和发展中,大家围绕"效率优先,兼顾公平"这样一个命题展开了热烈讨论。改革开放以来,我国经济高速增长,财富不断积累,但分配领域的一些问题也变得越来越突出。这些问题在宏观层面表现为国民收入分配格局不利于劳动者,劳动报酬占 GDP 比重偏低,居民收入占国民收入比重偏低;在微观层面表现为收入差距扩大,基尼系数居高不下,社会分化严重。从制度规则来看,表现为分配秩序混乱等。收入分配领域中出现的这些矛盾和问题影响了社会的和谐稳定和发展。目前,社会不公平问题主要表现有以下几个方面。

(一)竞争机会的不公平

强调竞争机会的公平,就意味着:其一,应具有公平合理的市场竞争条件,使个人、企业可以自由地进入市场，不存在歧视性的障碍；其二，要有公平的竞争秩序，必须在法律面前人人公平。但在我国，许多方面还需要改善。如弱势群体的保护等。

（二）竞争结果的不公平

在收入分配领域存在的一个重点话题就是收入分配结果公平问题。可以说，我国的收入分配差距一直是我国政府和社会各界十分关注的热点。统计数据显示，"十二五"时期，我国收入分配状况总体向好。2010—2016年，全国居民人均可支配收入从12 520元增加到23 821元，年均实际增长超过8.9%，快于同期国内生产总值增长。同时，居民收入差距呈缩小趋势。2010—2015年，全国居民收入基尼系数从0.481下降到0.462。城乡居民收入倍差由2010年的2.99倍缩小到2015年的2.73倍。国民收入分配格局有所优化，居民可支配收入在国民可支配收入中的比重提高，劳动报酬在初次分配中的比重提高。

我国的收入分配差距问题虽然呈现改善趋势，但问题仍然存在，收入差距大和分配不公仍然是我国经济社会发展中面临的挑战。2016年我国居民收入的基尼系数仍然高达0.465，属于世界上收入差距较大的国家之一，而且无论是城乡之间、区域之间、居民内部之间还是行业从业人员之间收入还存在较大差距，从而导致不同群体之间占有资源不均衡。同时，经济增长放缓和供给侧结构改革又使缩小收入差距面临新的压力。

党的十八大以来，以习近平同志为核心的党中央对收入分配领域的改革进行了系统思考和设计，并提出了具体的改革目标和措施。一些看起来似乎很难解决的收入分配矛盾和问题出现缓解或者改善趋势，收入分配的公平性和合理性开始改善，老百姓的生活水平和质量进一步提高。收入分配问题一直是党和国家高度重视并着力解决的重大问题，尤其是党的十八届五中全会进一步提出了"共享发展"新理念，这必将使收入分配领域改革进一步加快。

四、我国收入分配可选择采取的改善措施

我国还处于社会主义初级阶段，这是我们处理社会公平与经济效率关系的最根本的历史出发点。对于今日中国来说，"公平"与"效率"是相辅相成的系统，而不是此消彼长的关系。改善收入分配状态，不但不损害经济效率，相反还会促进国民经济的健康发展，而任不公平继续恶化则必将摧毁经济持续增长的前提。必须清醒地认识到，我国作为一个发展中的社会主义国家，要大力发展社会生产力，提高综合国力，改善人民生活，赶上经济发达国家的水平，必须把提高经济效率放在第一位。如果没有经济效率的提高，是完不成这些历史任务的。但是，我们追求效率不能采取牺牲劳动者利益的办法，社会主义的本质是在迅速发展生产力的基础上，不断提高劳动人民的物质文化生活水平，最终目的是实现共同富裕。如果收入分配差距过分悬殊，超过了人们的心理承受力，就会造成社会的不稳定，使提高经济效率和发展经济失去了必要的条件，就会违背社会主义的本质，达不到社会主义的目标。所以，结合当前中国社会经济发展的现状，我们应着力解决好社会公平问题，缩小收入差距。

建议采取如下措施：

1. 促进劳动力要素的公平化

我国正处在二元经济发展阶段，收入分配的不公平主要源自劳动力要素的不公平。因此，一要促进劳动力市场的机会公平，这需要反垄断和打破城乡分割，健全全国范围的劳动力市场，促进劳动力流动，通过流动使得报酬平均分化，发挥市场力量对收入差距的收敛作用。在短期内要想通过中央的财政转移支付，增加对农村和欠发达地区的投资，来缩小城乡差距和地区差距是不现实的。实际上，打破人口流动壁垒，是遏制城乡之间、地区之间收入差距持续扩大的最有效的途径。努力建立起全国各地统一的劳动力市场才是我国现在正确的选择。二要促进劳动力自身素质的提高和身份的公平。这里主要强调的是普及教育，只有提高人的基本素质，劳动者的公平才有初步基础。城乡户籍制度导致的身份不公平也应逐步消除。

2. 建立与中国特色社会主义市场经济相配套的收入分配和再分配体系

一些发展中国家曾为了经济发展，无视收入两极分化对经济持续增长的破坏性，经历了"有增长无发展"的过程，反而失去了发展的最好时期，这些经验教训值得认真吸取。我国作为发展中国家，在初次分配领域要强调市场配置资源的有效性，强调对价值创造的激励；在再分配领域要通过公共支出、税收和价格等综合手段进行调整，强调分配的相对公平，使人们在经济增长过程中有公平的参与机会，能够共享经济增长的成果，促进人的全面发展和经济的可持续增长。即在初次分配领域，坚持在公平的基础上以效率为主的分配原则；在再分配过程中，坚持在效率的基础上以公平为主的分配原则。在现阶段，应该实行较为适度的收入再分配政策，其要义是收入再分配政策不应阻碍市场经济体制的建立，不应造成市场的扭曲，不应以牺牲效率为代价，不应影响社会经济发展的可持续性，不应违背绝大多数人认可的收入分配的基本原则。政府再分配政策的目标是保证经济的公平和公正，包括人们参与市场权利的公平、竞争规则的公正和收入分配结果的相对公平。力争做到反垄断，消除市场进入的歧视；反腐败，奠定公正的市场竞争规则；反贫困，防止收入两极分化，保证人们获得更多的发展机会。

所以，我国政府积极推进收入分配制度改革，积极探索生产要素按贡献参与分配的途径，坚持完善按劳分配为主体、多种分配方式并存的分配制度。《中共中央关于坚持和完善中国特色社会主义制度、推进国家治理体系和治理能力现代化若干重大问题的决定》指出，要坚持多劳多得，着重保护劳动所得，增加劳动者特别是一线劳动者劳动报酬，提高劳动报酬在初次分配中的比重。此外，还指出要健全劳动、资本、土地、知识、技术、管理、数据等生产要素由市场评价贡献、按贡献决定报酬的机制，实现生产要素参与分配的多元化。同时，重视发挥第三次分配作用，发展慈善等社会公益事业，鼓励个人收入自愿转移和捐赠。这也是落实共同发展、共同富裕目标，缩小收入差距和实现全面脱贫的有效途径。

3. 尽快完善和健全社会保障制度，为全体公民提供最低水平的统一标准的公共服务

政府应关心弱势群体，把扶持贫困人口、贫困地区和农村发展放在第一位，保证"雪中送炭"。在中国，落后地区不仅人均收入低，而且各项公共服务也最差。政府有义务保证向公民提供最低水平的统一标准的基本公共服务。基础教育和卫生保障是最重要的公共服务，既可以提高这些地区人民的生活品质，又可以提高劳动力的素质。研究证明，人力资本的投资是现代经济增长的发动机。只有当落后地区的劳动力身体健康且普遍受过基础教育时，这些地区才有希望进入经济增长的主流。从这个角度看，用转移支付的方式为所有人提供受教育和医疗保健服务的均等机会，不应仅仅被看作一种慈善行为，而应被看作一种投资。这种投资不仅有利于贫困地区，而且也有利于整个国家。

【本章小结】

公平与效率问题是福利经济学研究中的一个核心问题，该问题涉及的领域较广，本章只是从经济学的角度进行了阐述。西方福利经济学中有三种不同的理论观点："效率优先论""公平优先论""两者兼顾论"。

公平作为人类的基本权利之一，具有十分丰富的含义。体现在经济收益意义上的公平含义至少有三层理解，即收益的机会公平、收益的结果公平和收益的实现公平。

效率是经济资源配置的首要原则，是投入与产出的对比关系。效率的理解也是多方面的，如资源配置效率、资源运用效率、技术效率、生产效率、补偿效率、纳什效率等。既有微观效率，也有宏观效率；既有主观效率，也有客观效率。

效率与公平是一切社会经济活动的两项基本准则之一，也是制定社会经济政策的两个出发点。如何理解公平与效率这两项原则的意义和影响，决定了各种社会经济政策的方向。正确处理效率与公平原则的关系，是制定合理的社会经济政策的前提。

【关键概念】

公平　效率　基尼系数　洛伦兹曲线　公平与效率替代学说　收入绝对差距　收入相对差距　贫困　贫困度量　共同富裕原则　社会福利政策　收入分配制度　机会公平　结果公平

【复习思考题】

1. 如何理解公平与效率的概念？
2. 简述公平与效率替代学说的主要内容。
3. 列举出"效率优先论""公平优先论""两者兼顾论"的主要观点、主要代表人物。
4. 运用公平与效率理论分析我国收入分配领域中出现收入差距较大的原因以及采取的解决措施。
5. 如何理解公平和效率之间的关系？
6. 公平和效率原则是如何影响社会经济政策的制定的？

【案例分析】完善三次分配制度　缩小中国贫富差距
——访全国政协委员、国务院发展研究中心原副主任侯云春

在我国收入分配领域中，公平与效率原则可以从我国收入分配制度的建构和具体实际操作中体现出来。目前，我国居民收入分配的差距总体呈现缓和的趋势，但仍不容乐观。从国内外的经验来看，收入分配差距的缩小或缓和，无非是启动初次分配和再分配的方法和手段，即构建养老、医疗和失业等社会保险制度和社会救济援助系统。社会保障是我国的收入再分配的一种主要方式，通过再分配达到缩小收入差距、缓解弱势群体生活困难的目的。总体而言，收入分配差距较大问题仍是当前影响我国经济社会发展的突出问题。在2017年的全国人民代表大会和中国人民政治协商会议上，全国政协委员、国务院发展研究中心原副主任侯云春将提案聚焦在如何调节收入分配，缩小贫富差距上。

侯云春指出，我国的基尼系数近年有所下降，但2016年又略有上升，达0.465，超过0.4的警戒线，也高于0.44的世界平均水平。更值得注意的是，财富进一步向少数人集中，最富有群体与最贫困群体的差距拉大，已经影响到社会公平与和谐稳定。

"加快推进分配制度改革，加大税收调节力度，大力提倡慈善捐赠，搞好一二三次分配，缩小收入分配差距，促进社会公平，是我国当前和今后需要着力解决的重大课题。"

侯云春同时指出,在经济全球化的背景下,收入分配问题不是孤立的,需要综合考虑国际国内多种因素,确定我们在三次分配中的思路、原则、措施和步骤。

该如何更好地解决中国的收入分配问题?侯云春提出了三点建议。

一是初次分配兼顾效率与公平,适当提高劳动占比,"能挣多少挣多少"。在初次分配环节,应该以鼓励提高效率、创造财富为主,把蛋糕做大。重在激发投资者、管理者和劳动者的积极性和创造力,增强市场主体的活力和竞争力。对一些企业高管限薪,不利于发挥他们的积极性,应允许他们按照市场原则合理取酬。同时,初次分配也要兼顾公平,在提高效率、降低其他成本的基础上,适当提高劳动报酬在初次分配中的占比。

二是再分配加大税收调节,缩小收入差距,"能征多少征多少"。二次分配应在区分企业积累与个人收入特别是企业主收入的基础上,对企业减税以利于促进企业发展和财富创造,对高收入者增税以利于促进社会公平。包括提高个人所得税的累进税率,开征遗产税、继承税、赠与税等。税率的确定应同时考虑国情与世情,能征多少征多少,既要有利于促进社会公平,也要防止把富人"赶到"国外。

三是三次分配提倡献爱心,发展捐赠和慈善事业,"能捐多少捐多少"。受经济全球化形势下资本、人员、财富流动和企业竞争的影响,初次分配和再分配领域收入调节需要"左顾右盼",调节的方式和力度不能不受到相当程度的制约,难以达到缩小收入差距、实现社会公平的理想目标。在这种情况下,需要积极鼓励和促进以慈善捐赠为主要内容的第三次分配。我国慈善捐助指数不仅大大低于发达国家,也低于全球平均水平,甚至低于人均收入低于我国的许多发展中国家和欠发达国家,更应该大力倡导慈善捐助,通过三次分配,缩小贫富差距,促进社会公平与和谐。除了应提高国人道德水平、形成良好社会的氛围之外,应当进一步采取政策措施,鼓励慈善捐助行为,如对个人捐赠的款项给予缴税扣除或税收抵免等。

(资料来源:牛福莲.中国经济时报——中国经济新闻网.2017-03-06. http://www.cet.com.cn)

第八章 社会选择理论

> **学习目标**
>
> 通过本章的学习，要求了解社会选择理论的基本概念、社会选择理论的主要内容和对社会决策的影响。要求理解投票理论的概念、理论要点及其应用，理解阿罗不可能性定理的含义、哲学理解及其应用。理解公共选择理论的形成及对公共决策的影响，熟练掌握公共选择理论对政府行为的分析，理解政府失灵的含义及其在我国政治改革进程中的意义。

第一节 社会选择理论的起源与形成

从中世纪人们对投票选举问题的研究到 20 世纪 50 年代阿罗不可能性定理的提出，社会选择理论（包括投票理论）的发展大体经历了中世纪时期、近代和现代三个历史阶段。

一、中世纪时期对投票方法的研究

中世纪是迄今已知的最早开始对投票方法进行研究的时期，其代表人物主要有罗曼·拉尔（Roman Lull）（1235—1315 年）和尼古拉·库萨（Nicholas Cusanus）（1401—1464 年）。罗曼·拉尔是一名虔诚的基督教徒，终身从事神学研究。在其遗留至今的大量手稿中，至少有两处记述了他对投票方法的研究（或论述）。一处是成于 1282—1287 年的小说（*Blanquera*），另一处是成于 1299 年的一篇短文。

在小说中一处描写修女们选举修道院院长的地方，拉尔详细记叙了一种形式上近似于康多西特两两比较法，而本质上是一种博达法的选举方法。拉尔将整个选举过程分成了两个阶段，即投票人（代表）产生阶段和投票人投票选举阶段。

而拉尔在另一篇短文中提出了一种形式上完全等价于当今各国（如挪威）议会表决中常用的"修正案表决程序"的选举方法（见图 8-1）。这种方法本质上可以说是康多西特两两比较法。此外，为了表述问题的方便，拉尔还首次提出了用半三角矩阵来描述选举过程（见图 8-2）。

尼古拉·库萨对投票方法研究的贡献在于他也提出了一种形式上是两两比较，但本

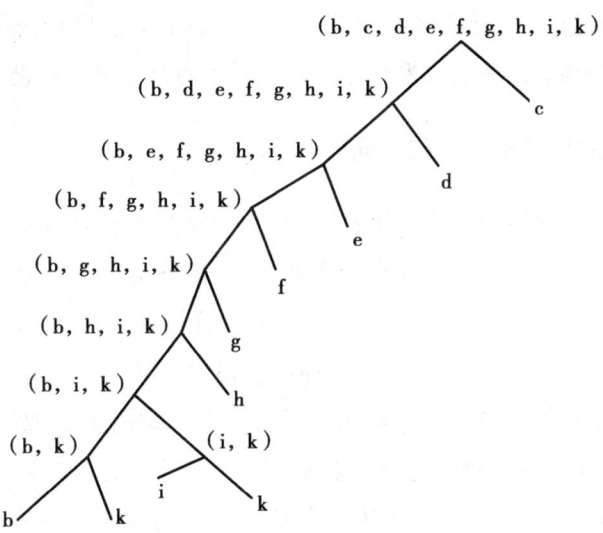

图 8-1　修正案表决程序

c	d	e	f	g	h	i	k
d	e	f	g	h	i	k	
e	f	g	h	i	k		
f	g	h	i	k			
g	h	i	k				
h	i	k					
i	k						
k							

图 8-2　拉尔半三角矩阵

质上为博达法的选举方法。但与拉尔所给方法不同的是：拉尔要求整个投票过程应是公开的，而库萨则建议投票应秘密进行。这大概是出于各自方法使用场合不同的考虑：拉尔的方法用于修女们选举自己的修道院院长，而库萨的方法则用于欧洲各国选举教皇。由此可见，在拉尔与库萨的研究（和论述）中，他们都注意到了所谓的策略投票问题。

二、近代学者对投票选举方法的研究

最早对投票选举方法进行系统化研究的主要代表人物有博达（Jean-Charles de Borda，1733—1799年）、尼古拉斯·加里塔·康多塞（Marie Jean Antoine Nicolas Caritat Marquis de Condorcet，1743—1794年）、皮埃尔·西蒙·拉普拉斯（Pierre-Simon Marquis de Laplace，1749—1827年）和多杰森（C.L.Dodgson，1832—1898年）等。

博达，法国国家科学院院士，被认为是第一位对选举的数学理论作出杰出贡献的思想家。他于1781年在《皇家科学院史》上发表了《普选回忆录》一文。文中通过一个简单的例子发现了在多候选人单席位（即一个获胜者）的选举中简单多数票法则的缺陷，即根据简单多数票法则得到的获胜者在与其他候选人的两两比较中，往往不能根据该法则战胜对手。

例如，在一个有21个成员参加的对候选人a、b、c的选举中，假设各成员对候选人的偏好如下：

8人认为 a>b>c；

7人认为 b>c>a；

6人认为 c>b>a。

显然，当采用简单多数票法则时，候选人a为获胜者。但仔细分析所有成员的偏好可以发现：在所有的21个成员中，有13位认为候选人b和c优于候选人a。

对于简单多数票法则的这种不足，博达给出了两种修正方法：一是要求投票人给出偏好序而不仅仅是自己的最佳方案（候选人），并通过对偏好的赋值计算产生获胜者；二是对每对方案（候选人）作两两比较，并根据两两比较的结果产生获胜者。

虽然博达针对简单多数票法则的不足提出了两种修正方法，但这两种方法在本质上却是相同的，它们都等价于今天人们所熟悉的博达法。值得注意的是在博达法提出不久，该方法曾一度（1784—1800年）被用于法国皇家科学院新院士的增选选举中。

康多赛，法国国家科学院院士，著名数学家、经济学家、哲学家和社会科学家。康多赛对投票选举理论的贡献主要体现在《有关简单多数票法则所做决策的概率的应用分析》（1785年）一文。在该文中，康多赛发现了对投票理论研究产生深刻影响的"投票悖论"。

假设有一个三人小组（成员为A、B、C），他们面临三种选择方案（记为x、y、z）。

各人有自己选择的优先顺序，在此基础上得到集体选择顺序的一个简单而明显的办法就是"少数服从多数"。

现在假设三个投票人各自选择的优先顺序如表8-1所示。其中，A、B、C行的1、2、3分别表示A、B、C对x、y、z投票挑选的优先次序。由表列可知，A最喜欢x，其次为y，最后为z；B最喜欢z，其次为x，最后为y；C最喜欢y，其次为z，最后为x。

表 8-1　　　　　　　　　　　　三人三项方案的投票次序

	x	y	z
A	1	2	3
B	2	3	1
C	3	1	2

现在运用"少数服从多数"原则来投票表决，显然，多数人认为x比y可取（A和B）、y比z可取（A和C）。这样集体的选择顺序就是x>y>z。现在，如果人们接受"传递性"的要求——这是一个被普遍接受的逻辑一致性条件，就有x>z。但这个组织中的多数人认为z比x可取（B和C）。可见，"少数服从多数"法则在这里导致循环的集体选择顺序x>y>z>x。若要克服循环，就得破坏传递性条件，而这又为人类的理性思维所不容。

此外，康多赛还首次将概率引入投票理论的研究中。

拉普拉斯，著名数学家。拉普拉斯应用概率的方法对偏好序的赋值问题进行了研究，提出了偏好集结中偏好序的赋值方式，即对偏好序中的各方案应按等差数列赋值。在研究偏好序赋值问题的基础上，拉普拉斯提出了按各方案所赋总值（即每个成员对该方案赋值的加总）的大小对方案进行排序的方法。事实上，该方法等同于博达法。此外，拉普拉斯还发现：在该方法的应用中，成员很容易通过谎报偏好的做法对选举结果进行操纵。

多杰森，著名学者、数学家和逻辑学家。多杰森对选举和委员会问题进行了大量的研究。他对简单多数票法则和各种赋值法（如博达法）进行了比较分析，指出了它们的不足，提出对赋值法进行修改。另外，多杰森曾给出选举程序的矩阵描述，并提出了一种解决投票悖论的方法。

除了上述学者外，南森（E. J. Nanson）、高尔顿（Francis Galton）等对投票理论的研究也作出了很大贡献。

三、现代学者对社会选择理论的研究

社会选择理论的形成，除了前面所提到的博达、康多赛、拉普拉斯、多杰森等人的

工作外，还源于功利主义的创始人边沁（Jeremy Bentham，1789年）等人对社会福利判断的规范分析。由于功利主义的分析框架是建立在效用的可测性与可比较性的基础上的，而这一理论依据受到诸多质疑，从而使得功利主义在对个人福利的加点和社会福利的判断中具有不可操作性，出现了所谓的"信息危机"。为了克服这种危机，以伯格森（Bergson，1938年）、萨缪尔森（Samuelson，1947年）等人为代表的新福利经济学摒弃了传统个人福利分析中的效用基数论，而采用效用序数论，由此构成了社会福利判断的新框架——通过对个人序的集中得到社会序。这种框架与投票理论所研究的模型结构是一致的。从此，传统的投票理论和新福利分析——两大社会选择理论的基本来源由于问题的基本模型结构的统一而结合，形成了现代社会选择理论的雏形。

在现代，对社会选择理论的研究和发展贡献最大的当属经济学家肯尼思·约瑟夫·阿罗和邓肯·布莱克（Duncan Black）。布莱克在1958年发表的名著《委员会和选举理论》（*The Theory of Committees and Elections*）一书中，首次提出了委员会决策问题，并对委员会的投票选举问题进行了深入、系统和全面的研究，提出了单峰偏好理论（Single Reak Preference Theory）构造了投票选举理论研究的基本框架。

美国著名经济学家、1972年诺贝尔经济学奖获得者阿罗，在1951年发表的名著《社会选择和个人价值》一书中，从研究如何获得最大的社会福利出发，提出了著名的阿罗不可能性定理。不可能性定理的提出，标志着现代社会选择理论真正形成。

第二节　阿罗不可能性定理及其应用

阿罗在1951年称他的定理为一般可能性定理，因为他证明了另一个定理——对两种选择方案这一特殊情形而言的可能性定理。然而对于一般可能性定理的回答却是否定的，因此被人们称为不可能性定理或一般不可能性定理。阿罗不可能性定理又称为福利经济学第三定理，可见其在福利经济学中的重要性。用简单的语言叙述，阿罗不可能性定理是试图找出一套规则（或程序），来从一定的社会状况下的个人选择顺序中推导出符合某些理性条件的社会选择顺序，一般是办不到的。

阿罗的这一贡献是开拓性的，而且已为世人所公认。他也主要因此项成果而荣获1972年诺贝尔经济学奖。

一、阿罗不可能性定理的内容

为了表述明确，阿罗定义的社会状况是非常简单的，在这里，各类变量都是可以完全描述清楚的，并假定所考察社会中的每一个人对所有可达到的社会状况都有一个确定的选择顺序。当然，这是为了使讨论的注意力集中在社会选择上。

应该注意的是，虽然阿罗是在社会状况的约定下讨论他的定理，但他的讨论可以应用到任何选择问题中。无论是对社会状况的选择，还是对若干候选人的选择，或若干活动方案在某一委员会中的选择等。这里隐含的两个基本要求是：（1）进行选择的人数大于1；（2）公共的选择顺序基于个人的选择顺序。

阿罗是用反证法来证明他的定理的。先假定有一个程序或规则可从个人的选择顺序中推导出社会选择顺序，他要求这个规则满足下述五条准则：

（1）选择者个人处在一种理性状态。对于任何一组给定的个人偏好来讲，社会选择必须产生一种社会秩序，这种社会秩序又具有完全性或完备性以及可传递性。这里完全性是指：对于任何两个不同的可供选择的社会状态 X 与 Y，任何人或者认为 X 比 Y 好，或者认为 Y 比 X 好，或者认为 X 与 Y 一样好。这些方案是社会秩序维持的全部方案，对它们的选择必须是完全明确的。所谓可传递性是指：如果某人认为社会状态 X 比社会状态 Y 好，社会状态 Y 比社会状态 Z 好。用数学语言表示选择者个人处于一种理性状态的情况为：$A>B$，$B>C$，则 $A>C$，否则无效。

（2）与选择方案无关的因素不影响选择内容的变化。即其他因素变化不影响对已有选择顺序的变化，这种选择只受个人对于这些状态的偏好顺序的影响。如果选择只是在 X 和 Y 之间作出，这时如果 X 和 W 之间的关系变化了，则该变化与 X 和 Y 之间的顺序无关。

（3）适用帕累托最优原理。社会成员都认为 X 比 Y 好，则社会选择的顺序必定表示为 X 比 Y 好；若社会大多数成员认为 X 与 Y 没有差异，而一部分人认为 X 比 Y 好，那么，社会选择顺序必然表现为 X 比 Y 好，只因为这时达到了帕累托最优状态。

（4）所要作出选择的因素都处于选择的同一区间之内。即用数学语言表示为社会选择得以产生的定义域必须包括所有可能的个人偏好顺序，这就是说，我们不能通过限制个人偏好顺序的定义域来产生某一社会顺序。

（5）不存在个人独裁。即不存在某个个人认为 X 比 Y 好，而全体社会成员的选择也必须认为 X 比 Y 好，从而将其他个人的偏好排除在外的那种情况。

然后阿罗证明了同时满足上述要求的程序将会推导出逻辑上循环的社会选择顺序，也就是实际上无法找到一个能符合所有这些标准的投票规则，即阿罗在其《社会选择与个人价值》一书中提出的不可能性定理，亦即投票悖论。

所谓投票悖论，就是指如果存在着至少三个可由社会成员以任何方式自由排序的备选方案，就可能出现循环的选择结果。即采用少数服从多数的投票规则，最终的选择结果可能不是唯一的，而是依赖于投票过程的次序安排，不同的投票次序会导致不同的集体选择结果。如果人们事先知道这种关系，就会在投票之前选择对自己有利的投票顺序。阿罗认为在以民主方式下进行社会选择或称公共选择的过程中，最常用的方式是多数投票规则。多数投票规则要求：一项提案在付诸执行以前必须拥有 $n/2$ 以上的拥护者（n 是投票者的数目）。

问题在于，多数决策规则能够符合上面五个准则吗？这也就是说，多数决策规则是一个好规则吗？假定有三个人 1、2、3，每个人共同面临 A、B、C 三种选择方案，A 代表政府高水平的财政预算，B 代表中等水平的财政预算，C 代表低水平的财政预算。每个人的偏好顺序以他对于这三个选择方案的排列顺序表示出来。表 8-2 代表这三个人的偏好顺序。

表 8-2　　　　　　　　　　　三人三项选择的投票结果

选择成员 \ 选择顺序	第一选择	第二选择	第三选择
个人 1	A	B	C
个人 2	B	C	A
个人 3	C	A	B

现在，让我们按多数投票规则来考察一下，当我们试图让这些个人偏好转化为群体投票决策时会遇上什么问题。为了要找出哪一个选择是多数结果，我们要对 A、B、C 三种选择方案进行比较：(1) 比较 A 与 B，个人 1 与个人 3 认为 A 比 B 好；(2) 比较 A 与 C，个人 2 与个人 3 认为 C 比 A 好。

从理论上讲，既然 C 好于 A，C 也应好于 B，这是从可传递性的角度来看问题的，即 C 比 A 好，A 比 B 好，C 应该比 B 好。但实际上再比较 B 与 C 时，个人 1 与个人 2 都认为 B 比 C 好。可见，这种选择就不具有稳定性，用多数原则来选择社会偏好顺序也就有它的困难，得不出一个符合多数人要求的唯一结果。如果人们草草地认为 C 是最佳方案的话，那么由多数人选出的方案就不代表多数人的利益了，这就是阿罗的投票悖论，又称阿罗不可能性或投票循环之谜。

阿罗不可能性定理的意义并不仅限于指出设计新的选择程序之路，而且引起了一种理论观念上的变革。西方传统的理论都把经济决定视为经济体制的内在功能，对其进行了深入的研究。而把政治决定视为外部因素，拒绝对其内在的规律和机制进行探讨。阿罗定理却恰恰是把人类行为的这两个方面重新纳入统一的轨道，对其进行深入的理论探讨。

二、阿罗不可能性定理的哲学理解

1951年，肯尼斯·约瑟夫·阿罗（Kenneth J. Arrow）在他的经济学经典著作《社会选择与个人价值》一书中，采用数学的公理化方法对通行的投票选举方式能否保证产生出合乎大多数人意愿的领导者，或者说"将每个个体表达的先后次序综合成整个群体的偏好次序"进行了研究。结果，他得出了一个惊人的结论：绝大多数情况下是不可能的！更准确地表达则是：当至少有三名候选人和两位选民时，不存在满足阿罗定理的选举规则。也可以说，随着候选人和选民的增加，"程序民主"必将越来越远离"实质民主"。从而给出了一个不可思议的定理：假如有一个非常民主的群体，或者说一个希望在民主基础上作出自己的所有决策的社会，对它来说，群体中每一个成员的要求都是同等重要的，那么在民主的制度下不可能得到令所有的人都满意的结果。阿罗不可能性定理从数理逻辑角度论证了，在通常情况下，当社会所有成员的偏好为已知时，不可能通过一定的方法从个人偏好次序得出社会偏好次序，不可能通过一定的程序准确地表达社会全体成员的个人偏好或者达到合意的公共决策。由此延伸到政治学以及其他社会科学中，我们可以得到以下几个论点：

（1）自由必然伴随约束，民主必然导致集中；个人完全自由就会导致独裁。没有法制约束的自由是十分可怕的，没有集体意志的民主也是不可能的。

（2）个人进化与社会进化存在着矛盾，二者价值目标不完全一致。个人进化代表了个体偏好的决策模式，每一个个人进化路径模式是不同的，难以和社会进化模式自动保持协调一致。这也是自然进化规律的体现。

（3）个人自由与个人平等也有矛盾。个人自由可以理解为不受任何外界干预地自主决策自己的行动，个人平等则是在社会活动中与其他社会成员保持同等的待遇和权利。因此，个人平等是相互公平对待的结果，所以也要求对自己有一定的约束，否则就会侵犯别人的自由。

（4）市场机制有局限性，不能顾及社会整体目标，需要宏观调控加以弥补。从微观经济活动来看，市场机制尽管有无以替代的竞争优势和协调作用，但也仅仅是在资源配置领域发挥其优势作用，难以协调整体社会发展目标。因此，在充分运用市场机制配置社会资源的同时，也要结合政府宏观调控以达到社会和谐发展目标。

（5）效率和公平存在矛盾。效率和公平是在各项社会活动中均存在的一对辩证价值标准。它们是既对立又统一的关系。公平有助于效率，效率反过来又促进公平的实现，所以在这个意义上，它们是一致发展的关系。但是，正如阿罗不可能性定理所揭示的，效率与公平毕竟是两个社会标准，在追求效率的同时，就可能会偏离公平的要求。

（6）民主制与寡头制要结合。民主制是西方社会哲学的传统观念，坚持民主制是西方国家民众千年不变的传统。可以说，民主制在西方社会是遗传到骨髓的基因。然而，阿罗不可能性定理证明了，民主制也存在天然的缺陷，这个缺陷就是不可能达到一致的决策。完全民主制的决策成本十分高昂，是所有社会成员难以企及的。因此，民主制需要结合寡头制以确保社会决策的可行。这也是中国"中庸"思想的寓意所在。

三、阿罗不可能性定理的应用

面对阿罗不可能性定理，作为个人来讲要在这样的选择中获胜，使符合自己利益的选择结果成为公共选择的结果，一般不首先选择自己的最优顺序，而是联合一个合作对象，将其中某一选择顺序给否定掉，然后来达到自己的选择目的。因此在实际中要解决投票悖论有很多基本的方法：

1. 偏好结构的调整——从双峰偏好到单峰偏好

不难发现，造成投票循环是因为存在双峰偏好。在图8-3中，个人的选择有两个峰值点。所谓峰值，是指如果把关于公共产品量或公共支出量的议案按顺序，比如按数量大小排列，则其中必有一种议案所获得的偏好较大，这种偏好较大的议案成为峰值。一个图中有两个峰值点表明选择者的选择并不是唯一的，所以存在不可传递性，也就无法作出唯一的选择。再看图8-4，其中任何一个选择者都只有单峰偏好，说明偏好具有一贯性，也可传递，这样必然会有一个选择的结果，作为单峰偏好的选择顺序如表8-3所示。

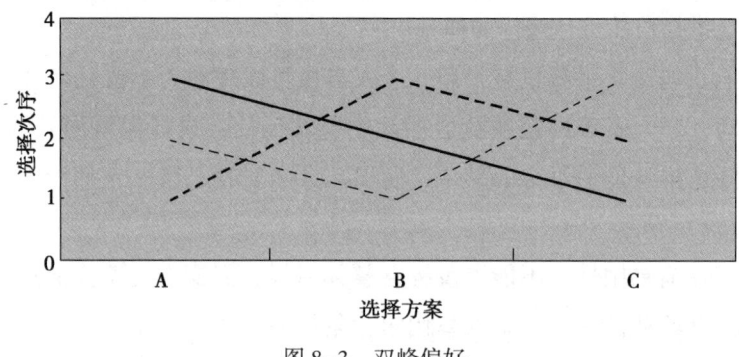

图8-3 双峰偏好

在个人偏好为单峰偏好的情况下，最佳选择的方案就是B：（1）A与B比，B有个人1、个人3支持，结果选B；（2）B与C比，B有个人1、个人2支持，结果仍是B。

我们通过表8-2、表8-3的比较，就能发现表8-2中是个人3的选择处在非理性状态，造成了双峰偏好，结果出现投票循环。所以要用调整峰值的办法来解决问题，其关

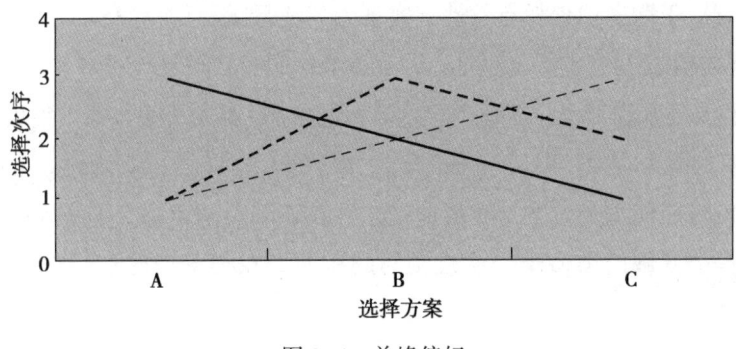

图 8-4　单峰偏好

表 8-3　　　　　　　　　三人三个方案的选择结果

选择成员 \ 选择顺序	第一选择	第二选择	第三选择
个人 1	A	B	C
个人 2	B	C	A
个人 3	C	B	A

键是做好个人 3 的工作，调整他的选择。表 8-3 就是在个人 3 的选择作出调整后产生了唯一的结果。

2. 掌握好投票程序或确定议程

在出现投票循环的情况下，重要的是掌握好投票程序或称确定议程。在确定议程的过程中，往往是投票的顺序就决定了计划方案优势地位。像表 8-2 中提到的投票情况，假如现在有一个规则委员会来制定投票顺序的话，这个规则委员会若是由高预算支出的代表所组成，他们就会先就中等支出与低等支出两个方案进行投票，然后其中的胜者再跟高支出的方案进行投票，高支出者就会是最终胜出者。

3. 策略行为和选票交易

在公共产品的消费方面，消费者很可能会不真实地表达自己的偏好。在公共政策的投票过程中情况也是如此。投票者实际投票行为常常背离其真实的偏好，这就是投票者的策略行为。从理论上来讲，一种投票规则对偏好强度越敏感，给策略行为提供的机会也就越大。策略行为的另一个方面是所谓选票交易，在简单多数规则下，获胜的多数将得到的利益可能少于失败的少数而付出的代价。在这种情况下，少数人便可能试图进行选票交易，以防止这样的情况发生。这时的选票交易可能有两种情况：一是一些人收买另一些人，使他们投票赞成自己所赞成的方案。二是两方面达成某种协议，在一类问题上甲方支持乙方，换取乙方在另一类问题上支持甲方。在这类交易不损害第三方的情况下,选票交易有助于增进帕累托有效性,实现帕累托最优。

策略行为和选票交易,实际上也是一种互惠合作的交易问题。例如一个县要建高速公路进城,另一个县要建水利工程,还有一个县要搞旅游业。其每一个方案单独表决可能都通不过,因为市政府的财力有限。但若有人提出相互帮助,先将某一个县的方案通过,然后逐个相互支持,就可能使每个方案都获得通过,并在若干时期里都有了实施的可能。

互惠合作是公共部门类似于交换或交易的东西。在很多情况下,它将导致结果的改善,提高资源使用效率。

这种行为当然也可能被不良的利益集团所控制,给社会带来危害,这是我们所需要警惕的。

4. 利用偏好强度不同的选择

在简单多数决策模型中,没有考虑个人表示对几个问题的偏好强度的状况。在那种情况下,我们只是按一人一票并将它投在自己所相对偏好的方案上。但在市场上,消费者可以表示自己的偏好强度,即他可以对自己中意的物品支付较高的价格,这较高的价格就显示了消费者的偏好强度。这种偏好强度的不同,既体现在不同的消费者之间对同一商品有不同的偏好程度,还体现在同一消费者对不同消费品的偏好呈现非规则性,这一点在不同消费者之间又有不可比性。这样我们可以模仿市场价格机制设计出打分投票制。假定有3个投票者,每人被给予100分,允许每人将分分别打在A、B、C三个不同的选择方案上,对每个选择方案打多少分就显示了投票者的偏好强度,其结果可以用表8-4说明。

表8-4　　　　　　　　　三人三个方案的选择计分

选择成员＼方案	方案一	方案二	方案三
个人1	70	20	10
个人2	10	50	40
个人3	50	40	10
积分总和	130	110	60

投票结果,方案一得了130分,是三个方案中得分最多的一个。这一做法的好处是投票结果一般不会出现循环。因此可以保证方案选择具有传递性。当然,这种方法也不是无懈可击的,一方面两个方案得分可能是相等的,那就需要进行第二轮投票来决出胜负;另一方面,对一个人来说他明知只有投票得分最高的才能当选,分数有可能集中在某一方案上,而不是分散使用,那样就再次落入循环的老路上去。打分投票,根据个人偏好

强度投票只能说是一种思路与可供选择的方法,股份制企业中一股一票,就是根据市场经济的资本偏好强度来决定的,实施的前提是股份分散程度高、不易串谋等。

5. 中位投票人定理

所谓中位投票人(the Median Voter),是指对某一议案或公共产品需求量持中间立场的人,他正好把另外偶数个投票人分为兴趣或意愿刚好相反的两组。

我们举一个例子来说明这一问题。假设有甲、乙、丙、丁、戊共 5 位选民对其所在地区财政预算支出水平进行表决,这 5 个人关于最佳财政开支规模的极大偏好值分别是:甲主张 500 万元,乙主张 1 000 万元,丙主张 1 600 万元,丁主张 2 000 万元,戊主张 3 000 万元。所谓极大偏好值是指离自己主张财政开支规模越近越满意。显然,中位财政支出水平 1 600 万元和其他几种财政支出水平相比,离这五位选民的最大偏好值的距离总和最小。1 600 万元的财政支出水平,再往上增加,虽然丁和戊两位选民赞同,但甲、乙、丙三位选民反对,不可能;往下减少,虽然甲和乙两位选民赞同,但丙、丁、戊三位选民反对,所以它最有可能成为这五位选民赞同的最佳的选择。

中位投票人定理(Median Voter Theorem)认为,在个人偏好满足单峰偏好的简单多数规则下,在投票中赢得胜利的将会是为中位投票人所最为赞成的方案。中位投票人在经济上一般被解释为拥有中间收入或财产的居民,也就是中间阶级或中产阶级。需要说明的是,这里的中间阶级或中产阶级是根据人们的收入情况来划分的,而不是由资本的拥有状况来决定的。

任何一个政治家,要想获得极大量的选票,必须使自己的竞选方案与纲领符合中位投票人的意愿。在一个社会中,走极端的总是少数人,但不管多好的方案都会有人反对与支持,要想方案赢得支持,就要争取这些处在中间状态的社会成员的支持。换言之,如果一个社会中中产阶级越多,那么整个社会就越是不可能出现走极端的选择,政治就越稳定,社会经济生活也就越有条件理性化。

6. 用脚投票

将生活在同一个社区内的公民作为分析的例证。对公共产品的消费或公共决策作出决定,为达到帕累托最优,用最为简单的方式来解决,就是用脚投票。

用脚投票需要有以下假定:

(1)所有公民具有完全的流动性;

(2)完全了解所有社区的特点;

(3)存在着充分的社区选择范围,包括公民期望得到公共产品的可能数量;

(4)各社区之间没有利益上的溢出效应;

(5) 在个人收入方面，没有地理上的限制。

假定（1）和假定（4）倾向于在各自的目标不相抵触的地方有意义。社区越大，脱离的代价越高，因而流动性越小，所以退出小的社区比退出大的社区的选择更合理。但另一方面，社区越小，提供任何特定公共物品所带来的利益越可能溢出到其他社区里去，引起各社区间的外部效应和非帕累托最优配置。

用脚投票来解决公共选择的问题也是有条件的：其一，用脚投票是通过将个人聚集在各个趣味相同的政治组织里来实现帕累托最优的。即通过强加一个默默无声的一致性规则，使得所有个人都具有相同的无差异曲线。其二，当相对于全体人口的数量，公共产品的数量不多，或者对公共产品组合有截然不同的偏好的数量不大时，就可以在实际上假定它基本上满足了这一目标。鉴于社会选择的任务是显示不同的个人对公共产品的偏好，而用脚投票缩小了社会选择的范围，因而部分地解决了社会选择的问题。

用脚投票在我们的现实生活中已变成一个很简单的道理：如果搞不好、不公平，我就离开。

第三节 公共选择理论与规则

美国著名经济学家、1986年度诺贝尔经济学奖获得者詹姆斯·布坎南对公共选择和社会选择这两个现代理论做了区分，认为公共选择理论有两项中心的要素：一是将政治视为交易的概念，二是所谓的经济人模型。其中第二项基本上和社会选择理论有共通之处，后者是在个人追求效用最大化的价值上建立社会选择的基础。而社会选择理论与公共选择理论重大的差异在第一项上，社会选择理论没有把政治化为复杂的交易。在现实的应用中来说，公共选择理论更多在政治领域如政权更迭、选举过程中发挥作用，而社会选择理论则比较多地应用于社会事务的决策过程。

公共选择理论产生于20世纪40年代末，60年代末70年代初形成一种学术思潮，它运用西方主流经济学（新古典经济学）的基本原理和方法来研究政治问题或集体选择问题。

公共选择理论的主要代表人物除了詹姆斯·布坎南外（James M.Buchanan），还有美国著名经济学家戈登·塔洛克（Gordon Tullock）、丹尼斯·C.缪勒（Dennis C.Mueller）、查尔斯·罗利（Charles K.Rowley）等人。英国北威尔士大学的经济学教授邓肯·布莱克（Duncan Black，1908—1991）被尊为"公共选择理论之父"，他于1948年发表的《论集体决策原理》一文为公共选择理论奠定了基础，他在1958出版的《委员会和选举理论》

被认为是公共选择理论的代表作。

公共选择理论认为，人类社会由两个市场组成：一个是经济市场，另一个是政治市场。在经济市场上活动的主体是消费者（需求者）和厂商（供应者），他们之间交易的对象是私人物品；在政治市场上活动的主体是选民、利益集团和政治家、官员，选民和利益集团是政治市场上的需求者，政治家和官员是政治市场上的供应者，他们之间交易的对象是公共物品。在经济市场上，人们通过货币选票来选择能给他带来最大满足的私人物品；在政治市场上，人们通过民主选票来选择能给他们带来最大利益的公共物品、政治家、政策法案和法律制度。前一类行为是经济决策，后一类行为是政治决策，个人在社会活动中主要是要作出这两类决策。

西方主流经济学主要研究经济市场上的供求行为及其相应的经济决策，而把政治决策视作经济决策的外生因素，认为政治市场与经济市场是彼此独立、互不相干的。主流经济学认为：在经济市场上，个人受利己心支配追求自身利益最大化；而在政治市场上，个人的动机和目标是利他主义的、超个人利益的，政治家是谋求社会利益的。而公共选择理论认为，在经济市场和政治市场上活动的是同一个人，没有理由认为同一个人会根据两种完全不同的行为动机进行活动；一个人在菜市场上的行为动机和他在投票箱前的行为动机没有什么两样，一个人无论是做总经理还是当部长或当清洁工，他的目标都是追求自身利益最大化。政治、经济截然对立的"善恶二元论"是不能成立的。经济和政治是相互依从、相互影响的；正确地理解经济必须对政治有一定的了解，同样，理解政治必须能够理解经济。公共选择理论用经济学的方法和基本假设来统一分析人的经济行为和政治行为，创立了一个将经济学和政治学融为一体的新政治经济学体系。

下面对公共选择理论在公共事务中的作用原理进行详细的说明。

在一个民主制的国家里，其决策过程中有两种不同的多数决策形式：一是直接民主制，社会选择直接取决于选民的投票；二是代议民主制，有一些公民被选出来反映各部分公众的利益，然后由这些代表进行社会选择。

一、直接民主制

直接民主制是指每一个人都通过投票参与集体决策的决策模式，公共产品的需求是由所有投票人直接投票决定的。直接民主制的实现方式有如下几种：

（一）全体一致规则

1. 全体一致规则的定义

所谓全体一致规则，是指对一个行动方案进行表决时，只有在所有参与者都同意，或者至少没有任何一个参与者反对的前提下，才能通过的一种表决方式。此时每一个参与者都对将要达成的集体决策结果享有否决权。

全体一致投票规则运用的一个最有代表性的例子就是联合国安理会决议。任何决议的实施都必须事先得到安理会五个常任理事国——美国、俄罗斯、英国、法国、中国的一致认可（即不反对）。例如1990年"海湾战争"爆发时，联合国安理会就是否出兵干涉进行投票表决，结果以四票赞成、一票弃权而获一致通过。又如企业的重大决策必须要董事会全体成员一致同意才可通过等。

2. 全体一致规则的优缺点

全体一致规则既有利也有弊，总体来说，有如下几项优点和缺点。全体一致同意规则的优点表现为：

（1）由全体一致规则得出的集体行动方案，对于所有参加者来说都具有一个特点，即可以符合帕累托改善和帕累托效率。我们知道帕累托最优状态是指在这一状态下，任何一方经济福利的改善都必须以使他方经济福利的受损为代价，也就是说在不损害任何一方的利益的前提下，每一个参与者的经济福利都无法再增加。而我们看到在全体一致规则下通过的方案正是所有参与者都认可的方案，而且每个参与者在不影响任何其他一方的前提下自己的福利都无法再增加；否则，会有更好的方案会被通过。从此角度看，全体一致规则是最符合帕累托效率原则的社会选择规则，也是最民主的社会选择规则，理应受到最高评价和广泛推广。

（2）在全体一致规则下，由于每一个参与者都享有最终否决权，个人选择至关重要，任何成员都不能把自己的意愿强加给别人，也不能将自己的利益凌驾于别人利益之上，同样也不会接受不利于自己的决策。所以每一个参与者都会认真对待自己的投票，不会轻易弃权和随意投票，而会很真实地依个人意愿去表决。

全体一致同意规则的缺点表现为：

（1）全体一致规则容易出现"免费搭车"的心理和现象。因为公共物品具有非竞争性和非排他性，所以可以由许多人同时消费一单位公共物品。在这个时候，这一单位公共物品的生产成本就应该由这些共同消费者按其主观评价来共同承担。而每个消费者的主观评价是多少，则取决于每个消费者的自利行为。一般而言，消费者不愿如实表露个人偏好，由于每个人都怕别人少说、自己多说，从而自己多负担成本，结果可能是大家都少说自己的主观评价，甚至都说自己的主观评价为零。经济学家把公共产品消费中的消费者隐藏自己真实偏好、希望别的消费者出钱购买自己免费消费的心理，称为"免费搭车"心理。当一个人发现需要表决的方案是一公共物品时，就会出现"免费搭车"的现象。

（2）全体一致规则最明显也是至关重要的一个缺点是其决策成本太高，以至于许多时候它得不出任何决策结果。因为全体一致规则要求每个参与者都认可，所以通常需要反反复复地协商和讨价还价。在参与者人数较少的情况下，还能忍受这一过程，但如果参与决策的人数很多，则很可能难以达成一致同意的结果。

3. 全体一致规则的适用范围较小

由于全体一致规则的上述缺点的限制，使它的适用范围一般仅限于那些较为重要的且参与者人数又不太多的决策，如联合国安理会的决议、原欧共体部长理事会的决策、原关贸总协定的决策等。

（二）多数投票规则

当参与决策的人数很多时，人们通常退让一步，寻求一种能按多数人意志进行集体决策的多数投票规则。

1. 多数投票规则和简单多数规则

多数投票规则是指一项集体行动方案必须由所有参与者中超过半数或超过半数之上的某一比例，如2/3、60%等的认可才能实施。

如果我们以参与者中刚好一半的人数为取舍标准，规定所有参与者中有一半以上的人同意，或者反对的人数低于所有参与者的一半，某议案就作为集体决策结果，那么我们就称此种决策遵循的是简单多数投票规则。类似地，如果我们以超过半数以上的某个比例如2/3、4/5等作为决策的标准，则我们就称之为比例投票制。可见，简单多数投票规则是多数投票规则中最基本的一种。

2. 多数投票规则的特点

多数投票规则相对于全体一致规则有如下优缺点。

（1）多数投票规则选择的结果不是帕累托最优的。这是因为，任何一项符合多数投票规则的决策，虽然增进了多数人的利益，但是同时也减少了少数人的利益，这显然不是帕累托最优的。

（2）多数投票规则必然产生外部成本。由于多数投票规则产生的集体决策不是所有参与者一致同意的，因此必然有一部分人的偏好与决策结果不一致，这就会产生外部成本。所谓外部成本，是指当参与者的个人偏好与集体决策结果不同时，其所承担的个人福利的损失。一般来说，多数投票制的通过比例越小，外部成本越高。

（3）由于在多数投票规则下单个参与者的意见可能被归属于少数派而被忽略，所以无形中就使选民不重视自己的真实意愿的表达，会轻易地弃权，或被别人收买。尤其在存在特殊利益集团的条件下，个人更容易被这些集团收买而服从他们的利益，产生投票交易行为。我们可以举一个简单的例子来说明。

假设选民需要花费时间和精力去了解候选方案（人），记为成本 C；一项集体行动方案通过给大家带来的共同利益，记为收益 D；由于特定方案的通过给自己带来额外利益，记为 B；但该特定方案通过的可能性只有 P（$0<P<1$）。这样，综合考虑，个人从某项集体决策活动中得到的净收益为 R，$R=P\times B+D-C$。每个人都会精明地计算，只有在净收益 $R>0$ 时，他才会参与投票，否则宁可弃权。当他宁可弃权时，如果有某个特殊利益集团给他一些利益，他便会赞成他们的方案。多数投票规则有时得出的结果是不符合民主的，尤其是在实行民主政治的初期，全民的民主意识淡薄，这时很容易被特殊利益集团所操纵，变成一种特权政治。

（4）多数投票规则的结果有时是不唯一的，受投票议程安排的影响，会出现票决循环的现象，也就是说不同的投票次序会导致不同的投票结果。这就更为少数人通过控制投票程序从而控制投票结果提供了可能。

（5）多数投票规则最突出的优点是相对于全体一致同意规则更容易作出决策。也就是说，多数投票规则的决策成本要比全体一致同意规则的决策成本低得多。所以，如果从简便的角度，简单多数票制最适宜，也最容易被人们所采用，如果从民主的角度，多数比例越大越民主，越趋近于符合帕累托最优原则。

3. 多数投票规则的适用范围

多数投票规则虽然不是帕累托最优的，但以其简便易行在许多场合被采用。它一般适用那些参与决策的民众较多的场合。它又依表决方案的重要程度，选择不同的多数比例。例如许多国家的国会表决，包括许多公司的董事会表决都采用多数投票规则。

（三）多数投票规则的变异形式

在前面两种规则的基础上，可以根据实际情况和需要进行某些改进，从而设计出另外一些更为实用的投票规则。

1. 加权投票规则

简单的一人一票的投票规则，强调的是各个参与者之间的公平权利，然而它在有些情况下却是不合理的。例如，世界各国的海岸线长度是不一样的，各国对海洋资源的依赖程度自然不同，因此在保护海洋资源的问题上，承认各国之间的利益差别也是合情合理的。

加权投票规则正是依参与者的利益差别，将参与成员进行重要程度分类，并分以数量不同的票数，相对重要的分得的票数多，否则就少。然后各成员以其拥有票数投票表决，最终以票数的多少裁决结果，而不是实际赞成的人数和国家数。

加权投票规则的应用较为普遍，如过去由九国组成的欧共体曾经采用过这一规则。英国、法国、原联邦德国、意大利各持 10 票，比利时与荷兰各持 5 票，丹麦与爱尔兰分别拥有 3 票，卢森堡拥有 1 票。那么总票数就不是 9 票，而是 57 票了。另外，世界银行也是依据各国提供财政援助的份额不同，分配不同比例的选票。

2. 否决投票规则

它是指首先让每个参与者提出自己认为可供选择的一整套建议或方案，汇总后每个成员再从汇总的方案中否决掉自己最不喜欢的那些方案，此时各个成员投票的次序可以随意确定。这样，最后剩下的没有被否决的方案就是全体成员都可以接受的集体选择结果了。

否决投票规则有如下优点：（1）可以促使每个参与成员都认真对待自己的提案，且在提案时尽量照顾到其他成员的利益。因为谁都希望自己的提案获得通过，如果不考虑别人的利益就有可能遭到否决。这样有利于各参与者之间的沟通和真实意愿的表达。（2）有利于促使最终结果趋近于帕累托最优。在否决投票规则下，每个成员都能充分选择自己认为合适的供选方案，所有供选方案中最不为某个或某些成员所喜欢的方案又被否决了，因此除了留下来的没有被否决的方案之外，其他任何方案都不可能更接近于帕累托最优。当然如果留下的方案不止一个，仍需借助其他投票规则来决定。

否决投票规则的局限性在于它隐含要求参与集体行动的个体必须在利益和兴趣上具有共同性；否则，可能无法作出最终选择。而往往参与决策的人数越多，各方的利益冲突越大，实行否决投票是不能作出最终决策的。

3. 排列顺序记分投票方法（也称博达计数规则）

每个人按其偏好对候选方案（人）排列顺序，并注明顺序号码，最优选择定为 1，次优选择定为 2，依此类推。然后，将所有候选方案（人）的顺序号加总，如果某个方案（人）的得分较低，那么说明参与者对它（他）的偏好超过其他方案（人）。

例如，有 A、B 二人对 X、Y、Z 三种方案选择。我们首先假定只有 X 和 Y 两种方案，且 A 将 X 的序号定为 1、Y 的序号定为 2，B 的偏好正好和 A 相反。这样 X 的得分为 3，Y 的得分也为 3。两个方案没有最优结果。但当我们将 Z 方案引入投票中，A 将 X 定为 1、Y 定为 2、Z 定为 3。B 将 Y 定为 1、Z 定为 2、X 定为 3。X 的总得分为 4，Y 的总得分为 3，Z 的总得分为 5，显然，这时 Y 为最优选择。

通过上例我们看到，排列顺序记分法的好处是可以真实地征求每个人的意见，尤其是当候选方案（人）较多的时候，便于找出最优选择。但它的缺点是受候选方案（人）数量的影响，最优选择结果是不确定的，也就是说可以通过增减方案，得到所希望的方案。

二、代议民主制

在经济规模很大、构成一个集体的人数很多的情况下，直接民主制往往成本过高。我们已知民主程度的高低是与酝酿成本成正比的，越想得到更多的民主，其支付的成本自然也就越大，因而社会通常会采取代议民主制的公共选择方式。所谓代议民主制，是指通过选举，委托专门的代表来行使管理国家事务的权力的一种制度安排，在这种方式下，公众并不直接对政府政策本身进行投票，而是选举代表，由这些代表来决定政府采取的行动。在现实生活中，选民的意愿在多数情况下正是通过选民代表来表达的。下面将分别介绍代议民主制中的三类主要参与者即政党、选民和利益集团的特点。

（一）政党行为

公共选择理论认为，政党是通过合理的方式以普通选举来获得政权、支配政府的人的联合体。或者说，执政党是为了再次当选而行动，在野党则是为了在选举中击败执政党夺取权力而行动。因此，可以认为在代议制民主中，政党的目的并不是为了实现自己的政策而要在选举中获胜，而是为了在选举中获胜并实施其政策。在政党政治下，政治间的竞争也就是政党间的竞争，竞争的目的不过是上台执政并最终控制政府和社会资源的分配；同时，政党的官员们所追求的也不是社会福利最大化，而是由选票最大化带来的收入、名誉及权力等好处。具体到实际的竞选过程中，如果把政党的政治纲领比喻成一揽子公共产品的话，投票人对公共产品的偏好则集中反映在各自所支持的政党的竞选纲领和施政纲领中；而各政党为了赢得选票，取得竞选胜利，往往会在其竞选纲领中承诺为大多数选民提供他们所希望的公共产品。

然而，在现行的民主政治体制中，旨在最大限度地赢得选票进而取得政治上支持的政党，其行为方式和结果却不得不受到选举规则诸种政治体制的影响。公共选择理论研究发现，在选民和政党的复杂博弈中，政党的数目受选举规则的影响，也即政治中存在多少个政党，是与选举规则有着密切联系的。具体可以从两个方面说明：

1. 多数投票制下的政党数目

公共选择理论认为，在多数制下，每个政党都会争取过半数选票以确保当选，那么，如果一个选区只选举一个代表，就会产生两党民主制，或者会促使党派合作而形成两个政党联盟；在这种情况下，如果政党数目很多，那些小规模的政党就难以获得足够的支持，就会在一次次的竞争过程中，或自行消灭或与其他党派联合成一个大党。戈登·塔洛克则认为，在适用过半数规则的与一区一票制的国家，一个选区有可能只存在两个政党，但在国家范围内，却有可能存在两个以上有活力的政党。这是因为，在一个选区因规模过小而自动消灭的政党，在另一个选区则有可能获胜。

2. 比例代表制下的政党数目

比例代表制指的是同时允许有多个代表，即由获票数最多的几位候选人当选，在席位分配中，各参选政党的席位多少根据得票多少而定。那么，在席位数与所获选票总数成正比的情况下，就有可能产生多数党。此时政府将由多数派党或几个政党联盟组成。

此外中间投票人定理表明，政党要想当选，必须探求中位选民的偏好来获得最多的选票而当选，由此，各个政党的竞争会导致一个代表大多数人意见的政治纲要。但关键问题在于，比例代表制下所选议员和代表虽能广泛代表不同阶层的利益，但其最终的结果还是反映议员中中间投票人所代表的那一阶层利益，社会福利的最大化和公平原则并没有得到最终的保障。

（二）公共选择者的行为

这里所说的公共选择者，指能从政府实施的政策中获得利益的人，即拥有自己的效用期待并能最终实现的人。根据理性经济人的原理，投票者往往会通过判断从各政党的政策中所获利益的差异，即从所谓的政党间的期待效用差，来选择能够给予他们最大效用的政党。

然而，并不是所有的投票者都能从选举活动中获得好处，公共选择所做的决策既可以是提供社会的总福利，也可以是对社会资源进行再分配，而同一项公共决策不可能实现两个目的。这时就出现了投票者是否会真正表达其偏好，从而进行投票的问题。公共选择理论研究发现，人们在投票过程中，往往不是真实地反映他们的偏好，而是有自己的策略选择。具体说来，主要有两种行为方式：一是隐瞒偏好，即人们会通过隐瞒或从低报告自己对某项公共产品的偏好，以此来减少承担或逃避公共产品生产的成本费用；二是策略性投票，即投票者个人或联合体在投票时所做的有利于自己的各种选择。因此，在将个人偏好转化为社会偏好的过程中，研究公共选择者的行为就显得十分重要。

（三）利益集团的影响

从经济学的角度理解利益集团，利益集团被定义为具有同样嗜好的个人群体。例如美国商会、美国全国制造商协会、北欧国家的渔业协会、日本的经营者团体联合会、英国的律师联合会等，在各个国家的政治和经济舞台上都是不可忽视的力量。

利益集团形成的原因何在？可以从三个方面来解释：

1. 信息成本

从选民的偏好表达的角度看，每个选民在就某项备选方案进行投票之前，为了选择能够带来更高效用的方案，试图对各项方案进行信息收集，以便比较。由于信息的多样性，每个单独的选民收集信息的成本是高昂的。如果组成利益集团，利益集团的成员可以分摊信息成本和交易成本。利益集团的这项信息共享功效吸引着其成员。

2. 稳定性

从政府或者候选人的角度看，之所以他们在政治活动中为利益集团的活动留出空间，是因为利益集团的存在和发挥作用对他们同样有利。由于中位选民的投票偏好很难确定，参加投票的人数也很难确定，而利益集体的存在具有一定的稳定性，其成员偏好具有一定的可预测性，所有候选人往往会对利益集团的大量要求作出反应，以求获得选票的最大化。利益集团正是利用了中位选民定理在现实操作中的某种缺憾来扩大自己在政治过程中的影响力。利益集团力图影响公共政策的一种方式是，让候选人意识到，通过采取其政纲中的某些立场，他们可以从这个利益集团中赢得潜在的选票。尽管利益集团成员的偏好相对于分散的选民而言同样不可捉摸。但是，对政治家有利的是，利益集团在一定程度上代替他们完成了将部分选民的偏好加总的工作，利益集团的总体偏好是易于把握的，候选人总是可以知道不同利益集团之间的偏好差异性。而各利益集团试图通过减少候选人对其成员如何投票的不确定性，来增进全体成员的福利。

3. 交易效率

对经济的交易过程进行比较就会发现，在经济过程中，"无论是受到尊重还是依靠强制实施的私人所有权，以及包含有保证契约得以实施的程序的适当的法律和制度"，这些是对经济行为的约束，由此保证了交易效率。而在政治交易中，尤其涉及公共产品的供给时，即使能够规定所有权，所有权也不会得到尊重。官员和机构可以以全体人民的名义来决定分配标准。评价一种行为是否符合政治角色赋予行为者的权限是极端困难的。这种无约束状态刺激了利益集团通过自身活动获得更多的利益。

利益集团在社会选择中发挥作用的途径主要有两个方面：通过对立法机关实施影响和对行政机关实施影响。

在西方国家中，针对立法机关立法过程的特点，利益集团往往充当说客的角色，鼓励议员将该利益集团支持的立法草案早日送上立法议程，或者在一读或二读的过程中要求议员投赞成票或者否决票。对美国利益集团的研究表明，利益集团对国会的工作有三项：(1) 设法在国会的两院里争取几个或更多的议员能够为自己说话、出力；(2) 积极参与拟定有关的法令，协同友好的议员，力争使法令的内容能够符合自己的要求；(3) 在国会制定法令的过程中，尽量做好争取人的工作，以求在投票表决时能够得到多数的支持，通过自己所要的法令，否决自己不要的法令。

对行政机关的影响力主要是向其施加压力，将自己打扮成广泛民意的代表，迫使政府改变或者修改决定以实现本集团的利益。一些实力较强的利益集团对行政部门的影响力更大，他们能够影响行政部门和一些分支机构负责官员的人选和任命，充当行政部门的顾问成员，积极参与政策的制定过程。

当然并不是所有的利益集团都能够给社会选择行为施加影响，利益集团的影响力也是有局限的。利益集团的影响力大小，与这个利益集团在候选人或者政府官员心目中的重要性直接相关，从而决定着该利益集团成员从中所获收益的多少。奥尔森理论阐述了以谋求集体财富为目的的集团规模问题，尤其是论述了大集体中的"搭便车"现象。他指出，大集团的影响力往往不如小集团，这是由于小集团的利益更为集中的缘故，并得出结论：如果想保持利益集团的活力和影响，就必须对搭便车者采取措施，即对应负担而不负担集体行动所需成本的成员予以制裁，对积极参与配合集体行动的成员则予以奖励。

三、公共选择的博弈规则

博弈方法在政治决策中被广泛运用，例如"上有政策，下有对策"即是博弈规则之一。博弈方法考虑游戏中个体的预测行为和实际行为，并研究它们的优化策略。表面上不同的相互作用可能表现出相似的激励结构（Incentive Structure），所以它们是同一个游戏的特例。其中一个有名有趣的应用例子是"囚徒困境悖论"（Prisoner's Dilemma）。

具有竞争或对抗性质的行为成为博弈行为。在这类行为中，参加斗争或竞争的各方各自具有不同的目标或利益。为了达到各自的目标和利益，各方必须考虑对手各种可能的行动方案，并力图选取对自己最为有利或最为合理的方案，比如日常生活中的下棋、打牌等。博弈方法就是研究博弈行为中斗争各方是否存在着最合理的行为方案，以及如何找到这个合理的行为方案的数学理论和方法。

（一）博弈方法的基本概念

博弈方法中包含了以下几种博弈要素。

1. 局中人（Players）

在一场竞赛或博弈中，每一个有决策权的参与者称为一个局中人。只有两个局中人的博弈现象称为"两人博弈"，而多于两个局中人的博弈称为"多人博弈"。

2. 策略（Strategies）

一局博弈中，每个局中人都选择实际可行的完整的行动方案，即方案不是某阶段的行动方案，而是指导整个行动的一个方案，一个局中人的一个可行的自始至终全局筹划的一个行动方案，称为这个局中人的一个策略。如果在一个博弈中，局中人都有有限个策略，则称为"有限博弈"，否则称为"无限博弈"。

3. 得失或支付（Payoffs）

一局博弈结局时的结果称为得失或支付。每个局中人在一局博弈结束时的得失，不仅与该局中人自身所选择的策略有关，而且与全局中人所取定的一组策略有关。所以，一局博弈结束时每个局中人的"得失"是全体局中人所取定的一组策略的函数，通常称为支付（Payoff）函数。

4. 次序（Orders）

各博弈方的决策有先后之分，且一个博弈方要做不止一次的决策选择，这就出现了次序问题；其他要素相同、次序不同，博弈就不同。

5. 博弈涉及均衡

均衡是平衡的意思，在经济学中，均衡意即相关量处于稳定值。在供求关系中，某一商品市场如果在某一价格下，想以此价格买此商品的人均能买到，而想卖的人均能卖出，此时我们就说，该商品的供求达到了均衡。

较为常见的一种均衡就是纳什均衡。所谓纳什均衡，是一稳定的博弈结果。纳什均衡意味着在一策略组合中，所有的参与者面临这样一种情况，当其他人不改变策略时，他此时的策略是最好的。也就是说，此时如果改变策略，他的支付将会降低。在纳什均衡点上，每一个理性的参与者都不会有单独改变策略的冲动。

纳什均衡是对参与人自身而言，各自所选取的收益最大的策略所形成的均衡点。而帕累托最优是所有参与人收益总和最大的均衡点。

（二）博弈的类型

博弈方法可以依据不同的标准产生不同的分类。一般认为，博弈主要可以分为合作博弈和非合作博弈。合作博弈和非合作博弈的区别在于相互发生作用的当事人之间有没有一个具有约束力的协议，如果有，就是合作博弈；如果没有，就是非合作博弈。

按照行为的时间序列性，博弈进一步分为静态博弈、动态博弈两类。静态博弈是指在博弈中，参与人同时选择或虽非同时选择但后行动者并不知道先行动者采取了什么具体行动；动态博弈是指在博弈中，参与人的行动有先后顺序，且后行动者能够观察到先行动者所选择的行动。通俗的理解："囚徒困境"就是同时决策的，属于静态博弈；而棋牌类游戏等决策或行动有先后次序的，属于动态博弈。

按照参与人对其他参与人的了解程度，分为完全信息博弈和不完全信息博弈。

完全信息博弈是指在博弈过程中，每一位参与人对其他参与人的特征、策略空间及收益函数有准确的信息。不完全信息博弈是指参与人对其他参与人的特征、策略空间及收益函数信息了解得不够准确，或者不是对所有参与人的特征、策略空间及收益函数都有准确的信息。

目前，经济学家们所谈的博弈方法一般是指非合作博弈，由于合作博弈论比非合作博弈论复杂，在理论上的成熟度也远远不如非合作博弈论。非合作博弈又分为：完全信息静态博弈、完全信息动态博弈、不完全信息静态博弈、不完全信息动态博弈。与上述四种博弈相对应的均衡概念为：纳什均衡（Nash Equilibrium）、子博弈精炼纳什均衡（Subgame Perfect Nash Equilibrium）、贝叶斯纳什均衡（Bayesian Nash Equilibrium）、精炼贝叶斯纳什均衡（Perfect Bayesian Nash Equilibrium）。

博弈方法还有很多分类，比如，按照博弈进行的次数或者持续长短，可以分为有限博弈和无限博弈；按照表现形式可以分为一般型（战略型）博弈或者展开型博弈，等等。

（三）博弈方法在公共选择中的应用

公共选择由于是社会公共事务的集体决策，往往会涉及多人博弈。本书在此提供有关公共物品供应的博弈案例分析以及较为常见的囚徒困境博弈分析，以此简要说明博弈方法在公共选择中的应用。

1. 公共物品的供应博弈：智猪博弈

这个博弈案例讲的是：猪圈里有两头猪，一头大猪，一头小猪。猪圈的一边有个踏板，每踩一下踏板，在远离踏板的猪圈的另一边的投食口就会落下少量的食物。如果有一只猪去踩踏板，另一只猪就有机会抢先吃到另一边落下的食物。当小猪踩动踏板时，大猪会在小猪跑到食槽之前刚好吃光所有的食物；若是大猪踩动了踏板，则还有机会在小猪吃完落下的食物之前跑到食槽，争吃到另一半残羹。

那么，两只猪各会采取什么策略？答案是：小猪将选择"搭便车"策略，也就是舒舒服服地等在食槽边；而大猪则为一点残羹不知疲倦地奔忙于踏板和食槽之间。

原因何在？因为小猪踩踏板将一无所获，不踩踏板反而能吃上食物。对小猪而言，无论大猪是否踩动踏板，不踩踏板总是最好的选择。反观大猪，已明知小猪是不会去踩动踏板的，自己亲自去踩踏板总比不踩强吧？所以只好亲力亲为了。

"小猪躺着大猪跑"的现象是由于案例中的游戏规则所导致的。规则的核心指标是：每次落下的食物数量和踏板与投食口之间的距离。

如果改变一下核心指标，猪圈里还会出现同样的"小猪躺着大猪跑"的景象吗？以下提供几项改变方案，结果会有所变化。

改变方案一：减量方案。投食仅为原来一半的分量。结果是小猪大猪都不去踩踏板了。小猪去踩，大猪将会把食物吃完；大猪去踩，小猪将也会把食物吃完。谁去踩踏板，就意味着为对方贡献食物，所以谁也不会有踩踏板的动力了。

如果目的是想让猪去多踩踏板，这个游戏规则的设计显然是失败的。

改变方案二：增量方案。投食为原来两倍的分量。结果是小猪、大猪都会去踩踏板。谁想吃，谁就会去踩踏板。反正对方不会一次把食物吃完。小猪和大猪相当于生活在物质相对丰富的条件下，所以竞争意识不会很强。

对于游戏设计者来说，这个规则的成本相当高（每次提供双份的食物），而且因为竞争不强烈，想让猪去多踩踏板的效果并不好。

改变方案三：减量加移位方案。投食仅为原来一半的分量，同时将投食口移到踏板附近。结果呢，小猪和大猪都在拼命地抢着踩踏板。等待者不得食，而多劳者多得。每次的收获刚好消费完。

对于游戏设计者来说，这是一个最好的方案，成本不高，但收获最大。

原版的"智猪博弈"故事给了竞争中的弱者（小猪）以等待为最佳策略的启发。但是对于社会而言，因为小猪未能参与竞争，小猪搭便车时的社会资源配置并不是最佳状态。为使资源配置最有效，规则的设计者是不愿看见有人搭便车的，政府如此，公司老板也是如此。而能否完全杜绝"搭便车"现象，就要看游戏规则的核心指标设置是否恰当了。

2. 囚徒困境博弈

囚徒困境博弈提供了这样一个案例模型，该模型用一种特别的方式为我们讲述了一个警察与小偷的故事。假设有两个小偷 A 和 B 联合犯事，私入民宅被警察抓住。警方将两人分别置于不同的两个房间内进行审讯，对每一个犯罪嫌疑人，警方给出的政策是：如果一个犯罪嫌疑人坦白了罪行，交出了赃物，于是证据确凿，两人都被判有罪。如果另一个犯罪嫌疑人也作了坦白，则两人各被判刑 8 年；如果另一个犯罪嫌疑人没有坦白而是抵赖，则以妨碍公务罪（因已有证据表明其有罪）再加刑2年，而坦白者有功被减刑8年，立即释放。如果两人都抵赖，则警方因证据不足不能判两人的偷窃罪，但可以私入民宅的罪名将两人各判入狱1年。表8-5给出了这个博弈的支付矩阵。

表8-5　　　　　　　　　　　　　　囚徒困境博弈

	B　坦白	B　抵赖
A　坦白	-8, -8	0, -10
A　抵赖	-10, 0	-1, -1

对上述博弈行动结果表可预测的均衡是什么？对A来说，尽管他不知道B做何选择，但他知道无论B选择什么，他选择"坦白"总是最优的。显然，根据对称性，B也会选择"坦白"，结果是两人都被判刑8年。但是，倘若他们都选择"抵赖"，每人只被判刑1年。在表8-5中的四种行动选择组合中，（抵赖、抵赖）是帕累托最优的，因为偏离这个行动选择组合的任何其他行动选择组合都至少会使一个人的境况变差。不难看出，"坦白"是任一犯罪嫌疑人的占优战略，而（坦白，坦白）是一个占优战略均衡。

囚徒困境博弈显示了双方不合作的结果，强调了个人利益的优先选择，结果对双方都是不利的。囚徒困境博弈在公共选择决策中，意味着所有决策人想法不一致，难以达成一致的公共决策，因此公共物品的供应难以实现。如果改变博弈的支付，就可以得到信心博弈。信心博弈可以实现"对方合作，我就合作"的博弈均衡，有利于公共决策的达成。

第四节　公共选择理论的实践意义

公共选择理论对非市场决策的研究主要是建立在考察西方民主社会政治运行情况的基础之上。对于其他的社会形态和政治形态而言，其研究成果也同样具有参考价值。因此，对于我国的政治决策过程以及未来政治制度的改革和完善，这些理论同样有借鉴和指导意义。

一、坚持法治，建设法制社会

公共选择理论认为政治过程其实就是持不同偏好（或意见）的人按多数裁定原则相互妥协的过程。这一认识和我国的政治生活部分一致，例如共产党领导的多党合作制就是不同党派相互协商，参政、议政，人民代表大会制度就是各级人大代表通过人民代表大会反映意见，按多数通过原则达成协议。按照这一认识，关于改善政治生活的主张就是改善政治协商的规则或制度，而不是靠圣人先哲改善政治。

历史给我们提供了丰富的政治素材，靠人治可能会出现"文景之治""开元盛世"等短暂的文明，但不努力改善和健全规则、制度，这些文明只能是昙花一现。要实现国家的长治久安和社会、经济的可持续发展，只能通过不断完善政治规则和政治制度，实行法治。所以坚持法治，建设法制社会应该成为我国政治建设中的一个指导性原则。

二、坚持和完善民主集中制

公共选择理论关于直接民主制的分析表明，全体一致原则虽然符合帕累托最优，但受决策成本太高的限制，可行性和操作性几乎为零。多数通过原则和加权投票原则等虽然在单维项目、单峰值偏好的假定下可以找到票决均衡点，但一般都不符合帕累托最优原则，而且阿罗不可能性定理也证明了在符合基本逻辑和民主的原则下，无法找到一个规则能将个人偏好顺利转化为集体偏好。这些分析都说明，完全的民主、绝对的民主几乎是不存在的，以民主为基础加以适当的集中才是切实可行的。这对我国政治生活中广泛起作用的民主集中制是一个很好的理论说明。

民主集中制的本质意义是在充分发扬民主的基础上，有所集中，形成一个集体意见，然后贯彻执行。尤其是当出现票决循环时，进行适当的集中更是十分必要的，否则无法形成统一的集体意见。但是凡是能以多数通过原则决定出均衡方案的，都应该坚持多数通过原则，要坚决反对借民主集中之名，搞"一言堂""家长主义"或其他独裁专制之实。另外，即使针对票决循环出现的现象，也要按照效率原则，征求专家意见作出决策，反对想当然的"拍脑袋"决策，坚持决策科学化原则。总之，正如党的十四届四中全会决定所说的那样，继续坚持和完善民主集中制，使其成为我国政治生活中广泛起作用的一项基本政治制度。

三、坚持和完善人民代表大会制度

公共选择理论表明，只要遵循统一的多数通过原则，对于单维项目和单峰值偏好而言，当选的政治家的意见和其代表的利益就是中位选民的意见和利益，这说明代议制民主和直接民主在选择结果上是一致的，但代议制民主和直接民主相比，决策成本却低得多。可以预见，政府每件事情都靠直接征求全体公民的意见，需要多么高昂的费用，更不要说决策时间及时与否。所以人民代表大会制度比直接征求全体人民的意见的方法更加经济、快捷，且结果一样。

公共选择理论中的中位选民理论表明，实现差额选举比实行全额选举更容易具有稳定的倾向。当候选人有两个时，每个候选人都会不断修改自己的意见和方案以尽量符合中位选民的意见和利益，以便得到多数选票。当候选人只有一个时，则其没有竞争对手，便不会积极主动地调整自己的意见和方案。所以差额选举比全额选举更具有稳定的倾向，更能充分表达民意，符合多数通过原则。而且分析表明两个候选人足以说明问题。这就证明人民代表的选举应继续坚持差额选举，逐步取消全额选举。

另外，公共选择理论关于利益集团的论述表明人们可能在不同的基础上结成不同的利益团体，进而去影响政府决策，争取共同的利益。多元论指出，政府决策的形成往往是大多数利益集团主张的均衡结果。这样的结果是可以反映广大选民的意志的，是一个良性均衡。而很多情况下利益集团会和当选代表以及政府官员结合在一起，形成所谓的"铁三角"，不惜牺牲广大选民的利益，以维护小团体利益。以上公共选择的主要理论向我们提示了，随着市场经济的深入发展，利益主体多元化是个趋势，共同利益集团的出现也是必然的，应该让共同利益集团能够在权力机关通过民主程序表达其正当要求，维护其正当利益。但同时应警惕"铁三角"的形成，以防损害整体利益，维护局部利益。尤其是要适当限制政府职能部门的职权，以防利益集团直接和政府官员勾结形成"铁线"，损害广大人民利益。这就要求人民代表大会在坚持以行政区域分级选举人大代表的同时，适当增加行业代表、少数民族代表、不同性别代表、不同年龄代表等，注重代表结构的优化，以使人大代表能真正代表各地区、各阶层的利益。同时，要求人民代表大会的职权要适当加强，政府职能部门的职权适当限制。

四、促进我国行政决策民主化

我国行政决策是指国家行政机关或行政人员为发挥行政管理职能、处理国家公共事务而进行的一种决定政策、对策和方案的活动和行为，也称为公共决策。国家行政机关拥有巨大的行政权力，而行政人员代表国家行使这种权力。行政权力本身的特点是要求集中，因为普通公众关注的是行政效率，即要求官员对大量的行政事务进行有效的处理和解决，所以行政决策的民主化并不是指行政权力的分散，而主要是指在决策制定过程中的民主化。这也就是说要有多种偏好表达渠道和足够的行政透明度，使得所有国民既能够享受知情权，又能够通过一定的渠道表达自己的偏好，并使这些偏好进入最后决策者的考虑范围。此外，行政决策民主化需要防止"长官意志"，也就是要求决策者在了解民众偏好的基础上，通过民主程序来加总民众偏好并依据这样的社会偏好进行决策。

按照我国宪法的规定，政府官员往往是由同级人大选举产生，或者是由上级政府机关任命，因此在比较长的时间里对于政府官员的监督是一种间接的监督。目前，作为行政决策民主化的一个重要步骤就是在农村实行村民委员会主任直接选举制：由一个村的成员直接选举村民委员会主任和主要干部，参选的方式为自由报名，发表竞选演说。这是一个重大的转变，在农村实行的这种基层民主一旦发展成熟，其经验将逐步推广。

以三峡工程为例可以看出我国决策的民主化。三峡工程从提出设想到最后实施经过了40年的时间，第一阶段的决策活动主要局限于在水利部和中央领导层进行讨论，其中包括中央政治局1958年1月和3月在南宁和成都两次会议上的讨论。到第二阶段，中央决定对三峡工程重新进行讨论。从1985年开始，人大和社会各界人士开始逐步加入讨论中，纷纷表达自己的意见。1986年6月中共中央、国务院发出了《关于长江三峡工程论证工作有关问题的通知》，成立了14个专家小组，非水利水电系统的专家占51.7%，这些专家小组的论证成为最终决策的重要依据，最后形成的议案吸取了相当多的反对意见和修改意见，使得最终决策在科学性上有了保证，也充分体现了决策过程的民主性。最终，在1992年4月3日，第七届全国人民代表大会第五次会议对三峡工程的议案进行表决。该议案获得1 767票赞成票，177票反对票，664票弃权票。

【本章小结】

社会选择理论是福利经济学的一个重要组成部分，是研究如何将个人偏好集合为集体偏好的规则并最终提高社会福利水平的学科。社会选择理论的目标是解决各种资源配置的公共决策问题，它以效用理论为基础，包含各种投票理论、集体行为规律、博弈方法等理论。

公共选择理论又称为公共部门经济学，是运用经济学方法来研究政治活动和政府决策等的交叉学科。它有两个基本假设，即政治过程交易化和经济人模型假设。前者说明了政治活动过程适用于市场法则；后者说明了政治活动主体是理性的，以个人利益最大化为目标。

公共选择理论不仅研究了政治活动规律，而且对政治活动主体进行了深入的剖析，并对政治决策的形成提出了富有建设性的理论成果。另外，还对与市场失灵相对应的政府失灵作出了有效的分析，并对政府运作的效率提出了一系列改进策略。公共选择理论成果对我国政治体制改革与完善具有极为重要的借鉴意义，深刻理解公共选择理论对建立我国民主政治、加强法制建设、提高人民福利水平是不可或缺的。

社会选择理论与公共选择理论虽然研究对象不尽相同，但却有异曲同工之妙。它们均涉及集体选择问题，均研究如何达成集体偏好及实现集体决策的效率状况。

【关键概念】

社会选择　公共选择　多数票规则　一致同意规则　阿罗不可能性定理
集体非理性　投票交易　博达计数规则　否决投票规则　加权投票规则
单峰偏好　中位投票理论　直接民主制　代议民主制　利益集团　多元论
博弈方法　博弈要素　博弈类型　智猪博弈　囚徒困境博弈　人民代表大会制

【复习思考题】

1. 阿罗不可能性定理的内容是什么？其意义何在？
2. 试说明阿罗不可能性定理在实际中的应用。
3. 公共选择理论主要借用经济学中的哪两个分析范例来分析政治行为？
4. 试比较分析全体一致原则和多数表决规则各自的优缺点。
5. 在代议民主制下，利益集团是如何作用于政府行为的？
6. 结合实际，运用公共选择理论的有关思想和方法，简要分析目前我国公共经济决策的现状。
7. 请分析说明民主集中制与代议民主制的异同点。
8. 阐述一下如何提高我国政府公共决策的效率。

【案例分析】投票悖论与公共选择

但凡面临公共选择，人们往往想到的是投票，认为只有投票才能保证结果公正。的确，公共选择不同于私人选择，你个人选择买什么样的住房与他人无关，用不着别人投票。而公共选择则关乎公共权益，当然需要尊重民意。但同时会提出另一个问题是：民意表达是否一定要通过投票呢？

可以说，投票是民意表达的一种方式，但并非唯一的方式，也未必是最好的方式。何以见得？让我们看经济学怎么说。美国经济学家布坎南认为，公共选择的最高准则是"一致同意"。可他又同时指出，由于人们的利益存在差别，要求"一致同意"会产生昂贵的成本，甚至有可能达不成任何协议。舍优求次，于是只好降低同意的"百分比"，比如从100%同意，降为80%、70%，或者是51%，这样就形成了"多数同意规则"。

相对于一致同意，"多数同意"显然可降低决策成本，但由于每项决策都是在有少数人反对的情况下通过，这样又难免使公共选择带有某种强制色彩。而对此人们通常的看法是，少数服从多数是一种"民主"选择的过程，它虽然使少部分人受损，但却可让大部分人获益。从整个社会角度看，仍不失为一个"好"的决策。

可法国学者康多塞却不这样看。他又怎么看？让我们借助下面的例子解释：假定有三家公司同属一主管部门，现在主管部门决定将其合并为集团公司，集团公司的总经理将从三家公司现任经理中产生，他们分别是牛经理、杨经理和马经理。可供选择的方案有：职工普选（A）、主管部门任命（B）、按资金实力确定（C）。最终到底采用哪种方案，由三位经理采用投票的方式决定。

以上三个公司中，牛经理公司职工人数最多，资金实力最弱，与主管部门领导关系还行。因此，牛经理会希望职工普选，最反对按资金实力确定。杨经理公司职工人数最少，资金实力居中，但跟主管领导关系"铁"，因此他赞成主管领导任命，而最反对职工普选。马经理公司资金实力最雄厚，但与主管部门领导积怨很深，因此他最赞成按资金实力确定，反对主管部门任命。

现在有趣的事发生了。按多数同意规则，三个投票者中总有两人认为方案 A 优于方案 B；方案 B 优于方案 C；方案 C 优于方案 A。如此一来，哪个方案最终通过则取决于投票的次序。比如先对 A 和 B 投票，牛经理和马经理更偏好 A，则 A 方案通过；若先对 A 和 C 投票，马经理和杨经理更倾向 C，则 C 方案通过；若先对 B 和 C 投票，牛经理与杨经理更倾向 B，于是 B 方案通过。

这一有趣现象最早由康多塞发现，后来美国学者阿罗又做了进一步研究。他发现，如果让两个以上的投票者就两个以上的方案表决，就有可能出现循环的结果，而且出现的概率会随着投票人数和供选方案增多而上升。经过严格数学证明，他得出了一个令人震惊的结论：任何多数同意规则，都不可能万无一失地保证投票结果符合多数人意愿。此结论学界称为"阿罗不可能性定理"或"投票悖论"。

阿罗的"投票悖论"对人们无疑是一种警告。由此给我们的启示是，公共选择固然要尊重民意，但尊重民意未必一定就要投票，我们不必迷信投票，更不可唯票是举。事实上，正如市场可能失灵一样，投票也有可能会失效。尽管失效的概率很小，但这并不意味着阿罗的警告无足轻重。我们知道，飞机失事的概率不到万分之一，但一旦掉下来对乘客可就是百分之百的灾难。

为增加关于阿罗不可能性定理的形象理解，下面再作三点补证：

第一，关于阿罗"多数人同意"不一定代表多数人的利益的结论，这里可用一个真实的例子佐证。某乡镇领导为了增加农民收入希望发展多种经营，具体说就是在珊珀湖搞珍珠养殖，经集体投票，结果多数人同意办起了珍珠养殖场。可不料几年下来珊珀湖被严重污染，村民怨声载道而群起反对，于是又不得不叫停。

第二，按"多数人同意规则"选出的官未必就是好官。古人云：为官一任，造福一方。所谓造福一方，是说当官要为老百姓办事。问题也在这里，官员只要办事就有可能得罪人。办好事会得罪坏人，办坏事会得罪好人。由此可见，要是官员的职务晋升完全只看选票，当官的谁会去得罪人？若一个官员为了不丢选票而不办事，碌碌无为，充其量就是个好好先生，当然不是好官了。

第三，投票竞选必然产生成本，而且成本会呈递增趋势。从经济学角度看，投票竞选类似于市场竞买，谁花费的推介成本高谁就有可能胜出。正因如此，竞选成本必不断攀升。以美国为例，据有关统计的数据，1980年美国总统的竞选成本是1.62亿美元；而到2000年则上升为5.29亿美元；到2012年又上升到20亿美元。要知道，竞选成本是非生产性费用，成本过高对社会无疑是浪费。

综合上述，民意表达不一定要投票，但也不反对投票。前面说过，投票也是民意表达的一种方式，若供选方案和投票人不多，需投票表决当然可以投票。不过在此要强调的是：公共选择不能只靠投票。民意表达其实有多种方式，除了投票，民主协商也是重要方式，而且更符合中国国情。

（参考资料：王东京. 投票悖论与公共选择［N］. 学习时报，2017-09-29.）

第九章 贫困与反贫困分析

> **学习目标**
>
> 本章内容属于应用福利经济学分析之一。通过本章的学习，了解贫困及反贫困的基本概念及其特征，了解我国贫困状况，掌握贫困现象的度量方式以及各类贫困测度指标，深入理解贫困的根源及其相关理论，理解和掌握国内外反贫困措施尤其是我国反贫困的各项措施，以提升对我国精准脱贫的理解。

第一节 贫困与反贫困概述

一、贫困的概念及我国贫困状况

贫困，是指在经济或精神上的贫乏窘困，它是一种社会物质生活和精神生活贫乏的综合现象。贫困相对于富足，类似于贫穷。贫困的主要根源是物质生活条件缺乏与精神生活没有或缺乏出路。例如，"哲学的贫困""无产阶级的贫困"等。

1998年诺贝尔经济学奖获得者阿玛蒂亚·森认为，贫困的真正含义是贫困人口创造收入能力和机会的贫困；贫困意味着贫困人口缺少获取和享有正常生活的能力。英国学者朗特里（Seebohm Rowntree）和布思（Charles Booth）在1901年撰文认为："一定数量的货物和服务对于个人和家庭的生存和福利是必需的；缺乏获得这些物品和服务的经济资源或经济能力的人和家庭的生活状况，即为贫困。"

英国学者彼得·汤森（P.Townsend）在他的《英国的贫困：家庭财产和生活标准的测量》一书中是这样界定贫困的：所有居民中那些缺乏获得各种食物、缺乏参加社会活动和最起码的生活和社交条件资源的个人、家庭和群体就是所谓贫困的。英国的奥本海默（Oppenheimer）在《贫困真相》一书中则这样认为："贫困是指物质上的、社会上的和情感上的匮乏。它意味着在食物、保暖和衣着方面的开支要少于平均水平。……首先，贫困夺去了人们建立未来大厦——'你的生存机会'的工具。它悄悄地夺去了人们享受生命不受疾病侵害、有体面的教育、有安全的住宅和长时间的退休生涯的机会。"美国的劳埃德·雷诺兹（Loyde Reynolds）在《微观经济学》一书中则说："所谓贫困问题，是说在美国有许多家庭，没有足够的收入可以使之有起码的生活水平。"

欧洲共同体在 1989 年《向贫困开战的共同体特别行动计划的中期报告》中也给贫困下了一个定义："贫困应该被理解为个人、家庭和人的群体的资源（物质的、文化的和社会的）如此有限，以致他们被排除在他们所在的成员国可以接受的最低限度的生活方式之外。"世界银行在以贫困问题为主题的《1990 年世界发展报告》中，将贫困界定为"缺少达到最低生活水准的能力"。

贫困概念可以划分为两种类型：绝对贫困和相对贫困。

1. 绝对贫困。绝对贫困是指在一定社会经济条件下，个人和家庭依靠其劳动所得和其他合法收入不能维持其基本的生存需要，无法维持最低生活条件的状态，也就是根据马斯洛需求理论不能满足最低需求即衣食住行的状态。按国际标准，每天收入低于 1 美元的人为绝对贫困；不同的国家因国情不同其标准略有差异，例如，我国的标准为每天收入低于 0.7 美元的人为绝对贫困。

2. 相对贫困。相对贫困是指与社会平均水平相比其收入水平少到一定程度时维持的那种社会生活状况，它反映了各个社会阶层之间和各阶层内部的收入差异。通常是把人口的一定比例确定为生活在相对的贫困之中。例如，有些国家把低于平均收入 40% 的人口归于相对贫困组别，世界银行的看法是收入只要等于（或少于）社会平均收入 1/3 的人口便可以视为相对贫困。

可见，绝对贫困与相对贫困反映的不是一类现象，前者主要从社会成员个体收入状况来衡量，后者则从不同社会成员之间收入状况的比较来衡量。

贫困首先是一种社会生活中的经济现象，贫困相对于富足，一般有一个人为划定的标准，这就是贫困线。国际新贫困线为每天 2 美元，非洲国家为 1.25 美元。我国确定的贫困线不断上升，1978 年为人均年纯收入不低于 100 元。1985 年，我国确定人均年纯收入 200 元为贫困线，此后根据物价指数，逐年微调。在贫困线之下，还设置了收入更低的绝对贫困线。2008 年，中国绝对贫困线标准为人均年纯收入 785 元以下，低收入贫困线标准为人均年纯收入 786~1 067 元。2009 年确定的贫困线为农村人均年纯收入 1 196 元，2011 上升为 2 300 元。2015 年我国贫困线标准调整到农民人均年纯收入 2 800 元，2016 年贫困线约为 3 000 元。

随着贫困线的提高，我国的贫困人口数量也会随之浮动。1986 年以前的 7 年，中国的贫困人口从 2.5 亿人减少到 1.5 亿人，但是这种减少在地区间是不平衡的，一些革命老区、少数民族地区和偏远地区的贫困程度相对其他地区更加严重。国家统计局公布的数据显示，截至 2007 年年底，全国农村贫困人口存量为 4 320 万人，其中绝对贫困人口

1 479 万人，低收入人口 2 841 万人。2011 年，中央决定将农民人均年纯收入 2 300 元（2010 年不变价格）作为新的国家扶贫标准。这一新标准的出台，使得全国贫困人口数量和覆盖面由 2010 年的 2 688 万人扩大到 1.28 亿人。

党的十八大以来，我国有 6 000 多万贫困人口稳定脱贫，贫困发生率从 10.2% 下降到 4% 以下；2014 年开始，每年减贫率分别高达 14.9%、20.6%、22.2%。全国 28 个贫困县摘帽，国家设定贫困县 31 年来，贫困县数量第一次净减少。

二、贫困的测度

人类对于贫困的认识是随着人类社会发展不断演进的一个过程。对贫困的定义也在不断地深入和丰富。最初，人们对贫困的认识主要局限于避免饥饿和营养不良这一贫困的内核。1901 年，英国学者朗特里（Benjamin Seebohm Rowntree）开始用收入来定义英国的贫困；1963 年，美国经济学家奥桑斯基（Mollie Orshansky）开始用收入来定义美国的贫困；1981 年，世界银行开始对各发展中国家进行消费和收入贫困测算；1990 年，联合国开发计划署《人类发展报告》第一次公布了人类发展指数（HDI），以阿玛蒂亚·森的能力方法理论为基础，从人类发展的视角定义和测量贫困；2010 年，联合国开发计划署《人类发展报告》第一次公布了基于阿尔基尔和福斯特（Sabina Alkire，Foster）等测量的多维贫困指数（Multidimensional Poverty Index，简称 MPI），拓展了人类发展理论对贫困的测量。到目前为止，我们可以把全球广泛使用的测量贫困的标准分为三类：收入标准、人类发展指数（HDI）、多维贫困指数。

（一）一般贫困测度方法

对贫困程度的衡量，一般是通过对贫困线的测算来表示的。一旦确定了贫困线的算法，即可知道某一地区的贫困程度。而贫困线根据其定义，是指在一定的时间、空间和社会发展阶段的条件下，维持人们的基本生存所必需消费的物品和服务的最低费用，又可以称之为贫困标准。贫困线一般包括绝对贫困线和相对贫困线两种形式。贫困线的测算方法一般包括预算标准法、社会认同法和行为法等三种方法。而绝对贫困线测算方法有基本需求法（或市场菜篮子法）、恩格尔系数法、热量支出法等形式，这几种形式实际上等同于预算标准法，也就是先确定维持最低生活标准的物品和服务的支出费用大小，如果按照市场价格计算，就是基本需求法；如果按照当地恩格尔系数计算所需支出费用，就是恩格尔系数法；如果按照人类所需消耗热量的大小确定消费物品和服务的支出多少来计算收入水平，就是热量支出法。这些方法虽然大同小异，但是本质上都是确定维持基本生存所需要的物资和服务的收入水平，所以可以统一为预算标准法。

贫困线测算的社会认同法，是指在一定的社会经济发展水平下，由整体社会认可的维持基本生活所需要的各项支出总和的测算方法。社会认同法的关键是得到全社会认可的消费支出，得不到社会认可的某项消费支出就不应计算在贫困线之内。

贫困线测算的行为法，又称为生活形态法，是指依据某一地区某一时期的居民维持基本生活形态所需要的各项支出总和的测算方法。行为法更强调维持基本生活的形态标准，这也是由相关公共管理机构来确定的。

在20世纪80年代初期，我国政府开始接受由国家统计局设定的农村贫困线，把它作为识别农村贫困人口规模和农村贫困发生率的标准。该贫困线设定的方法是符合国际规范的。首先，确定一种营养标准，国家统计局将营养标准确定为每人每天2 100大卡。然后，根据20%的最低收入人群的消费结构来测定出满足这一营养标准所需要的各种食物量，再按照食物的价格计算出相应的货币价值。这一货币价值就是"食物贫困线"，最后是确定"非食物贫困线"，简单的方法是既可以主观地确定食物贫困线在整体贫困线中的比例，也可以参照整个社会的恩格尔系数或低收入人群的恩格尔系数来确定这一比例。

上述介绍的贫困线测算法主要指的是绝对贫困线测算法，而相对贫困线指的是某地区一部分人口相对于该地区全部人口的贫困程度，其测算方法一般有收入等分法、收入平均数法和商品相对不足法等。收入等分法是指根据某地区全部人口的收入分布排序情况来划定一定的比例，低于该比例的人口即为相对贫困人口。收入平均数法则是指首先计算某地区全部人口的平均收入，再划定平均收入的一定比例作为相对贫困线。商品相对不足法，是指根据社会认可的标准而缺少一定商品的家庭人口，被认定为相对贫困人口。

（二）贫困测度指标

上述介绍的贫困线测算法是贫困程度测度的一般和基本方法。除了标准的贫困线测度法之外，还有其他贫困程度测度指标。贫困程度测度指标是指反映贫困程度和贫困分布特征的指标，具体包括贫困广度指标和贫困深度指标等。

贫困广度指标，是指反映贫困规模大小的指标，例如，贫困率或贫困人口比重系数（$P_1 = n/N$），是指低于贫困线人口数所占比重。

贫困深度指标，是指反映贫困人口收入差距大小的指标，包括贫困缺口，也就是绝对贫困距；贫困缺口率，也就是相对贫困距；综合贫困缺口率则是指贫困缺口与社会总体收入的比率。这三个指标的计算公式如下：

贫困缺口=贫困人口贫困线收入总和-贫困线下人口收入总和

贫困缺口率=贫困缺口/贫困人口贫困线收入总和

综合贫困缺口率=贫困缺口/社会总收入

除了上述贫困人口的收入差距指标外,以研究贫困问题著名的阿玛蒂亚·森开发了一个反映贫困程度的指数,称为阿玛蒂亚·森贫困指数。这个指数表达式如下:

$$P = H[L + (1-L)G] \qquad 公式(9-1)$$

式中　P——贫困指数;

　　　H——贫困人口百分比（贫困率）;

　　　L——贫困距系数,$0<L<1$;

　　　G——贫困人口基尼系数。

阿玛蒂亚·森贫困指数可以很好地反映某一地区人口的贫困程度。因为该指数结合了贫困规模指标（贫困率）、相对贫困距指标和反映收入分配差距程度的指标。由此可见,这一指标可以综合性地反映某一地区的贫困广度和贫困深度。

（三）多维贫困测度法

上述不论是对贫困线的测度,还是各项贫困测度指标,抑或是阿玛蒂亚·森贫困指数等,均是对经济贫困的度量,也就是基于收入标准的贫困测度。阿玛蒂亚·森则提出了贫困不仅是收入水平的不足,还包括其他方面对贫困人口的剥夺。这就是阿玛蒂亚·森的福利贫困说。在此基础上,森进一步提出了多维贫困理论,即认为贫困人口所遭受的贫困是多方面的,贫困就是对福利的剥夺,包含收入低下、健康较差、教育不足、生活物资不足、居住环境恶劣、工作条件差、受歧视等。也就是说,福利贫困对应教育权、健康权、养老权、居住权等个人权利的多方面的剥夺。由此可见,福利贫困意味着整体贫困,对福利贫困的测度需要从多维角度展开。

为此,利用阿尔基尔和福斯特（Alkire & Foster）提出的 AF 法构建的多维贫困指数即可测度福利贫困程度。AF 法步骤如下：

第一步,通过调查取样获得样本收入矩阵,如下所示：

$$Y = \begin{bmatrix} y_{11} & y_{12} & \cdots & y_{1d} \\ y_{21} & y_{22} & \cdots & y_{2d} \\ \vdots & \vdots & \ddots & \vdots \\ y_{n1} & y_{n2} & \cdots & y_{nd} \end{bmatrix} \qquad 公式(9-2)$$

上述样本收入矩阵是一个 $n \times d$ 维矩阵,其中元素 y_{ij} 表示个体 i 在维度 j 上的取值。

第二步，通过福利贫困识别，构建贫困剥夺矩阵，如下所示：

首先设定各个维度的贫困线标准，然后对照样本收入矩阵，即可确定每个个体在各个维度是否贫困（贫困，则赋值为1；非贫困，则赋值为0）。假设各个维度贫困线为z_j，当$y_{ij}<z_j$时，$g_{ij}=1$；当$y_{ij}\geq z_j$时，$g_{ij}=0$。这样得到贫困剥夺矩阵（G）如下：

$$G = \begin{bmatrix} g_{11} & g_{12} & \cdots & g_{1d} \\ g_{21} & g_{22} & \cdots & g_{2d} \\ \vdots & \vdots & \ddots & \vdots \\ g_{n1} & g_{n2} & \cdots & g_{nd} \end{bmatrix} \qquad 公式（9-3）$$

令$C_i = \sum_{j=1}^{d} g_{ij}$，$C$表示忍受贫困剥夺的维度，则$C_i$表示个体$i$忍受贫困剥夺的维度数。如果设定$k$为贫困剥夺的维度数阈值，也就是福利贫困的贫困线，则可以得到福利贫困识别函数ρ_k，当$C_i \geq k$时，$\rho_k(y_i, z) = 1$，表示个体i贫困；当$C_i < k$时，$\rho_k(y_i, z) = 0$，表示个体i非贫困。

第三步，构建多维贫困指数（MPI）。首先是计算多维贫困广度指数，即多维贫困发生率（H），如下所示：

$$H = H(y, z) = \frac{q}{n} \qquad 公式（9-4）$$

其中，q为在福利贫困线z_k之下的贫困个体数（即同时存在至少k个维度贫困的个体数），n为样本个体数。上述多维贫困广度指数仅仅反映了多维贫困发生的规模，难以反映多维贫困发生的深度。如果结合平均剥夺程度指标，则可以得到多维贫困修正指数M_0（y, z）$= HA$，其中H为多维贫困发生率，A为平均剥夺份额。A的计算公式如下所示：

$$A = \frac{\sum_{i=1}^{q} \frac{C_i}{d}}{q}, \quad C_i \geq k \qquad 公式（9-5）$$

多维贫困指数（MPI）还有其他推广形式，可以参阅有关书籍资料，在此不再赘述。多维贫困指数是对人类贫困指数（HPI）和人类发展指数（HDI）的进一步完善，可以反映不同个体或家庭在不同维度上的贫困程度。其取值越小，说明该个体或家庭贫困程度就越低；相反，则越高。多维贫困指数既能反映多维贫困发生率，还能反映多维贫困发生的强度，同时还能反映个人或家庭的被剥夺量。多维贫困指数在测度多维贫困时更具有代表性、实用性与科学性。多维贫困指数从微观层面来反映个体贫困状况，以及贫困的深度，在反映一个国家或地区在人文发展方面取得的进步上具有更好的效度和信度。该指数选取的维度面广，能较好地近似反映贫困人口所处的真实情况，是一种更加符合现代社会发展需求的贫困测度方法。

三、反贫困的定义与特点

反贫困又称为扶贫、脱贫，是指减少或消除贫困现象发生的过程。从反贫困的过程来看对反贫困的表述主要有三种：减少贫困、减缓贫困和消除贫困。减少贫困强调减少贫困人口的数量；减缓贫困强调反贫困的重点在于减缓贫困的程度；消除贫困则强调反贫困的目的是最终消除贫困，也是反贫困的最终目标。我国在反贫困过程中，习惯于用"扶贫"来表示反贫困的具体行为过程。我国当前的反贫困过程具有以下特点：

1. 反贫困的长期性

我国自1986年开始扶贫以来，经历了30多年的扶贫发展历程，取得了巨大的成就，使两亿多人口摆脱了贫困，在世界上受到广泛关注和赞誉。我国确定2020年实现全面脱贫，全面建成小康社会。这个全面脱贫是指全部人口脱离绝对贫困线，消灭绝对贫困人口，也就是我们通常所说的解决好"两不愁三保障"突出问题，即解决好吃、穿问题，保障好教育、医疗和住房问题，最根本的是确保有一定的基本收入。基本收入水平是动态变化的，因此也决定了绝对贫困人口的消除是一个动态过程。此外，我国还面临着减少相对贫困人口的问题，即解决低收入人口问题，这更是一个长期发展的过程。

2. 反贫困的艰巨性

当前我国反贫困的任务十分艰巨，可以说处于脱贫攻坚的关键时期。目前，我国经济正处于转型升级时期，也就是处于经济发展新常态或由高速增长进入中低速平稳增长时期，经济下行压力较大。因此，在这一时期推进扶贫脱贫难度更大。此外，我国目前已经脱贫的家庭很可能由于发生重大疾病而返贫，这也是实际发生的现实问题，需要加大医疗救助加以解决。还有，贫困地区的人口相对受教育少，人力素质资本差，难以很快脱贫。贫困地区往往财政资金短缺，资金实力不足，也难以加速脱贫。总之，我国要全面完成脱贫任务，必须众志成城，上下一心，全力以赴促进贫困人口脱贫。

3. 反贫困的复杂性

我国扶贫脱贫第一步是消除绝对贫困人口，消灭绝对贫困现象。在此基础上，不断提高低收入人口的收入水平。但是由于我国国情十分复杂，人口众多，地域广袤，各地区经济发展水平参差不齐，要实现全国一盘棋绝非一蹴而就。目前，我国在收入分配领域是绝对贫困与相对贫困并存的格局；在贫困人口领域是农村贫困与城镇贫困并存的现状。尤其是城镇贫困人口的被剥夺感更加强烈，收入分配差距较大，难以在短期内消除。因此，如何解决这些复杂的贫困问题，对我国全面建成小康社会以及顺利跨越"中等收入陷阱"是一个艰巨的挑战。

第二节 贫困根源理论及其分析

一、贫困根源理论

（一）贫困根源的主要理论

关于贫困产生的根源理论，在国际学术界有多种说法，可谓众说纷纭。本书在此简单介绍一下当前流行的主要贫困根源理论。

1. 贫困根源的相对剥夺说

贫困根源的相对剥夺说是指，贫困产生的原因是由于存在相对剥夺现象，即由于一国范围内各地区发展差异大、地区禀赋资源差异大等，导致部分地区的人口缺少发展机会和发展能力而形成了贫困状态；发展中国家所存在的相对剥夺，是指由于各国发展水平不一致，发达国家往往在资金、技术、人才等方面存在比较优势，发展中国家只能依靠出口低级品或原材料获得发达国家的高附加值产品，长此以往，就使得发展中国家越来越贫困。

2. 贫困根源的不平等说

贫困根源的不平等说是指，一国或地区抑或一个人及家庭之所以贫困，是因为它们之间存在资源禀赋的不平等、发展机遇的不平等，以及历史文化的不平等等诸多因素。总体而言，贫困之所以发生，就是因为拥有的机会和各项发展资源的差异和不平等造成的。

3. 贫困根源的发展不足说

贫困根源的发展不足说是指，一国或地区之所以贫困，是由于该国或该地区的社会经济发展水平不足。同样，对于一个人以及一个家庭来说，之所以贫困也是因为其发展不够。发展水平不足作为贫困产生的一个笼统因素，似乎有点模糊，但是贫困归根结底还是发展的问题。发展不足说可以细化为发展能力不足、发展所需资源不足等方面。

4. 贫困根源的能力缺乏说

贫困根源的能力缺乏说是指，一国或地区之所以贫困，是由于该国或该地区的发展能力水平不足，对于一个人以及一个家庭同样如此。发展能力欠缺也是致贫的一个根本因素。

5. 贫困根源的混合因素说

贫困根源的混合因素说是指，一国或地区之所以贫困，不是由某一种因素形成的，而是由多种因素共同影响形成的，不仅有相对剥夺因素，也有资源禀赋差异因素和不平等因素，以及发展不足因素等。贫困根源的混合因素说是一个比较科学的贫困根源理论，因为贫困的发生，不能归集为某一个因素的作用，而往往是多种因素或几项因素综合作用的结果。

6. 贫困发生的制度根源说

贫困发生的制度根源说是指，一国或地区之所以贫困，主要是由于制度落后以致社会经济发展环境很差而形成的。制度因素对一国或地区的发展往往有很大的影响，好的制度可以促进一国或地区的经济腾飞；不好的制度往往会拖后腿，使得一国或地区腐败盛行，资源浪费严重，经济发展滞后。可以说，制度往往是最后生产力，它是影响一国或地区能否持续发展的最后决定因素。

（二）我国贫困产生的具体原因

我国发生贫困既有历史原因，也有自然地理原因、地区发展差异原因，还有个人及家庭意外等原因。贫困的成因可谓千差万别，不找准贫困根源，扶贫工作就难以合理安排扶贫项目和扶贫资金，难以恢复贫困地区的"造血功能"。贫困人口急需的援助和致贫的原因各不相同：有的读不起书，有的看不起病，有的委身于危房，有的没有劳动能力，有的缺乏启动资金。总体上看，导致贫困的原因是多方面的，既有自然条件禀赋性贫困、生态环境相关贫困，又有特殊个体性贫困等；既有主观方面的，又有客观方面的，还有各方面原因交叉的。综合各个贫困地区来看，当前致贫的具体原因有以下几个方面：

1. 观念守旧致贫。一些贫困农户抱着"填饱肚子即可"的心态，缺乏吃苦耐劳的精神，特别是部分年龄稍大的劳动力受文化水平和思想观念制约，勤劳致富干劲不足、办法不多，"等靠要"思想严重，甚至争当贫困户。

2. 资源缺少致贫。一是缺少劳动力资源致贫。个别家庭缺乏劳动力，家庭成员年老或残疾，不仅对家庭没有收入的贡献，反而还增大支出，导致家庭长期陷入贫困之中，难以脱贫。二是缺少土地资源致贫。某些地区人均土地稀少，且多少不均，部分地区人均耕地不到 0.5 亩，农村群众赖以生存的土地收益较少。

3. 因病、因婚致贫。一是因病致贫。在普通家庭中，因一人患大病或者发生意外事故等巨额开销导致贫困，加之后续长期用药或长期患病无法参加劳动，在很长时期内很难脱贫致富。二是因婚致贫。受婚嫁中的不良风气影响，娶媳妇的彩礼和盖房等花费从过去的三五万元涨到几十万元,"辛辛苦苦几十年,一婚回到贫困线"。加之现在农村离婚率的上升,离了再结让许多农村家庭背上沉重负担。

贫穷作为一个复杂的经济社会问题,既涉及自然条件、资源禀赋等先天性因素,也牵涉社会资本、不均衡发展、市场风险、个体行为等后致性因素,千差万别,致贫原因各不相同。要打赢脱贫攻坚战,实现贫困群众脱贫致富,就要帮助贫困群众提高认识、更新观念、自立自强,唤起贫困群众自我脱贫的斗志和决心,改变贫困群众的"等靠要"思想。

此外,政府要因人因地施策、因贫困原因施策、因贫困类型施策,做到对症下药、精准滴灌、靶向治疗,确保脱真贫、真脱贫。帮扶单位要带着责任、带着感情扶贫,真正把扶贫攻坚任务视为"军令状"、当作本职工作来做好。要充分认识扶贫不是简单地给钱给物,更多的是在思想、文化、制度上扶贫,脱贫主要靠自身。

二、贫困救济和贫困陷阱

(一)贫困救济

贫困救济又称为贫困救助,是指对贫困人口的社会救助,主要以家庭为单位进行救助,目的是解除贫困者的生存危机,确保其维持基本生活的条件。贫困救济主要包括最低生活保障、住房救助、医疗救助和教育救助等方面。在我国,针对城乡贫困人口主要采取最低生活保障制度进行救助,辅之以医疗和教育救助;在国外,如英美等国,主要对贫困人口或家庭采取发放食物券、教育券、家庭收入抵税额等政策予以救助。我国对城乡贫困人口的兜底保障就是实施最低生活保障制度。

我国最低生活保障制度是指国家对家庭人均收入低于当地政府公告的最低生活标准的人口给予一定现金资助,以保证该家庭成员基本生活所需的社会保障制度。最低生活保障线也即贫困线。对达到贫困线的人口给予相应补助以保证其基本生活的做法。主要特点如下:一是保证基本生活的生活费用补贴;二是为贫困人口提供的一种救济;三是具有临时性,原先享受最低生活保障的人口或家庭,如果收入有所增加,超过了规定的救济标准,则不再享受最低生活保障救济。

20世纪80年代以来,我国很多地方纷纷探索救济方式的改革。1993年,上海市在全国率先建立最低生活保障制度,至1996年在全国范围内铺开。1999年9月,《城市居民最低生活保障条例》经国务院审定并于同年10月1日在全国施行,这意味着城市居民最低生活保障制度在全国范围内全面推行,这是我国社会救助工作发展的一个重要标志。

农村居民最低生活保障是对农村家庭人均纯收入低于当地最低生活保障标准的家庭，按当地最低生活保障标准给予救助的制度，是在农村特困群众定期定量生活救济制度的基础上逐步发展和完善的一项社会救助制度。这项制度最早出现于20世纪90年代，开始仅是在一些经济较发达地区进行小规模的探索和试验。2002年，党的十六大提出"在有条件的地区要探索建立农村居民最低生活保障制度"后，特别是党的十六届五中全会提出建设社会主义新农村以后，农村最低生活保障制度迅速在全国各地推广开来。2007年，中共中央1号文件，即《中共中央　国务院关于积极发展现代农业扎实推进社会主义新农村建设的若干意见》又明确提出，要在全国范围建立农村最低生活保障制度，并强调指出，鼓励已建立制度的地区完善制度，支持未建立制度的地区建立制度，中央财政对财政困难地区给予适当补助，从而给这项制度在全国的普及提供了强大推动力。到2007年年底，全国31个省、区、市的所有涉农县（市、区）都出台了农村低保政策，普遍建立和实施了农村最低生活保障制度，农村享受低保人数已达3 400多万人，给广大农民群众特别是生活困难群众带来了实实在在的好处。

（二）贫困陷阱

贫困陷阱是一种贫困现象，它包括两种形态：一种是微观贫困陷阱，是指个人或家庭在接受社会救助后不仅没有脱贫，反而长期处于贫困状态难以继续发展；另一种是宏观贫困陷阱，是指一国或某一地区经过扶贫援助后仍然长期得不到发展，收入水平处于贫困线之下的贫困人口仍占较大比重，社会平均收入处于中等收入水平之下。微观贫困陷阱既可能发生在发展中国家，又可能发生在发达国家；而宏观贫困陷阱基本都发生在发展中国家。微观贫困陷阱可以用图9-1来加以说明。

图9-1反映了英美等发达国家由于社会救助政策的冲突，即便政府提供了优厚的社会救助政策以解决低收入人口的收入增长问题，但是实际可支配收入不增反降，形成了贫困陷阱。正如图9-1中C点所示，C点相对于B点名义收入提高了，但是实际可支配收入下降很多。这个收入下降的原因，可能是政策本身的问题，也可能是由于贫困家庭随着名义收入的提高，自主选择不工作的原因而使收入减少。

宏观贫困陷阱一般是指由于经济中存在恶性循环，而使发展中国家陷于贫困落后之中难以摆脱。宏观贫困陷阱又可以分为两种：技术陷阱和人口陷阱。我国清朝时期的学者洪亮吉的"人口论"即揭示了人口过度增长导致贫困的现象，这与马尔萨斯（Thomas Robert Malthus）的《人口论》有相似之处，但比马尔萨斯的观点整整早了五年。马尔萨斯提出人口按几何级数增长，而生活资料则按算术级数增长，人口增长大大超过生活资

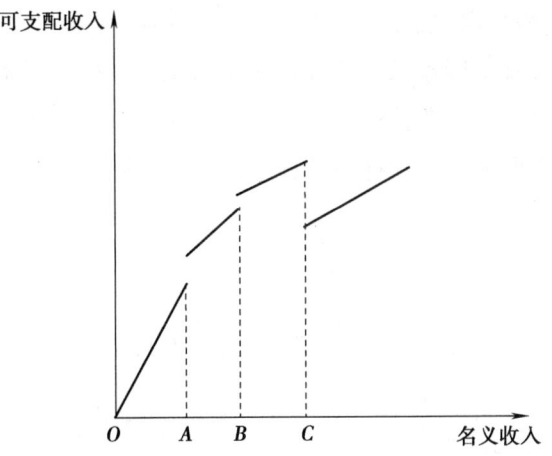

图 9-1　英美国家贫困救济政策下的贫困陷阱

料的增长,最终会引发贫困和犯罪,使得经济回到原来的水平。20 世纪 50 年代中期,西方经济学家试图从人口增长的角度来解释为什么发展中国家的人均收入停滞不前,提出了"人口陷阱"理论,这一理论也被称为"新马尔萨斯主义"。新马尔萨斯主义与马尔萨斯的人口理论在本质上没有什么区别,该理论认为任何超过最低水平人均收入的增长都会导致人口增长,人口增长最终会抵消经济增长所带来的收入增长,使得经济回到原来的水平。

尽管"人口陷阱"理论有一定的道理,但它不能解释发展中国家经济增长的分化,为什么部分发展中国家能够实现经济起飞,部分发展中国家却仍然停滞不前?此外,"人口陷阱"理论也低估了技术进步对经济增长和要素生产率的作用。显然,仅仅从人口的角度是无法完全解释贫困陷阱问题的。20 世纪 50 年代有三位经济学家揭示了贫困陷阱产生的根源。

一是纳克斯(Nurkse)于 1953 年提出的"贫困恶性循环论"(Vicious Circle of Poverty)。该理论认为,贫困导致贫困,形成恶性循环难以自拔。

二是纳尔逊(Nelson)于 1956 年提出的"低水平均衡陷阱理论"(Low-level Equilibrium Trap)。该理论认为,由于发展中国家在经济发展的低水平形成均衡,难以打破这个均衡,因而形成贫困陷阱。

三是缪尔达尔于 1957 年提出的"循环累积因果论"(Cumulative Causation Model)。该理论认为,由于发展中国家导致贫困的因素不断积累,以至于经济发展水平不仅难以提高,反而使贫困程度不断加深。

以上这些理论认为,发展中国家总是陷于低收入和贫困的累积性恶性循环之中,用纳克斯的话说："一国穷是因为它穷"（A country is poor because it is poor）。"贫困陷阱"为什么能够在一部分发展中国家长期存在，一是由于发展中国家资本、技术、人才资源稀缺；二是发展中国家科技、教育、医疗等基础设施落后，发展环境较差，难以吸收外来投资；三是贫困的发展中国家往往腐败盛行，制度环境极差，这必然会影响到经济的可持续发展。

第三节 反贫困措施分析

一、国外反贫困措施分析

本节将首先介绍国外反贫困的具体措施。国际上较为成熟的扶贫模式分为三类：一是以巴西、墨西哥扶贫模式为代表的"发展极"模式，二是以印度、斯里兰卡扶贫模式为代表的"满足基本需求"模式，三是以欧美国家为代表的"社会保障方案"模式。

（一）"发展极"模式

"发展极"是基于不发达地区资源贫乏状况和非均衡经济发展规律，由主导部门和有创新能力的企业在某些地区或大城市聚集发展而形成的经济活动中心，这些中心具有生产、贸易、金融、信息、服务、决策等多种中心功能，形成一个经济发展的"磁场极"，能够对周围产生吸引、辐射和扩散作用，促进自身并推动其他部门和地区的经济增长，并以经济增长方式促使贫困地区的贫困人口自下而上地分享经济增长的成果，能够缓解区域性的贫困状况。

执行"发展极"模式扶贫的国家，除了巴西、墨西哥外，还有智利、哥斯达黎加、委内瑞拉、哥伦比亚和巴基斯坦等国家。其中，以巴西最具有代表性。巴西的主要措施是：建立基于"发展极战略"的反贫困战略模型，对确定的目标"发展极"给予重点投资，并制定特殊的优惠政策。

1. 出台了"有条件经济转移"反贫困政策

在卡多佐总统任期内，巴西推行了一项能在短期内减少贫困的政策，名为"有条件经济转移"反贫困政策。该计划涉及医疗、教育、就业等多项民生领域，鼓励针对贫困人群的人力资本投资，利用资金转移支付的方式来帮助贫困人群。而后的"家庭救助计划"是对该政策的补充，在提升儿童入学率、减少贫困和民族隔阂等方面发挥了重要作用。

2. 构建了"发展极战略"的反贫困战略模型

巴西根据区域发展不平衡现状，选择和培植"发展极"，使之成为区域经济发展的推动力量，并发挥引擎作用带动区域经济发展。具体措施为五个方面。一是成立政府自上而下的经济开发部门，对国家经济进行干预和指导。二是对贫困地区进行重点规划，制定地区性综合开发计划。组织实施落后区域移民，把工业布局与人口、农业布局有机结合起来。三是大力推动"增长极"建设，给予重点投资，并制定特殊优惠政策。采取财政刺激办法筹集开发资金，鼓励向落后地区投资；通过预算拨款保证区域开发所需资金，使开发计划得以顺利实施；实行农产品最低价格保护政策，鼓励农业发展，保护新开发地区生产者利益。四是积极利用外商投资加快"增长极"开发步伐。开辟自由贸易区，并提供便利条件，以吸引外商投资弥补财政不足。五是提高劳动者素质。成立东北部教育基金，帮助不发达地区培养师资，免费发放教科书，并启动"远距离教学计划"，通过卫星电视向偏远地区播放教学节目，使不发达地区文盲率大大降低。

1967年，巴西政府在贫困落后的亚马孙地区的马瑙斯1万平方千米的地区建立了一个经济"发展极"，实行进出口自由贸易政策，并以优惠的税收政策吸引国内外企业投资建厂。规定凡是用于扩大再生产的进口商品免交进口税，凡是在自由贸易区投资建厂的企业可享受各种优惠。经过几十年的开发，马瑙斯地区的经济发展很快，由原来只有10余万人口的小城市发展成目前拥有124万人口的大城市，从业人员达10余万人。目前，马瑙斯的年产值达到近百亿美元，随着马瑙斯自由贸易区的建立与发展，亚马孙地区得到迅速的开发。在这一"发展极"的带动下，通过"发展极"的离心作用，增长的势头通过资本、技术、组织、要素、信息等渠道向其周围地区"弥散"，并不断扩大其"弥散"半径，使亚马孙地区又先后建立了许多规模不等的"发展极"，形成了带动整个区域经济开发的"发展极"网络，增加了大量就业机会，解决了农村剩余劳动力的就业难题，对减少贫困起到了积极的作用。

3. 实施"零饥饿"消除贫困计划

2004—2010年，时任巴西总统卢拉（Lula）推出了"零饥饿"消除贫困计划。2011年宣布实施新的"消除贫困计划"。计划规定，国家财政每年将拨出126亿美元，用以实施三项核心扶贫任务：一是收入再分配，注重对农村贫困家庭的扶助，例如，提供必要的资金和技术援助，帮助他们发展农业生产和改善生活；二是提供必要的公共服务设施，即修建电力、排水、学校等设施，改善居住环境，保障贫困家庭的日常生活需求，增强社会凝聚力和稳定性；三是注重基本生产技能培训，政府计划对170万18~65岁的人实施生产技能培训。

（二）"满足基本需求"模式

赞成"满足基本需求"扶贫模式的人认为，消除贫困有两条道路：一是直接向穷人提供保健服务、教育、卫生和供水设施，以及适当的营养；二是加速经济增长，提高穷人的劳动生产率和收入水平。"满足基本需求"模式注重对穷人，尤其是对农村贫困人口提供基本商品和服务、基本食物、水和卫生设施、健康服务、初级教育和非正规教育以及住房等。

印度是采用"满足基本需求"模式扶贫的典型国家。1962年，印度政府率先提出在限定时期内使贫困人口享有一个最低生活水平以满足其最低需要的政策，这就是"满足基本需要"模式的雏形。印度政府执行的"满足基本需要"战略分为两个阶段：第一个阶段是以第四个"五年计划"投资重点由工业转向农业，推行"绿色革命"为主要内容，通过引进、培育和推广高产农作物品种，运用一系列综合农业技术措施来提高产量，以解决粮食问题和农村贫困问题；第二个阶段是第五个"五年计划"提出的稳定增长、消除贫困、满足最低需要的战略口号，并实施多种计划来帮助和促进贫困地区的发展，包括初等教育、成人教育、农村医疗、农村道路、农村供水、农村电力等社会经济基础设施，还包括农村住房建设，以改善农村贫困人口的基本生活条件。

1. 推行"土地改革"和"绿色革命"

从20世纪60年代中期起，为了解决因人口剧增造成的贫民粮食供应不足引起的贫民饥荒，印度政府开展了"绿色革命"运动。这一运动为那些新获得地权的土地所有者发展资本主义农业提供了机会。由于他们有地权，有较为雄厚的经济实力，以及国家在信贷上给予他们优惠，他们中有不少人在"绿色革命"中通过使用高产种子、化肥、农药、机耕等措施，发展商业性的农业生产。"绿色革命"通过发展农业生产力，增加粮食供给解决了部分贫困人口吃饭问题，以此解决一部分农村地区的贫困危机。

2. 直接向穷人提供医疗卫生、营养和教育服务

20世纪70年代初，印度政府开始实施公营分配制度的反贫困策略。政府通过开办控制价格的一系列平价商店，保证以合理价格向广大人民，特别是贫弱阶层供应基本消费品。这是一种有效增加穷人实际收入和确保粮食安全的方法，它使穷人有足够数量的食品和其他必需品，基本物品主要有小麦、大米、食糖、食用油、焦煤和煤油。这些物品由中央政府负责收购，并把它们供应给各邦的供应分配系统。其中，粮食定量配给制，定量为每人每月8千克~10千克，并根据粮食形势和各邦的具体情况进行调整。目前，印度至少有占总产量16%的大米、小麦和占5%的粗粮都是通过供应分配系统转移给穷人家庭，这对改善贫困居民的生活状况发挥了重要作用。

3. 实施"发展与公正"并重的战略

20世纪90年代，时任总理拉吉夫·甘地（Rajiv Gandhi）宣布开展"贾瓦哈尔就业计划"，该计划中央援助资金占80%，邦占20%，资金侧重用于强调创造就业机会，并且要求在每个乡村都实行，其中创造就业机会的30%保留给妇女。在选择落后的群体时，低种姓占60%的人口，其余人口占40%。该计划还有两个辅助计划："英迪拉·赫瓦伊计划"和"百万水井计划"，共为低种姓及无地劳动者修建107.4万套住房，共挖掘36.7万口水井。在一定程度上改善了贫弱阶层的生活状况。

4. 加速城镇化进程

印度政府通过加速城镇化进程，使得印度农村贫困人口大幅减少。通过城镇化释放人口红利，农村剩余人口得以向城市制造业和服务业转移。进入21世纪，印度房地产市场的迅速发展提供了大量就业岗位，加速了人口转移，并带动了就业和脱贫。

5. 投资基础设施建设

印度从1991年开始，经过长期实践，逐步向私人部门开发基础设施领域，取得了一定效果。私人基础设施投资大部分以公私合作方式进行，在运输、电力等基础设施领域大力投入资金，改善基础设施，通过扩大基础设施投资，促进经济发展，进而推动减贫。

（三）"社会保障方案"模式

"社会保障方案"模式是国家通过财政手段实行国民收入再分配，从而实现对贫困人口的救助。主要内容是：政府针对贫困人口的低收入和低生活水平状况，直接对穷人提供营养、基本的卫生和教育保障及其他生活补助，以满足贫困人口的家庭需要。因为发达国家经济实力雄厚，贫困面小，因此"社会保障方案"作为一种福利制度已成为发达国家的主要反贫困措施。一般做法：一是通过累进税减少高收入者的收入，二是通过转移支付提高低收入者的实际收入。

美国和欧洲国家一般采用"社会保障方案"模式开展反贫困活动。社会福利政策已构成当今发达资本主义国家主要的反贫困政策，社会福利政策包括社会保险、福利补贴和公共教育三个方面。通过社会福利制度，可以形成一套完整而有效的社会保障机制，保证了发达资本主义社会贫困者对生存资料和部分发展资料的消费需要，通过福利制度进行国民收入再分配，提高了低收入者的实际收入，在一定程度上具有"福利国家"论者所鼓吹的"收入均等化"性质。美国是采用"社会保障方案"模式开展反贫困的典型代表。

1. 反贫困对策

美国反贫困对策包括：（1）学费分期偿还制；（2）平等的收入政策；（3）负所得税方案。美国政府给穷人提供额外的福利包括房屋补贴，免费医疗服务，不用交收入所得税。

2. 政府反贫困公共政策

美国政府反贫困公共政策主要包括以下三个方面：（1）改变"天然人力资本"收入差异和种族经济差异方面的政策；（2）为妇女提供平等就业和收入机会及经济地位方面的政策；（3）为保持老年人收入水平和社会福利方面的政策。美国通过这些反贫困政策，并采取综合性援助措施，一定程度上解决了财富分配不均的问题，为受援地区或社区创造了经济机会，缓解了贫困。

3. 提供食品等基本生活品

美国政府规定，月薪不超过 1 174 美元，即年薪不超过 14 088 美元的个人可以获得食物券。一个四口之家的普通家庭，如果年收入不足 2.7 万美元就可以申请"食品券"补贴，每月可以得到 668 美元的食品券，而实际购买食品的钱只需要 500 美元左右，食品券足以保障一个家庭的食品开支，保障美国的穷人不会饿肚子。

4. 设立"希望区"制度

2014 年，美国时任总统奥巴马宣布，将在全美划定首批五个经济"希望区"，统筹协调联邦政府、地方政府和私营部门等方面的力量，促进这五个贫困地区的经济建设和发展。此次宣布的五个经济"希望区"包括得克萨斯州的圣安东尼奥东区、加利福尼亚州洛杉矶市区的韩国城和好莱坞等地的邻近地区等。第一，美国联邦政府加强对经济"希望区"地方政府的支持。每个经济"希望区"都将有联邦政府的工作人员在实地指导工作，并与当地政府工作人员密切合作，帮助当地企业打破相关规管壁垒，更有效地利用资金等生产要素，进而推动其实现经济发展目标。第二，经济"希望区"将优先从近 10 家美国联邦政府机构获得政策及资源支持，其中包括农业部、商务部、教育部、卫生及公共服务部、住房和城市发展部、司法部、劳工部和财政部等。第三，美国农业部将与联邦政府各部门及经济"希望区"的合作方联手，通过科技人员赴农村地区现场精心指导、加强技术援助及支持等有效措施，提升农村和部落地区的科技创新、可持续发展能力。第四，对经济"希望区"的企业实施税收减免政策，降低雇用员工税等税种的税基征收标准，向符合条件的企业提供税收奖励或财政补助。第五，每个经济"希望区"将获得五名全职美国志愿者服务项目人员的支持与帮助，以利于每个经济"希望区"战略发展规划的顺利实施。第六，美国联邦政府各部门将与地方政府进行前所未有的紧密合作，改善经济"希望区"的基础设施建设，建成更多的好学校和高质量的住房，这是推动这些地区发展的一条新路、一条希望之路。

二、中国反贫困措施分析

我国在新时期提出的反贫困措施主要就是精准扶贫，中央政府提出了精准扶贫战略，出台了一系列文件对其进行解读与工作安排。精准扶贫的基本含义要求扶贫政策和措施瞄准真正的贫困家庭和人口，分析致贫原因，通过有针对性的帮扶，从根本上消除这些致贫因素和障碍，从而达到可持续脱贫的目标。精准扶贫自2013年被提出以来，其内涵不断地丰富和深化。2015年，习近平总书记在贵州召开西部省份负责人座谈会时，提出"六个精准"，即扶持对象精准、项目安排精准、资金使用精准、措施到户精准、因村派人精准、脱贫成效精准。"六个精准"概括了在精准扶贫工作中从识别、帮扶、管理到考核各个层面的具体做法，是对精准扶贫工作机制的高度概括和全面解读。全国扶贫协作工作都必须遵循这"六个精准"。

一是扶持对象精准。扶持对象精准是精准扶贫的基础工作，要使精准扶贫有效，就必须准确地找到贫困家庭和人口，解决"扶持谁"的问题。扶持对象精准要求通过民主、科学和透明的程序以及多维度指标将贫困户识别出来，其重点在于对相对贫困群体中贫困户的识别，即在有限的贫困规模下，识别出最贫困、最需要扶持的人。目前，全国识别贫困人口的方法是在总指标控制下，由基层通过民主评议和建档立卡来识别贫困人口。中国农村贫困人口的数量是由国家统计局根据约7万农村住户的抽样调查数据推算出来的。2014年年底，人均消费支出或人均年纯收入低于2 800元贫困线的人口在样本中所占的比例为7.2%，国家统计局将这一比例乘以全国农村人口总数就估计出当年农村贫困人口为7 017万人。同样的方法，2015年年底，国家统计局以2 855元贫困线测算的全国农村贫困人口为5 575万人。贫困人口总数的估算是客观有效的，但各个地方的贫困人口数量只能是通过总数的层层分解。在实践操作中，为了控制贫困人口的规模，以及防止地方为获得更多扶贫资源而过分夸大贫困状况，国家在把贫困人口数分解到地方时，要求地方政府在最多上浮10%的指标控制范围内进行贫困人口识别。由于缺乏所有农户可靠的消费支出和收入数据，地方政府无法根据收入和消费支出识别贫困人口，当前主要采取民主评议的方式进行贫困识别和建档立卡。民主评议可以充分利用基层在农户信息获取中所具备的便利条件，并且可以有效消除争议。在贫困人口的识别过程中，基层通常使用综合标准，既考虑农户的收入水平和消费状况，又考虑家庭成员的健康、教育、能力、家庭负担、财产状况等多维度的福利状况。这种方式可以相对客观地辨析贫困人口，一些地方采用类似"一看房、二看粮、三看劳动力强不强,四看家中有没有读书郎"的衡量标准,由此可知多维度贫困指标在贫困人口识别中的重要性。建档立卡工作从2013年开始,2015年全国又开展了"回头看",已经建立了完整的建档立卡信息系统,扶持对象精准工作有了很大改进,并为后续大规模的精准扶持提供了支撑。

二是项目安排精准。扶持对象识别出来并建档立卡以后,就需要根据贫困户和贫困人口的实际需要进行有针对性的项目帮扶,做到因户因人施策。具体而言,项目安排精准需要找准每个贫困家庭的致贫原因,在找准每一个贫困户致贫原因的基础上,有针对性地安排扶持项目,对家庭和个人进行有效的帮扶。全国建档立卡数据分析表明,大多数贫困户的致贫原因不止一个,是多个致贫因素综合作用的结果。考虑到致贫原因的综合性和差异性,相关扶贫部门必须采用"政策组合拳",既将短期和长期的扶持项目相结合,又将外在推进与内生发展相匹配,最终实现项目安排精准。例如,各地对有劳动能力的贫困家庭,重点通过培训来提高能力,同时扶持家庭的产业发展和就业来增加收入。对于完全丧失劳动能力或部分丧失劳动能力的贫困家庭,则需要通过资产收益扶贫和社会保障来保证其基本生活,并通过合作医疗和大病保险(救助)来维持其基本的健康状况。对于生产和生活环境恶劣,一方水土养不活一方人的地区,则重点通过移民搬迁来解决基本生存条件的问题,并对搬迁后的生产和就业进行重点扶持。对于所有贫困家庭,都需要帮助解决儿童的营养、健康和教育问题,以阻断贫困的代际传递。

三是资金使用精准。必须优化财政扶贫资金的使用和管理,这也是精准扶贫的重要支撑。在提出精准扶贫之前,扶贫资金管理制度存在种种问题。除了多头管理、缺乏有效的协调和沟通机制外,以往的各类扶贫资金(包括专项扶贫资金和部门扶贫资金)的管理方式缺乏足够的灵活性,上级政府为了保证资金安全,对资金的用途、使用的方式、扶持的标准等作出了明确规定,以至于地方政府没有资金使用的自主权,加之许多扶贫项目直接到村到户,因其分散、零碎,扶贫部门甄别项目的成本较高,且缺乏实施项目的激励机制,直接导致扶贫项目效率不高,并出现项目配置不切实际、瞄准率不高、重点不突出的弊端。因此,资金使用精准旨在进一步完善我国扶贫资金管理体系,建立安全有效的监督体制,使得扶贫资金的分配、使用、拨付、财务管理、监督等都与精准扶贫的各项要求一致。这就要求将资金的分配和使用权下放给对贫困户情况最了解的基层政府,让其根据实际情况确定项目和分配资金。2015年,中央一号文件《关于加大改革创新力度加快农业现代化建设的若干意见》明确提出:"扶贫项目审批权原则上要下放到县,省市切实履行监管责任。"文件要求,除中央有明确规定需要省级组织实施的竞争性项目外,所有项目审批权限一律下放到县。这次扶贫资金管理机制的改革被称之为责任、权力、资金、任务"四到县"。各地以中央一号文件为纲领，出台扶贫资金管理改革方案，从2015年开始将扶贫资金的使用权下放至县，并要求县一级加强涉农资金的整合，集中力量打好脱贫攻坚战。

四是措施到户精准。以往的扶贫项目不仅难以到户，到户后效果也很差，例如，乌蒙山片区项目总体到户率低于30%，主要原因是贫困户面临缺技术、缺资金、缺市场信息、缺市场理念等障碍。措施到户精准与项目到户精准类似，是在考虑每个家庭的致贫原因之后，采取综合性的帮扶措施。不同的是措施到户精准重在突出运作的方式与方法，而项目到户精准更关注项目载体。因此，对于措施到户精准而言，新时期的扶贫措施需要进行更精准、更有效的革新。措施到户精准要求地方政府重点探索和建立贫困户的受益机制，保证扶贫效率到贫困户。例如，对一部分失去劳动能力和劳动能力较弱的贫困家庭，实施资产收益扶贫项目。将贫困地区的自然资源、公共资产（资金）或农户的土地和林地等资本化或股权化，交给公司、合作社和大户等经营主体进行经营，贫困农户按照股份或特定比例获得分红收益。失能和弱能贫困户即使不参与项目的经营管理也能直接或间接受益。这种资产收益扶贫在很大程度上弥补了现有扶贫措施的不足，能显著提高扶贫到户的效率。而对于有劳动能力的贫困家庭，将贫困户纳入现代产业链中，通过企业、合作社、大户等其他经营主体带动贫困人口发展产业。经营主体提供产前、产中、产后服务，贫困人口只需要参与生产环节中相对比较简单的生产活动，就可以解决贫困农户经常面临的信息、技术、资金、市场等方面的困难。在移民搬迁项目中，多地采用差异化的补贴政策，增加对建档立卡贫困户的建房补贴，同时通过控制建房标准来降低搬迁成本。在安置方式上，具备基本生产和生活条件的地方则优先选择有土地安置，对于与城镇化结合的无土地安置，则提供充足的就业岗位和完善的社会保障，确保"搬得出、稳得住、能致富"。在金融扶贫中，不局限于扶贫小额信贷的形式，各地积极探索了金融扶贫的有效模式，通过信贷、保险和抵押市场的综合金融改革，增加贫困户获得金融服务的能力。不断健全贫困地区金融组织体系，逐步完善金融基础设施，使得金融扶贫环境得以持续优化。

五是因村派人精准。精准扶贫是一项复杂的系统工程，它的成功实施需要强有力的组织保障。例如，北京市在对口扶贫协作地区就派出了大量援派干部人才，与受援地基层组织一起具体操作，并实施大量的扶持项目和帮扶措施。而受援地基层组织的能力是影响精准扶贫效果的关键因素之一。由于贫困村经济和社会发展相对滞后，大量年轻人外出就业，留在村里的普遍是"老弱病残"，缺乏青壮年劳动力，基层组织队伍更新缓慢，贫困村干部呈现年龄大、文化程度低、能力较弱的基本特征，贫困村的村级治理能力处于不断弱化的状态。依靠村级组织自身的发展和建设在短期内难以显著改善组织涣散的状态,给精准扶贫工作的落实带来了挑战。从理论上讲,通过东西部协作和对口扶贫向贫困乡、贫困村选派援派干部,是对受援地基层集体治理能力的重要补充,通过这种"输血式"组织建设补充,可以在短期内大幅度提高贫困乡、村的管理水平,有利于精准扶贫工作的实施。对口扶贫帮扶制度的确立可以在多个方面促进精准扶贫工作。一是利用援派干部对精准扶贫政策的准确理解,帮助村两委改进贫困户的识别方法,协调和协助解决识别过程中容易出现的矛盾;二是利用对口帮扶单位和个人的力量,从外部组织和动员更多的资源,协调各方力量,共建精准扶贫的"大扶贫"格局;三是协助村两委建立有效的扶贫到户机制,深入贫困村组和农户家中进行摸底调研,准确了解贫困户需求,让贫困户真正享受到扶贫收益;四是作为一种外部制衡力量,可以对村级的精准扶贫工作进行有效的监督,防止人情关系、弄虚作假和腐败行为的发生;五是在精准扶贫过程中培育贫困村干部的责任心和能力,增强贫困村的内生发展动力,对口扶贫援派干部撤出以后,依靠贫困村自身的能力可以让其走上可持续发展道路。

六是脱贫成效精准。精准扶贫的目的就是要使现有标准下的贫困人口到2020年全部脱贫,并且要保证扶贫成果真实可靠,具有可持续性。要达到脱贫成效精准,前面的五个精准是保障。在此基础上,还需要对脱贫效果进行科学的考核和评估,防止成果造假和贫困人口被脱贫现象的发生。国家统计局可以利用农户抽样调查数据每年对全国和各省总的减贫状况进行可靠评估,从而为国家根据减贫效果调整扶贫政策提供决策依据,并制定相应的奖惩措施。由于样本量的限制,国家统计局无法利用抽样数据评估省以下地方政府的减贫成效,这成为脱贫成效精准的一大遗憾。目前,建档立卡贫困人口的脱贫状况需要通过独立的抽查方式来进行核查和评估,其中精准扶贫第三方评估显得尤为重要。让独立的第三方充分参与脱贫成效精准的考核,标志着扶贫开发考核进入一个新阶段,改变了以往评估主体单一的问题,建立一种扶贫开发内部评价与外部评价相结合的政府绩效评价体系,成为精准扶贫考核机制日趋完善的重要标志之一。第三方评估工作分为两个层面:一是对建档立卡贫困户脱贫的真实性进行评估,对象是建档立卡贫困户,评估标准是看是否达到了"两不愁、三保障";二是对贫困县和贫困村的退出进行评估,看是否达到退出标准,例如,贫困县的退出标准是贫困发生率低于2%,西部地区低于3%。通过第三方评估,可以进一步制定明确和可量化的脱贫标准,建立贫困户脱贫和贫困村、贫困县(区)退出工作机制,并组织和动员社会力量参与贫困的动态监测、分析和评价,实现贫困人口的动态管理。确定贫困农户调整的具体指标,兼顾各类致贫原因脱贫后返贫的可能性。确定合理的帮扶期限,确保到2020年,现行标准下农村贫困人口实现脱贫，贫困县全部摘帽。通过进一步明确第三方评估标准，确定明确的评估程序和相应的管理制度，使第三方评估具有合法性，并且在方法和指标可靠的情况下，防止"数字脱贫""被脱贫"等问题的发生。本书收集了几个代表性地区的先进扶贫措施，下面将分别予以介绍。

（一）广州扶贫措施

广州是发达地区，湛江是欠发达地区，广州帮扶湛江，广州对湛江的帮扶工作采取了以下几个措施。

1. 推动资源外向对接

广州市道路扩建工程办公室帮扶南兴镇麻廉村，麻廉村拥有优质土地和良好生态环境，把村民1 667亩土地流转集中起来，引入湛江人承包种植大棚西瓜，西瓜品质好、无污染，能够进入上海、杭州等地大市场，每亩地收入从原来的1 000元增加到2 300元，农民在种植场打工，每人另有3 000元的月收入。湛江人在湛江能够拿到菜篮子工程的高额补贴，一亩地收入1万多元，扣除成本，每亩地的收入也有7 000多元。总体看，农民增收、承包人致富的根本因素，是湛江优质土地资源与外地优惠政策、庞大市场等优势资源的成功对接。

2. 推动资源高效利用

广州市花都区新雅街道帮扶雷州企水镇边巷村，把全村800多亩水田利用起来，种植一季水稻、两季圣女果。他们成立圣女果种植专业合作社，采取统一种苗、肥料、农药、收购和销售的办法，在种植圣女果的品种上不断改进，把圣女果从蔬菜变为水果，从红妃六、万福到紫色果、黄色果，价格翻了几倍，一亩地收入5 000~25 000元不等。帮扶单位还建立了三个收购站和一个农贸市场，在广州、珠海等地建立销售点，畅通经营渠道，吸引和带动周边村民加入合作社，扩大种植规模，让农村的土地种植收入普遍提升了六七倍。

3. 巧妙利用富余资源

广州燃气集团帮扶遂溪洋青镇文外村，由于当地劳动力大多外出务工，农村的山林和田地种植利用率不高，草木茂盛，适宜开发牛羊养殖，在广东发达地区和港澳地区，能够卖到好价钱。广州拉动周边地区企业家投资养殖牛、羊，开辟养殖示范基地。另外，中央倡导发展家庭农场，鼓励农民实施土地流转，为集中闲置土地开辟牧场提供了较大方便，同时也能够获得国家相关政策补贴。此举不仅发展了村集体经济，也为当地群众开拓了一条致富之路。

4. 充分挖掘潜在资源

广州港集团帮扶吴川长岐顿流村，自身投入 30 多万元，带动村民，捐资 54 万元安装了 6 千克的路灯，捐资 129 万元修建了一座跨河水泥桥，捐资 60 多万元修建了边坡自然村文化楼。这个行政村的群众外出务工的较多，但是村内建设水平却很一般，主要原因就是没有好的工作带头人来凝聚和发动群众。广州港集团的驻村干部特别注意听取群众意见建议，充分尊重群众，让群众当家做主，村子的建设发展才有了深厚的源泉。

（二）浙江开展东西扶贫协作的措施

1. 强化产业援助，增强受援地区造血功能

特色产业发展是增强贫困地区自我造血功能，带动群众增收致富的基础条件。浙江省在对口支援西藏、新疆、青海等省区中，把产业援助放在优先地位，结合本省市场、技术、资金和受援省区资源状况，加强特色产业培育。例如，在支援新疆阿克苏过程中，浙江发挥纺织服务业优势和阿克苏棉花产业优势，依托阿克苏浙江产业园南园、西园及阿拉尔工业园区建设浙江工业园区，积极引进华孚、洁丽雅等知名纺织服装企业，"十二五"期间引进 20 多个纺织产业项目，纺织服装产业援疆取得突破性进展，形成年产能毛巾两万吨、袜子两亿双、服装 600 万套的规模，创造了大量就业机会。在支援青海海西州过程中，浙江省把搭建受援地区特色农产品销售平台作为重点，在嘉兴市现代综合物流园"多德福"食品城开辟青海柴达木枸杞一条街，吸引 14 家海西州枸杞企业组团入驻，为柴达木枸杞、福牛、藜麦等特色农产品走向长三角乃至全国市场提供良好的推介窗口，有力带动了海西农牧业的发展。

2. 强化人才支援，推进干部双向交流培训

资金和项目援助解决发展的基础问题，而智力援助则解决发展的长远问题。针对贫困地区干部人才队伍"量少质弱"的情况，浙江省坚持"输血"与"造血""硬件"与"软件"相结合，通过"派进去、请出来、结对子"等方式，突出抓好"双语"师资培训、职教师资培养、赴浙培训挂职等项目，累计为受援地培训各类干部、专业技术人员 7 万多人次。浙江加强对口地区的劳动力培训，促成以政府为主导、企业为主体的对口地区农村劳动力与技术工人培训就业机制，有效解决了贫困地区劳动力就业问题。

3. 强化民生投入，促进民生工程成为民心工程

针对受援地区基本公共服务短缺、民生设施较为薄弱的现状，浙江始终把保障和改善民生放在优先位置，着力解决各族群众安居、饮水、教育、医疗等民生问题。"十二五"时期，浙江省累计安排援助资金 60 多亿元用于受援地区的民生工程，群众的生产生

活条件得到极大改善。四川藏区 3 850 名辍学学生重返校园；阿克苏地区新建医院（卫生院）67 所，新增医疗、福利床位 3 943 张，受益人数超过百万人；海西光伏提水工程解决了当地农牧民几代人没有解决的人畜饮水问题。

4. 搭建电商平台，拓展受援地区产品销售渠道

西部贫困地区具有丰富的特色农产品资源，由于销售渠道缺乏，影响特色农业发展和农民收入增加。浙江省充分发挥杭州"中国电子商务之都"的人才优势、产业优势、技术优势和平台优势，大力推进电商扶贫工程，携手阿里巴巴等电子商务公司，积极帮助受援地区搭建电子商务平台，为这些地区特色农产品拓展了销售渠道。例如，浙江协助阿克苏市建立 6.8 平方千米的电商产业园区，成立阿里巴巴商学院电商培训基地，该基地成为杭州"中国电子商务之都"唯一的外埠培训基地，同时在杭州设立"阿克苏电子商务培育实训基地"，依托杭州成功的电商企业与平台资源优势，实施电商人才培育"蒲公英计划"，组织阿克苏电商企业的骨干人才带项目赴杭州企业实训。

5. 加强经贸合作，实现单向援助向双向共赢转变

浙江省在对口支援新疆、西藏、青海过程中，立足受援地特色资源禀赋，充分发挥援受双方比较优势，注重利用政府推动和市场机制，以省属企业为先锋、浙商民企为主力、援建干部为桥梁纽带、以"浙洽会"为主要交流平台，积极开展招商引资、项目推介活动，组织和动员浙江企业家等社会力量积极参与受援地区建设，实现双方在资源、资本、技术、市场等方面的优势互补，进一步形成长期稳定、互惠互利的战略合作伙伴关系，实现单向援助向双向互利的转变。据不完全统计，目前在新疆浙商达 30 万人以上，在阿克苏约 3 万人；在西藏浙商超过 1 万人，在那曲约超过 1 000 人；在青海浙商近 10 万人，在海西约 2.5 万人。

（三）上海扶贫措施

1. "组团式"卫生援疆，助力南疆医学高地建设

2010 年，上海对口支援喀什四县以来，以喀什二院为重点，建设南疆（喀什）新型医疗联合体，推进"三降一提高"（降低传染病发病率、孕产妇死亡率、婴幼儿死亡率，提高当地公共卫生服务能力和居民平均期望寿命）公共卫生项目，帮助当地提升公共医疗卫生能力，改善农牧民群众的健康水平。截至目前，上海累计投入近 10 亿元，派遣 300 多名半年期以上的医生到喀什地区和对口四县医疗机构开展对口支援。通过"组团式"援建喀什二院，2010—2014 年的短短 4 年，帮助喀什二院成功升级成为三甲综合医院。如今的喀什二院成立了南疆首家院士专家工作站，建成了 11 个自治区重点专科，与

2009年相比，医院门急诊量增长350%，手术量增长267%。以喀什二院为龙头的南疆（喀什）新型医疗联合体，带动辐射四县医疗机构，构建了"地—县—乡—村"分级服务体系。2016年开展远程会诊491例、远程专题培训240次、远程继续教育培训4 500学时，将上海优质医疗资源辐射延伸到基层。2010年以来，上海还派出86名医务人员，到喀什四县开展为期3个月的"三降一提高"公共卫生项目，累计惠及当地群众180余万人次。2016年，对口四县传染病发病率、孕产妇死亡率、婴幼儿死亡率较2012年分别下降8.6%、40.2%、14.5%。上海卫生援疆的成果，正在惠及越来越多的南疆农牧民群众。

2. "组团式"教育援藏，帮助日喀则学生实现新梦想

上海重视发挥本市在教育方面的优势，把"教育支援"纳入了"四为"方针之中。2016年6月起，上海市教委等部门积极探索"组团式"教育人才援藏新模式，派出40名工作队员赴日喀则市上海实验学校，担任校长、副校长、管理干部及一线学科教师，全方位开展帮扶。他们借鉴上海教研模式，开展"规范化教科研体系建设"，从制度化和规范化入手，搭建了规范、高效的教研体系。引进上海市的"校本培训课程模式"等师训经验，构建"新任教师—成熟教师—骨干教师—学科带头人—名师"梯队校本培养体系。开展了援助教师与当地教师结对工作，并在上海对口支援五县（江孜、拉孜、萨迦、定日、亚东）开展送教下乡。推进智慧校园建设，建立了实现沪、藏实时互联互通的远程教学平台，实现上海名师名课程资源共享。组团式帮扶取得较好成效，2017年，日喀则上海实验学校高考文理科上线率均达100%，重点本科率和普通本科率在西藏自治区名列第一。

3. 可持续茶产业，助推遵义精准扶贫

贵州省遵义市是产茶大市，全市茶叶种植面积在200万亩左右，但是其知名度和附加值不高，销售和经营收益较差。联合利华上海总部积极响应上海市东西部扶贫协作号召，在遵义实施可持续茶园产业扶贫项目，探索产业精准扶贫模式。联合利华致力于实现"五个一"目标：认证一批茶园，培训一批骨干，开发一批新品，延伸一条产业链，惠及一批贫困户。开展"国际雨林联盟"认证，帮助5万茶农提升茶叶品质；组织茶叶生产加工技术指导小组，派遣专业技术人员为当地企业提供全面的加工技术与质量管理培训；携手供应商到遵义设立茶和健康草本精深加工基地。联合利华力争通过可持续茶园产业扶贫项目的示范，影响和带动一批供应商和其他品牌生产商，帮助遵义茶畅通销售渠道，延伸产业链，实现茶农稳定收入，加快脱贫步伐，助推遵义茶产品走向国际市场。

4. "绣"出好日子，发展地方特色产业

屏边县是云南唯一的苗族自治县，刺绣是当地苗族妇女的特长，具有浓郁的地方特色，但长期以来，苗绣产业发展水平低，收益比较微薄。通过上海援滇干部牵线搭桥，爱心人士徐显德成立慈华专项基金，出资95万元用于妇女发展循环基金和苗族刺绣传承发展。通过帮扶，屏边绣莉丰乡民族工艺品厂、青锋民族服饰加工厂、蒙办叉楼斗秋民族刺绣厂等5个企业已经创建为屏边巾帼示范基地，每个小微企业获得3万元补助，基金会还给予6户贫困妇女扶持，发展种养殖、苗族服装加工、手工业等项目，带动妇女就业人数达100余人。通过举办培训、参加比赛、参加展会以及与公司企业合作等形式，不断拓宽刺绣产品的外销途径，确保产品的经济价值和市场销售，有力带动了苗族女同胞就业增收。

5. "遵菜入沪"，精准扶贫有新路

贵州省遵义市的好山好水孕育了绿色有机的黔北特色蔬菜，十分受上海消费者的欢迎。上海市商务委积极协调本市批发市场、零售终端，采取"上海终端订单+批发市场中转集配+合作社绑定建档立卡贫困户"模式，探索一条"遵菜入沪"的新路。遵义市道真、务川等贫困县组织来沪销售蔬菜的收购、包装和运输，并提供建档立卡贫困户姓名及蔬菜的各类信息；上海市食行生鲜、家乐宝、强丰、康品汇等零售终端开展订单认购，确保贫困户和合作社多得利；上海蔬菜集团（西郊国际）、上海农产品中心批发市场给予"三免一快"的优惠政策，免除进场交易卡申办费、市场进场交易费和市场交易场地费，开辟绿色通道，加快进场交易。自2017年9月份启动"遵菜入沪"以来，来自道真、务川共4批近70吨蔬菜已通过零售终端销售，可为当地80户贫困户平均每户增收2 000元。

三、国内外反贫困措施的启示

为了更有成效地推进贫困地区的精准扶贫工作，既需要坚持自己好的做法和成功经验，持之以恒地抓好扶贫开发工作，又需要学习和借鉴国外和国内其他地区在扶贫减困方面的好做法，不断创新扶贫开发思路，提高扶贫开发成效。

（一）探索建立准确瞄准贫困群体需求的机制

贫困群体想什么、要什么，他们对现行的政策和措施是否满意，这是扶贫开发工作首先要掌握的问题。要建立机制和渠道，使他们的意见和心声能全面客观地反映出来。在事关群众切身利益的政策和措施出台前，要充分发扬民主，广泛听取各个阶层、群体的意见，提高政策执行的公开度和透明度。对于代表弱势群体经济、政治利益的各类合法组织应积极鼓励、大力支持，切实提高弱势群体维护自身权利的能力。在扶贫项目的实施中，要积极提倡参与式的扶贫理念，让贫困群体全程参与到扶贫项目的决策、管理、实施和监督之中。

（二）根据地区具体情况，选择适合的扶贫脱困模式、路径

在我国特色对口扶贫开发中，北京市对口援助和扶贫协作的地区比较多，如西藏、新疆、青海、河北、内蒙古等，地理区域、历史文化、社会经济发展都存在巨大差异，因此在制定扶贫脱困政策、措施时，应该从受援地的具体情况出发，在充分吸纳国内外扶贫成败得失的基础上，归纳、总结扶贫脱困经验，每一个地方都要走具有地方特色的扶贫脱困之路。西藏、新疆、青海等地区的前方指挥部要针对当地人口贫困的原因、地方特色资源、当地贫困人口的需求等方面开展广泛调研，弄清情况、掌握好信息，制定精准扶贫脱贫方案，再组织各方资源，凝结各方力量，积极开展扶贫协作工作。对于新疆、西藏和青海等落后地区，可以借鉴巴西"发展极"模式；对于新疆的绿色有机农业，可以借鉴上海的"可持续发展茶产业"和"遵菜入沪"模式；对于新疆和西藏的手工业，可以采取上海的"绣出好日子"模式；对于河北的扶贫协作，可以借鉴印度的"满足基本需求"模式。对于不同的弱势群体，要研究出台有差别、更有针对性的扶持措施，使弱势群体在不同情况下都能够得到有效的救助。在开发式扶贫中，也要采取差别化的扶贫措施，区别不同类型的贫困户采取不同的帮扶手段。

（三）逐渐加大扶贫资金项目、技术、人员等方面的投入

扶贫资金是扶贫工作能否顺利实施并取得卓有成效的"血液"动力，它在扶贫运行过程中扮演着"成败与否"的关键性角色，因此扶贫资金投资强度的大小对扶贫效果是否显著具有重要作用。技术落后是地区贫困的一个共同原因，技术是推动受援地经济发展最根本的因素，也是一个地区经济发展具有长期竞争力的重要因素。高级技术型、管理型人才是地区经济发展最活跃的因素，是发挥资金项目、技术作用的决定性力量。北京对新疆、青海、西藏等地区开展扶贫协作，受援地区资金项目、先进技术和人才等方面严重不足，特别需要实用性技术，需要教师、医生、金融等专业技术人才。在资金方面，要通过税收、金融等经济杠杆，引导更多的社会资金投向贫困救助事业，特别是要鼓励和引导一些有实力的企业履行社会责任，大力开展扶贫济困，大力弘扬慈善文化，宣传慈善典型，营造全社会积极参与慈善事业的氛围。

（四）应加大教育和就业培训力度，建立以工作为本的社会福利和社会救助制度

美国社会福利改革的主轴，一直环绕着促进低收入家庭就业的目标发展。自从20世

纪60年代以来，美国政府采取多种途径解决福利依赖问题，改革的幅度也由原先温和渐进，到较为激进。美国的发展经验显示，就业才是脱离贫穷及寻求经济自立的成功之路。我国对于低收入家庭的救助工作，在提供生活补助的同时，要与职业教育和就业服务活动之间建立建设性的联系，制定相关政策，逐步激励、促进有条件的低保家庭就业，建立起以工作为本的社会救助体系。

（五）大力改善、提高贫困地区社会服务

不少发展中国家，如墨西哥、玻利维亚、印度、泰国等，都比较注重改善贫困地区的社会服务，如文化、教育、卫生、就业培训等。而在新疆和田、青海玉树等许多贫困地区乡村，由于社会经济发展落后，财政困难，导致当地政府提供教育公共物品的稀缺，即在提供优质、充足的教育资源方面，无论从"硬件"或"软件"上都存在严重缺口，儿童辍学率、学校学生流失率仍然居高不下，农村义务教育由于诸多因素制约仍然步履维艰，儿童成为新文盲的可能性或概率仍然很高。因此，要加强贫困地区初等教育，就需要中央政府、省级政府和对口援助单位提供新的巨额经费预算。在目前扶贫开发中，中央政府也只要求各级政府部门从支援不发达地区资金中拿出相当于专项贴息贷款5%的技术培训费用于改善、提高贫困地区社会服务，就这一要求，大多数贫困地区也达不到。与教育一样，医疗卫生服务也是贫困地区的又一薄弱环节，基本卫生服务依靠贫困乡村自身力量是很难提供的，农村合作医疗保险计划在贫困地区也很难实行，因此中央、省级政府和对口援助单位应增加对贫困地区基本医疗设施经费补助，提供专项经费用于培训医务人员，增加医务人员数量，提高医务人员业务素质，建立、完善县、乡、村三级卫生网。

（六）充分发挥民间组织在慈善、救助方面的作用，建立起牢固、和谐、有效的伙伴关系

美国自20世纪80年代以来，社会福利民营化开始大范围兴起，私人企业可以以相对更低的成本、更富有效率地提供服务和技术革新。通过民营化的方式，政府、社会和企业开始共同承担社会福利责任，有效地缓解了政府的财政压力，并促进社会服务质量与效率的提高。我国各级政府应通过立法，鼓励和引导非营利组织及其所兴办的公益事业的发展。通过政府向运转规范、廉洁高效、声誉优良的非营利组织购买服务，委托它们为政府向社会提供服务，促进和引导非营利组织的自我管理。通过向社会特别需要的社会救助、教育、科学、文化、卫生、环保等非营利组织提供资助，引导非营利组织发展

的正确方向。通过税收优惠措施，引导社会资金向公益事业领域转移。围绕和谐社区的建设，鼓励慈善类民间组织在社区建设中发挥作用。围绕社会福利社会化，发挥慈善类民间组织在安老扶弱、助残养孤方面的作用，缓解当前社会福利事业资金不足、机构偏少的矛盾。引导慈善类民间组织开展医疗、教育、住房、法律援助等专项救助，体现社会关怀。

【本章小结】

本章主要对贫困和反贫困的概念、特征以及贫困现象的测度和贫困根源的理论进行了较为系统的介绍，并对贫困救济和贫困陷阱做了全面分析。在此基础上，就反贫困的国内外应对措施也进行了重点介绍，并对这些措施的启示做了全面的分析。

贫困在世界范围内是普遍现象，不论在发展中国家还是在发达国家，均有贫困人口的存在，只是收入水平不同而已。因此，扶贫援助政策在各国政府都是其施政的重要方略，不可忽视。

贫困问题是影响当前社会可持续发展的重要问题，是影响社会稳定和谐的重要因素，因此各国政府均十分重视。各国政府均积极采取措施减少贫困人口，但是要想有效制定扶贫策略，就必须考虑到贫困救济的效率效果，还要注意避免贫困陷阱的发生。

【关键概念】

贫困　绝对贫困　相对贫困　贫困线　贫困根源　贫困测度　贫困广度指标　贫困深度指标　贫困率　贫困距　贫困缺口　贫困缺口率　综合贫困缺口率　贫困指数　多维贫困测度法（AF法）　多维贫困指数　贫困救济　最低生活保障　"两不愁三保障"　贫困陷阱　精准扶贫　"发展极"模式　满足基本需求模式　社会保障方案模式

【复习思考题】

1. 什么是贫困？我国贫困现状如何？
2. 贫困现象的测度方法有哪些？请举例说明。
3. 如何理解多维贫困指数？请举例说明其应用。
4. 什么是反贫困？我国反贫困有哪些特点？
5. 什么是贫困根源理论？请阐述贫困根源理论的内容。
6. 我国贫困产生的原因有哪些？

7. 什么是贫困救济？我国贫困救济有哪些方式？
8. 什么是贫困陷阱？贫困陷阱形成原因是什么？
9. 请举例说明国内外现有的反贫困措施。
10. 请综合分析适合我国的反贫困措施。

【案例分析1】乌兰察布市扶贫脱贫情况综述

一、乌兰察布市基本情况

乌兰察布市位于内蒙古中部，总面积5.45万平方千米，总人口287万人，辖11个旗县市区，有蒙古族、回族、满族等43个少数民族。北与蒙古国接壤，边境线长104千米，素有"中国薯都""风电之都""草原皮都""神舟家园""中国草原避暑之都"的美誉。

乌兰察布中心城区形成了"一市两区三组团"框架，规划面积扩展到350平方千米，其中城市区144平方千米，产业区206平方千米。城市道路、集中供热、垃圾污水处理、绿化等指标均达到或超过内蒙古平均水平。乌兰察布市被评为全国可再生能源建筑应用示范城市，成功创建"国家园林城市""国家卫生城市"，正在创建"全国文明城市""国家食品安全城市""国家环保模范城市"，被住房城乡建设部专家组誉为"建在玄武岩上的美丽园林城市"。

乌兰察布市委、市政府牢固树立"四个意识"，坚定"四个自信"，深入贯彻落实中央、自治区决策部署，统筹推进"五位一体"总体布局，协调推进"四个全面"战略布局，坚守发展、生态、民生三条底线，坚持以"围绕首都、依托首都、保障首都、服务首都、得益于首都"为发展定位，借助京蒙对口帮扶，着力建设直供北京的绿色农畜产品生产加工基地、绿色清洁能源基地、新材料产业基地，大力发展大数据、大物流、大旅游产业，全力打好防范重大风险、精准脱贫、污染防治三大攻坚战，推动全市经济社会各项事业取得显著成效。2017年，全市地区生产总值达到721.2亿元，年均增长7.3%；一般公共预算收入达到43.4亿元，年均增长4.4%；社会消费品零售总额达到341.7亿元，年均增长9.9%；固定资产投资达到533.5亿元，年均增长6.5%；城乡居民人均可支配收入分别为28 796元、9 848元，同步增长8.4%。

二、乌兰察布市扶贫发展成效与问题

乌兰察布市近年来对精准扶贫、精准脱贫工作下大力气，取得了较好的成效。乌兰察布市充分利用北京市对乌兰察布市的扶贫协作，在资金、技术、项目支持、人才、市场和产业等各方面都得到了鼎力支持，取得了巨大进步。当然，在扶贫发展过程中也存在各种不一致的问题，在一定程度上阻碍了扶贫成效的发挥。

1. 乌兰察布市扶贫发展的成效

（1）脱贫攻坚取得阶段性成果。出台加大脱贫攻坚力度的十项措施，4.7万贫困人口实现脱贫。在全区率先推行"慢病送药、大病兜底、一站式服务"的健康扶贫模式，贫困人口大病住院和慢病送药报销比例超过90%。累计撤并30户以下小村1 162个，开工建设移民安置住房3.3万套。推广"政融保"、菜单式扶贫、入股分红、公益乌兰察布和脱贫车间等产业扶贫模式，带动贫困户稳定增收。

（2）"双创"新引擎作用凸显。与新华网合力打造的中国创业创新博览会永久落户乌兰察布市。建成国家级众创空间3个，集宁区入选国家级返乡创业试点地区。科技创新能力明显增强，建成"一园两院五站十四中心"，蔬菜品种自主知识产权实现零的突破。组建北方大数据学院，实现保障就业与扶持产业互促互动。

（3）社会保障机制更趋完善。社会养老保险制度实现全覆盖，职工和城乡居民待遇每月分别提高127元和20元。城镇职工和城乡居民医疗保险政策范围内报销比例提高10个百分点，分别达到90%和80%。城乡低保、特困人员供养、困境儿童救助标准进一步提高。社会事业持续较快发展。学前教育三年毛入园率达到95%以上。11个旗县市区全部通过国家义务教育均衡发展验收，巩固率达到98%以上。

2. 乌兰察布市扶贫发展存在的问题

最突出的问题就是发展不充分、不平衡的问题，这已经成为满足人民日益增长的美好生活需要的主要制约因素。不充分主要表现在：经济总量小，产业结构不合理，三大产业融合不充分。现代农牧业经营体系不健全，龙头企业不多，品牌创建意识不强。传统产业生产方式粗放，生产性物流、仓储、电商等配套体系不完善，服务业发展水平不高。招商引资精准性不够，经济增长还缺乏大项目支撑和强有力的人才支撑。政府债务化解压力大，收支矛盾突出。实体经济融资难问题依然存在。不平衡主要表现在：农村牧区发展欠账多，脱贫攻坚任务艰巨。公共服务水平低，人民群众关心的就业、上学、看病、物业管理等方面还存在不少问题，城市管理水平有待提高。生态环境保护任重道远，资源环境约束日益凸显，全民节水意识和机制没有真正形成，安全生产还有不少隐患。

同时，政府工作还有很多不足，一些干部为企业主动服务意识不强、落实不力，为群众解决问题效率不高、作风不实，"办事难"现象还在一定程度上存在。特别是在打造旅游城市过程中，人性化服务管理水平不高，热情好客、开放包容的城市形象还没有真正树立起来。对此，要高度重视，始终坚持问题导向，坚决克服弊端，加快补齐短板，尽心竭力做好政府工作，决不辜负人民群众的信任和期望。

(参考资料：主要参考乌兰察布市扶贫办扶贫工作总结报告)

【案例分析2】社会工作对扶贫工作的支持案例

一、背景资料

罗婆婆（案主）今年70岁，丈夫6年前因肺癌去世，儿子3年前因病去世，女儿嫁到了万盛。罗婆婆现在和14岁的孙女住在一起，孙女在青木关中学念书。罗婆婆要负担孙女的生活费，她做清洁工，每个月有600元收入。儿媳已经再嫁，每个星期给孙女80元伙食费、车费。罗婆婆没有在拆迁安置时购买社会保险，每个月领取农村社保金95元。罗婆婆生活困难，省吃俭用地过日子，没有钱买衣服，祖孙俩的衣服都是亲戚、邻居送的。

二、案例分析

（一）案主面临的问题

1. 经济困难。案主的家庭缺少主要劳动力，丈夫和儿子相继去世，儿媳已经改嫁。案主年龄较大，但却要担负自己和孙女的生活费。案主每月只能领取95元的农村养老保险，不得不外出做清洁工挣钱养家。

2. 情绪不稳定。案主面临着巨大的生活压力，充满了抑郁、焦虑的情绪，每次讲到自己的生活状况，都会泪流满面。

3. 就业不具优势。案主只有小学文化，并且年龄较大，只能从事类似清洁工的工作，获得少量的报酬，贴补家用。

4. 身体状况不乐观。案主有高血压、脂肪肝、胆结石、风湿病，曾经出现过半瘫、面瘫的情况。案主现在每天吃药控制病情，很担心如果自己病倒了，家庭就会更困难。

（二）案主具备的优势

1. 案主不放弃对生活的希望，尽力改善家庭的经济状况。

2. 案主不依赖救助、努力工作，希望能够为孙女的学习提供经济支持。

3. 案主坚持吃药，控制自己的病情。案主有正确的认知，不会因为经济困难而"拖延就医"。

4. 案主的人际关系网络较好，亲朋、邻里不定期给予案主物资方面的支持。

5. 案主所在的社区工作人员、社工已经知晓了案主家庭的情况，会采取相关的帮扶措施。

三、服务目标和方案

（一）服务目标

1. 缓解案主不良情绪，帮助其树立积极健康的心态，积极面对今后的生活。

2. 为案主提供物质与经济支持，改善案主的经济水平。

3. 为案主链接适当的社会资源和社会活动，建立社会支持网络。

4. 提高案主的身体素质，维持案主的健康状况。

（二）理论支持

任务中心模式把服务介入的焦点集中在为服务对象提供简要有效的服务上，希望帮助服务对象在有限的时间内实现自己所选定的明确目标。

任务中心模式认为，高效的服务介入必须符合五个方面的基本要求：介入时间有限、介入目标清晰、介入服务简要、介入过程精密、服务效果明显。任务中心模式在运用任务实现目标的过程中非常关注服务对象的自主性：第一，服务对象具有处理自己问题的权利和义务；第二，服务对象具有解决自己问题的潜在能力。社工通过任务中心模式进行介入，清晰界定案主的问题——案主家庭缺少主要劳动力，经济困难；案主努力地工作，但却无力改变现状。

社工明确服务过程中需要完成的任务：（1）外界救助及物资支持；（2）疏导不良情绪；（3）提供就业资源；（4）维持案主的健康稳定；（5）通过对第三方（案主孙女）提供服务来满足案主的需求；（6）针对案主需求，提供更多的精准化服务。

（三）服务方案

1. 社工主动介入，了解案主的经济状况、健康状况等，与案主建立专业关系。

2. 社工制订服务计划，并与案主一起确定服务内容。

3. 与案主进行面谈，并邀请案主参与节日活动，缓解案主不良情绪，为案主提供精神支持。

4. 为案主提供上门义诊等医疗便利，让案主关注自身健康，注重日常康复，提升身体素质。

5. 为案主提供节日慰问服务，为案主提供物质支持。

6. 通过对第三方服务，为案主的孙女发布新年心愿单，号召爱心人士捐赠财物，改善案主的经济状况。

7. 提供就业资源，以派发传单类兼职为主。

8. 巩固服务成效，完成结案。

四、服务过程

（一）鼓励案主表达需求，建立信任关系

社工是从社区工作人员处了解到案主情况的，随后与案主建立联系，完成初次面谈。

首先，社工在面谈过程中做到坦诚、细致，向案主介绍了自己的身份以及意图，让案主了解社工的服务方式与范围，消除案主的戒备心理，做好了专业关系建立的第一步。

然后，社工通过直接式与启发式询问，多提开放式问题，了解案主的身体状况、家庭情况、经济状况、主要生活经历等，并在案主讲述过程中注意身体和语言的关注，耐心倾听，避免轻易对案主作出主观引导、道德及价值判断，对于案主表达不清的事情，采取封闭式提问的方式做进一步询问。

在面谈过程中，案主曾几次情绪崩溃，社工为其准备纸巾，注意不要轻易做承诺，在案主情绪平稳后，根据案主感兴趣的话题，再做进一步询问。案主讲述到自己的丈夫、儿子去世，以及目前家庭的经济状况时情绪崩溃。这是案主的压力根源，社工通过陪伴、倾听和疏导，支持案主情绪宣泄。

社工与案主建立了相互信任的专业关系，案主敞开心扉，讲述了自己的基本情况，为社工提供个案服务奠定了基础。

(二) 制订服务计划，连接服务资源

社工对收集到的资料进行分析，得出案主的家庭缺乏主要劳动力是案主陷入困境的根本原因；案主的养老保险金不足以负担案主及孙女的生活是主要原因；案主年迈和工作技能不足导致案主无力改变现状；案主的健康状况是案主生活稳定的基础，维持案主的健康是介入的重要内容。

根据以上结论，社工制订出包括"外界救助+自我提升+第三方服务"的服务计划。

1. 在健康方面，社工联系重庆医药高等专科学校的志愿者为案主提供每月一次的上门义诊服务，为案主测量血压、做推拿、艾灸，舒筋活血、增强案主体质。

2. 在物资方面，社工为案主提供春节、妇女节等节日慰问服务，改善物资匮乏的现状。

3. 在经济方面，社工开展第三方服务，为案主的孙女发布新年心愿单，号召社会爱心人士、企业捐款捐物。并且社工让案主明白社工会努力提供服务，但不是万能的，"心愿单"的方式存在失败的可能性。

4. 邀请案主参加社工组织的节日活动，促进案主融入社区。

5. 社工为案主联系适合的兼职，增加案主收入。社工将制订的计划告知案主，得到了案主的同意。社工连接相关资源，为提供服务做好准备。

(三) 多方服务齐开展，爱心传递见成效

社工成功联系了重庆医药高等专科学校的志愿者提供上门义诊服务。服务之前，社工会就入户、与案主交流的注意事项对志愿者进行培训。服务之后，社工会及时了解案主的感受。案主表示，测血压、推拿、艾灸很切合她的病情，她没有多余的钱去做相关康复治疗，十分感谢社工联系的义诊服务。节日慰问是社工提供的直接关爱服务，在提供物质帮助的同时，让案主感受到关爱，增强力量。社工收集案主及其孙女情况的佐证材料，撰写相关文字材料，通过仁爱公众微信号进行推广。同时，案主的情况得到了重庆市公众微信号的推广，让更多的爱心人士、企业了解到案主的情况。社工在推广的过程中注意对案主进行隐私保护，案主和孙女的照片均做马赛克处理，佐证材料未公开，仅提供给有意向捐赠且需要核实案主情况的人员。

功夫不负有心人，通过一个多月的信息传播，案主的孙女得到了某爱心单位捐赠的羽绒服和棉裤过春节；爱心个人朱老师为案主的孙女提供每月200元的费用资助。社工在案主与爱心人士、企业的沟通中做好了"桥梁"作用，既维护了案主的隐私与尊严，又尊重爱心人士、企业的意愿。朱老师提供的每月200元的资助费用，极大地缓解了案主的经济困难，案主对此十分感谢。

（四）自强不息努力前进，积极乐观勇敢生活

案主接受了社工、社区及社会各界的关爱，心态更加积极，对于接下来的生活更有信心。而且，案主并未依赖救助，仍旧努力工作，希望通过自己的努力为孙女提供更好的成长平台。社工为案主介绍了为某医院发放宣传单的兼职，案主很感谢。生活虽然给了案主很多苦难和坎坷，但是有了社会的关爱以及案主的努力，案主的人生会更加丰满。正能量会促进案主不断前进，努力生活！

五、服务评估

（一）目标完成情况

1. 社工通过面谈和直接关爱服务，促进案主情绪稳定，心态积极。

2. 社工通过慰问、"心愿单"等服务，为案主提供物质和经济支持，改善了案主经济拮据的现状，提高了生活水平。

3. 为案主联系了兼职资源，提高案主的收入。

4. 案主的身体状况稳定，没有出现病情恶化的情况。

（二）评估方法——任务完成测量法

服务对象的目标被分解成许多具体的行动和任务，通过探究服务对象和社工完成了哪些既定的介入任务来确定介入的影响。通常运用五个等级的尺度来测量任务完成情况：没有进展，0分；极少实现，1分；部分实现，2分；大体上实现，3分；全部实现，4分。将每项任务的最后得分加在一起，然后除以可能获得的最高分数，再乘以100%，就能确定完成或者介入行动成功的百分比。

任务	没有进展	极少实现	部分实现	大体上实现	全部实现
情绪稳定、心态积极					4
维持健康稳定				3	
经济和物质方面的水平提升					4
收入提升					4
介入行动成功百分比：94%					

六、专业反思

（一）良好的倾听促进有效沟通

沟通首先是听的艺术，善于倾听可以使沟通更为高效。社会工作者在面谈过程中要注重倾听，给对方一些时间和空间，不打断对方的话或者接下茬，不急于表达自己的观点，盲目作出判断。

倾听是对诉说者的尊重，让案主感受到关心和关注。社会工作者在面谈过程中注意倾听的身体语言，身体略微向前倾、保持良好的目光接触，有助于案主自我表达。通过良好的倾听，社工收集到案主的相关信息，与案主建立信任关系。同时，社工需注意，倾听并非代表纵容案主漫谈，社工要注意适当聚焦和引导，让案主的话题围绕面谈的主题进行。

（二）精神支持在困境中的作用

积极、勇敢、坚强是支持案主走出困境的精神力量。社工在介入过程中，一是通过倾听了解案主的内心世界，协助案主合理宣泄不良情绪；二是通过同理、体贴、启发、鼓励等方式舒缓案主的精神压力，帮助其认识问题、改善心境、提高信心；三是通过慰问等直接的关爱服务，增强案主的生活幸福感，让案主在感动中受到鼓舞，勇敢面对生活。

（三）资源链接促进服务成效

个案工作是社会工作的基本方法之一，为了全方位地满足案主的需求，可与小组、社区服务结合开展。对于处于困境中的服务对象，资源链接是有效的帮扶措施。在本案例中，社工连接了医疗资源、爱心个人、企业资源，通过一对一的帮助，解决案主的困难。社工联系到了爱心人士为案主提供持续性的资金救助，对于改善案主的经济情况有较好的作用，成效明显。

（四）"助人自助"是根本

对于贫困、低收入的服务对象，社工牢记"助人自助"的服务理念，在提供直接帮扶措施的同时，注重对案主进行支持与鼓励，增强改变现状的能力和信心。同时，社工注意减少案主对救助的依赖性，坚持"授人以鱼不如授人以渔"，增强其独立性、自主性，为案主联系合适的工作，通过自身的能力增加收入，实现助人与自助的相互影响、相互促进。

七、结案与跟进

个案服务目标已经达到，案主的情况有了明显改善。社工鼓励案主保持成效，告知其结案的事宜。案主对于社工的工作表示理解，并表示会将所有的关爱转化为动力，坚强地生活下去。接下来，社工会持续跟进爱心个人资助事宜，留存相关档案材料，并且持续提供每月一次的上门义诊服务。扶贫助弱工作还在继续，社工会运用专业理论和方法开展帮扶工作，让更多人的生活得到改善。以任务中心模式为理论基础的实务案例，可以有效帮助贫弱老人恢复正常生活。

(参考资料：乐莉. 扶贫个案怎么做？重庆仁爱社会工作服务中心.)

第十章　社会保险的福利分析

> **学习目标**
>
> 本章内容属于应用福利经济学分析之一。通过本章的学习，了解社会保险的基本概念、特征以及社会保险制度的福利功能，在此基础上进一步了解社会保险福利陷阱的含义、特点以及各项主要社会保险项目福利陷阱的发生情况和影响以及应对措施。通过本章内容学习，将使我们更加准确完整地理解和掌握社会保险的各项福利功能，并有利于进一步完善社会保险制度建设。

第一节　社会保险的含义、特征与功能

一、社会保险的含义与特征

（一）社会保险的含义

社会保险（Social Insurance）是指国家为了预防社会风险带来的不确定性以及损失而强制社会多数成员参加的，具有收入再分配功能的非营利性的社会保障制度。具体而言，社会保险是一种为丧失劳动能力、暂时失去或永久离开劳动岗位、因健康原因造成损失的社会成员提供收入或补偿的一种社会和经济制度。社会保险计划由政府举办，强制某一群体将其收入的一部分作为社会保险税（费）形成社会保险基金，在满足一定条件的情况下，被保险人可从基金获得固定的收入或损失的补偿，它是一种再分配制度，目标是保证物质及劳动力的再生产和社会的稳定。社会保险主要包括养老保险、医疗保险、失业保险、工伤保险、生育保险等。

（二）社会保险的特征

社会保险作为社会保障制度的重要组成部分，是化解各种社会风险、促进社会和谐稳定的重要利器。社会保险是现代人类文明社会发展的标志，综合而言，社会保险具有六个特征。

第一,保障性。保障性是指社会保险可以保障劳动者的基本生活。社会保险的根本目的是保证人们收入稳定、生活安定,发挥社会稳定器的作用。在社会成员因为某项风险而丧失了工作能力或谋生机会时,可以通过社会保险获得收入补偿以维持生计。

第二,普遍性。社会保险要求社会化,凡是符合法律规定的所有企业和社会成员都必须参加,也就是社会保险覆盖了所有社会劳动者。

第三,互助性。社会保险通过法律的形式向全社会有缴纳义务的单位和个人收取社会保险费建立社会保障基金,并在全社会统一用于济助被保障对象,同时各项社会保险基金可以从统一基金中相互调节。社会保险利用参加社会保险者的合力,帮助一部分遇到风险的社会成员,实现互助互济、满足急需。

第四,强制性。是指社会保险是通过立法强制实施的,社会保障的内容和实施都是通过法律进行的。社会保险由国家立法规定,强制各类用人单位和职工参加社会保险。社会保险的各项规则具有法律的严肃性。

第五,福利性。是指社会保险不以营利为目的,实施社会保险完全是为了保障社会成员的基本生活。社会保险完全是一种政府行为,以发展公共福利为己任,确保所有社会成员生存权利的实现。

第六,公平性。是指社会保险制度有助于促进社会的整体公平,是实现收入再分配的一种方式。公平分配是一国政府宏观经济政策的目标之一,社会保险作为一种分配形式具有明显的公平特征。

二、社会保险的功能

社会保险的功能是指社会保险制度及社会保险事业在社会经济运行发展中所起的作用和功能。社会保险作为社会稳定器之一,可以缓解社会矛盾、促进社会稳定发展。其主要功能体现在五个方面。

一是保障基本生活。保障公民的基本生活,是社会稳定和经济发展的前提,也是社会保险制度最核心的功能。国家建立社会保险制度,保障公民的基本生活,免除劳动者的后顾之忧,是人权保障的重要内容,是社会进步的体现。如今,社会保险已经成为国际公约和绝大多数国家法律明确规定的公民的一项基本权利。

二是维护社会稳定。19世纪,资本主义国家之所以要创建社会保险制度,其根本原因就是要以此巩固资本主义生产方式,缓和阶级矛盾,维护资产阶级政权的统治和社会稳定。所以说,社会保险制度是工人阶级长期斗争的结果。第二次世界大战后,社会主义在许多国家取得胜利,促使资本主义国家政府更加重视社会保险,不得不发展社会福利事业，其根本目的就是缓和阶级矛盾，维持资产阶级统治。我国是社会主义国家，社会主义国家的本质是解放生产力、发展生产力、消灭剥削、消除两极分化，最终实现共同富裕。实行社会保险，有利于缩小社会贫富差距，增进社会整体福利，是社会主义国家实现共同富裕目标的一项重要手段，从而从根本上维护社会稳定。

三是促进经济发展。首先，社会保险制度作为需求管理的一个重要工具来发挥作用，从而对经济起正面的作用。社会保险可以调节社会总需求，平抑经济波动。当经济衰退而失业率上升、人民生活水平下降时，失业保险和社会救济有助于提高社会购买力、拉动有效需求、促进经济复苏；当经济高涨而失业率下降时，社会保险支出相应缩减，从而使即期的社会总需求不致过度膨胀。而且，政府可以通过调整社会保险费（税）率和待遇支付标准，主动调节社会总需求，减少经济波动。其次，社会保险基金的有效利用可以促进经济的持续繁荣，社会保险基金的长期积累和投资运营有助于完善资本市场。最后，社会保险确保劳动者在丧失经济收入或劳动能力的情况下，给予经济补助，使他们能够享有基本生活条件，保证劳动力再生产进程不致受阻或中断。同时，国家还可以通过生育、抚育子女和教育津贴等形式对劳动力再生产给予资助，以提高劳动力资源的整体素质。

四是通过收入再分配，保持社会公平。社会保险是市场经济国家保持社会公平的一个重要手段，其作用主要表现在两个方面：一是通过保障全体社会成员的基本生活，在一定程度上消除社会发展过程中因意外灾害、失业、疾病等因素导致的机会不均等，使社会成员在没有后顾之忧的情况下参与市场的公平竞争；二是通过在全体社会成员之间的风险共担，实现国民收入的再分配，缩小贫富差距，减少社会分配结果的不公平。

五是增进国民福利。社会保险的最初含义是"救贫"和"防贫"，即保证所有社会成员至少都能享有最低的生活水平。随着经济的发展和社会的进步，社会保险的内容在不断扩充。现代社会保险不仅承担着"救贫"和"防贫"的责任，而且还要为全体社会成员提供更广泛的津贴、基础设施和公共服务，从而使人们尽可能充分地享受经济和社会发展成果，不断提高物质生活和精神生活的质量。

第二节 社会保险的福利特征

社会保险的福利性，主要是指社会保险事业不是追求营利，而是为全体劳动者提供生活保障、改善待遇。从广义上说，社会保险也是一种福利事业。社会保险的经费来自单位或企业、个人、政府三方，因为费用是几方面负担的，所以个人负担不重。国际劳工组织规定，社会保险费个人只能负担一半，这是极限，不能越过这个极限。社会保险的福利性还表现在社会保险除了有现金给付以外，还有医疗护理、伤残重建、职业康复、职业介绍以及许多老年服务等。具体而言，社会保险的福利性体现在养老保险、医疗保险、失业保险和工伤保险等几个方面。

一、养老保险福利性

养老保险是社会保险的主要构成部分，是社会保险福利性的主要体现。养老保险福利性主要表现在四个方面。

一是强调养老保险待遇的普遍性和人道主义。例如，瑞典强调只要年满65岁，不论其经济地位和职业状况，都可以获得同一金额的基本养老金。如果退休前收入较低或工龄较短而影响附加年金的数额，则政府给予补贴，其年金与贡献的关联度比较弱。退休人员除了享受基本年金（普遍年金），还享受与收入相关的年金。

二是养老保险基金一般来源于专门征收的社会保险税（费），基本上主要由国家和企业负担，个人不缴纳保险费或缴纳低标准的养老保险费。例如，瑞典退休者在工作期间不必缴纳任何保险金、保险税，或缴纳低标准的社会保险费；英国规定每个有工作的人，不论是雇员还是私营者，每周均需向国民基金会缴纳保险金，个人缴纳的养老保险费为工资总额的6.5%，企业主按工资总额缴纳13.5%。

三是崇尚公平，不惜以牺牲效率为代价。从享受待遇条件看，首先必须是具备公民资格条件，其次才是在该国居住一定期限。例如，多数国家规定凡在本国居住一定期限的公民，不论收入、工作和经济情况如何，都依法有按统一标准享受普遍养老金的权利。

四是养老保险作为社会保障的一个重要组成部分，承担着社会收入再分配的重要手段作用，使得社会收入分布较为均衡合理，有利于社会和谐稳定和民生保障水平的不断提升。

综合上述，养老保险具有多方面的福利性特征，因而养老保险已经成为现代社会稳定发展不可或缺的一项重要公共政策，是各国公共政策体系优先制定完善的组成部分。我国对于完善养老保险制度更为重视，并且将其视为全面建成小康社会的重要手段之一。

二、医疗保险福利性

医疗保险的福利性是我国医疗保险制度的本质属性，也是社会保险福利性的重要组成部分。社会医疗保险的福利性，是指国家、社会和企事业单位对劳动者及其家庭成员因伤病等所需的医疗费用提供的帮助和照顾，在我国，其中还包括生育保险的福利性。

社会医疗保险福利性具体表现在五个方面。

第一，医疗保险制度为广大劳动者及其他社会成员提供医疗保险，是劳动者公民享有的基本权利，也体现了政府和社会的责任。

第二，医疗保险不以营利为目的。其宗旨是全心全意为保障劳动者及其他社会成员健康服务，医疗保险资源是"取之于民、用之于民"。

第三，社会医疗保险费用由个人、单位和政府三方合理负担。对劳动者及其他社会成员来说，不与劳动状况、社会贡献等挂钩，个人虽负担部分费用，但不与投保金额挂钩，不强调等价交换，因而社会医疗保险具有照顾帮助的性质。

第四，医疗保险基金专款专用的分配使用原则。该原则决定了医疗保险基金的结余资金不得挪作他用，必须积累下来，应付未来的疾病风险。

第五，我国社会医疗保险中的生育保险为参保社会成员的生育医疗、津贴以及产假等给予保障，这个政策必然有利于优生优育，有利于我国整体人口素质的稳定提升。

医疗保险的福利性是指国家、社会对劳动者及其他社会成员伤病医疗费用的照顾和帮助，但不能理解为一切由国家、社会包下来。我国目前还处于社会主义初级阶段，由于受到社会经济发展水平等客观条件的限制，医疗保险的福利性还存在某些局限。但是，随着我国国民经济和社会的发展，医疗保险制度逐步完善，其福利性将日益充分显示，这正是中国特色社会主义制度优越性之所在。

三、失业保险福利性

失业保险制度作为社会保险制度的组成部分，属于国家国民收入再分配的一种制度，它有利于劳动者在丧失收入的情况下，获得基本的物质帮助和再就业帮助。在我国，失业人员在满足非因本人意愿中断就业，已办理失业登记并有求职要求，按照规定参加失业保险、所在单位和本人已按照规定履行缴费义务满1年这三个条件后、即可享受失业保险待遇。我国失业保险的福利性主要表现在五个方面。

第一，我国失业人员符合有关条件者可以按月领取失业保险金，即失业保险经办机构按照规定支付给符合条件的失业人员的基本生活费用。

第二，我国失业人员符合有关条件者可以领取在享受失业保险金期间的医疗补助金，即支付给失业人员失业保险金期间发生的医疗费用的补助。

第三，我国失业人员符合有关条件者可以获得在领取失业保险金期间死亡的丧葬补助金和供养其近亲属的抚恤金。

第四，我国失业保险还为失业人员在领取失业保险金期间接受职业培训给予补偿，帮助其再就业。

随着我国经济不断发展以及社会不断进步，我国社会保障体系也在不断地改革和完善，国家特别关注底层农民工的权益待遇。2018年实施城乡统一的失业保险政策，取消现行条例"农民合同制工人个人不缴费，失业之后领取一次性生活补助"的特殊规定。

四、工伤保险福利性

工伤保险作为我国社会保险体系的一个重要组成部分，对于现阶段我国完善社会主义市场经济体制，建立现代企业制度具有十分重要的现实意义。社会工伤保险具有补偿和保障的性质，经费由企业负担。与其他社会保险项目相比较，工伤保险待遇最优厚、保险内容最完备、保险服务最周到，并且容易实现。根据2010年12月20日国务院关于修改《工伤保险条例》的决定，新条例于2011年1月1日起施行。新条例在扩大工伤保险适用范围和工伤认定范围、简化工伤认定程序、提高工伤待遇水平、增强参保强制性等方面进行了修订和完善，赔偿标准有较大提高。工伤保险的福利性主要表现在三个方面。

第一，工伤保险树立了取之于民、用之于民的服务宗旨。它又是各级政府补贴的社会保险。当发生重大伤亡事故出现基金超支时，先由统筹地区调剂，不足部分由财政兜底支付，因此它的保障性最强。

第二，工伤保险缴费少、回报高。按现行二类企业最低标准缴费，每人每月只需十几元，参保期间职工发生工伤所需的住院费、医疗费、药费等全部按规定予以报销，上不封顶。如果职工因工致残，还要享受补助金和津贴等待遇。1~4级伤残的，一是由工伤保险部门支付伤残补助金。标准为：一级伤残为27个月的本人工资（本人工资以参保时缴费基数为准），二级伤残为25个月的本人工资，三级伤残为23个月的本人工资，四级伤残为21个月的本人工资。二是由工伤保险部门按月支付伤残津贴，标准为：一级伤残为本人工资的90%，二级伤残为本人工资的85%，三级伤残为本人工资的80%，四级伤残为本人工资的75%，一直供养到寿终或者职工办理退休领取养老金之日。职工受伤较轻属于5~10级伤残的也应享受相应的补助金。如果发生死亡事故，每人一次性支付丧葬补助金6个月统筹地区上年度职工月平均工资，2010年现行标准为2 159元/月。一次性工亡补助金标准为上一年度全国城镇居民人均可支配收入的20倍。此外还要按月支付供养亲属抚恤金，符合条件的配偶和老人一直供养到寿终，子女供养到18周岁。由此可以算出工伤保险具有非常高的回报率和优越性。

第三，工伤保险给付条件最宽。享受工伤保险待遇不受工龄条件限制。当月参加工作，当月参保，当月发生工伤事故当月即可享受工伤保险待遇。

目前，我国全面实施工伤保险，这样工伤事故就可以由国家社会保险机构来承担。这样做可以及时、公正地保障工伤保险待遇，简化了法律程序，提高了效率，使企业和雇主从工伤赔偿纠纷中解脱出来。既保障了职工工伤权益，又分散了用人单位工伤事故风险，为企业的良性发展提供了有力保障。

第三节　社会保险福利陷阱分析

一、社会保险福利陷阱的含义及分析

社会保险福利陷阱是指由于过度社会保险制度的实施使得社会经济发展陷入停滞不前，财政支付难以为继的状态。社会保险福利陷阱最初主要发生在高福利的西方国家中。例如，英国是第一个建立"从摇篮到坟墓"的福利国家，而瑞典则是福利橱窗，是全世界社会保障福利最高的国家。这些实行高保障福利的国家在20世纪70年代末均遇到了发展困境，因为经济效率低下一度影响到经济可持续发展。社会保险福利陷阱是因为高税收、高福利导致了"养懒汉"的现象。高额累进税率最明显的结果就是工作与不工作得到的收入差不多，有些国家的养老保险最后的给付都是均一的，所以更多的人选择不工作来接受国家救济（失业保险转社会救助），因而国家财政负担过重，加之人口老龄化带来的代际供养率过高，财政更是不堪重负。希腊政府破产与社会保险福利陷阱就有天然联系。

劳动力减少自然导致经济发展缓慢，政府财政税收减少还需支付高额福利金，政府越来越穷直到难以负担高额社会保险福利金。对于这些国家来说必然是"福利陷阱"。因此，高额社会保险福利是导致社会保险福利陷阱的最根本原因。

因此，我国社会保险必须立足基本国情，以保基本为优选目标，防止高福利倾向。我国仍处于社会主义初级阶段，社会保障事业发展的经济基础较弱。同时，我国人口年龄结构将发生显著变化，在总和生育率下降与人均预期寿命延长等因素的推动下，老年人口占比不断上升，老年人口高龄化日益突出。社会保险制度建设要合理把握改革力度和进度，根据经济社会发展基本情况以及个人、企业和财政等方面的承受能力，以满足人民群众基本需求为目标，合理确定社会保险项目和水平。要防止脱离经济社会发展和社会结构的实际情况，超出财政承受能力，以揠苗助长的方式推进社会保险制度建设和提高社会保险待遇水平，避免重蹈一些国家陷入"高福利陷阱"的覆辙。

二、养老保险福利陷阱分析

养老保险福利陷阱是指由于养老保险制度设计和承诺不合理而导致养老保险待遇支付出现困难,陷入难以为继的状态。养老保险是社会保险的核心成分,承载着维护社会稳定发展的重担。一旦出现养老保险福利陷阱,整个社会就会陷入不稳定状态,如果不能有效、及时处理的话,就可能出现人道危机。因此,我们必须谨慎安排社会养老保险,确保实现养老保险制度的平衡。

目前,我国个别地区已经面临着较为突出的养老金缺口问题。例如,某些西部省份以及东北地区的养老金当期收不抵支,而且支付待遇水平较低,难以满足当前生活水平的需要。我国养老保险基金在缴费方面是由个人和单位共同缴付。其中,个人份额相对较少,缴纳工资的8%,单位为职工缴纳工资2019年已降至16%。值得注意的是,单位缴纳的那部分金额全部进入社会统筹账户,由国家统筹,只有个人的8%会进入个人账户。正常情况下,养老金的领取是在养老保险累计缴纳15年并达到法定退休年龄后,按月领取,养老金按照"基础养老金+个人账户养老金"除以计发月数的方式发放。除了个人账户部分严格返还外,基础养老金到底是多少,不但各个区域基数不同,而且各时期也会出现变化,并不是根据个人所缴纳的统筹账户的数额来定。单位缴纳部分是社会强制养老保险中最大的一部分,也是职工的劳动创造,而这一部分形成的基础养老金却和个人积累多少无关,基本由地方政府确定。

我国养老保险制度实行的基本上是现收现付制度。20世纪90年代以前,中国并没有建立统一的社会保险制度,社会保险建立之后,一部分退休职工实际上没有缴过保险费或只缴了很少的保险费,但仍享受社保支付的养老金。他们的养老金实际上是现在正在工作的一代人支付的。社会统筹账户里面的钱,一进入账户,就被国家统筹,支付给了现在的退休人员;个人账户的资金,理论上进行投资累积,但由于统筹账户严重收不抵支,个人账户的资金也被挪到统筹账户中,并未进行投资增值。考虑到我国人口红利逐渐耗尽,未富先老成为注定的现实,工作人口,即缴费人口也将不断减少,现收现付模式必然会出现较大缺口,这个缺口必然对统筹部分的基础养老金造成极大的压力。

我国1998年虽然进行了社会保险制度改革,建立了社会保险的基金积累制。但是如上所述,改革前已经积累的养老权利没有有效资金安排,导致我国名义上实施的"基金积累制"变成了实际的"现收现付制"。解决这个基金缺口的办法只有靠财政补贴,或用国企资产红利等来补充。实际上,国企目前正在领取退休金的那几代老人是在低工资、低福利、剪刀差等制度下,无私甚至被迫奉献积累起来的养老金权利,不管是红利还是产权，他们都理应从中获得应有的回报，而非现在以"啃小"作为主要养老方式。

当前我国面临的养老保险福利陷阱，一方面是由于我国社会保险体制转轨过程中缺乏资金接轨以及有效安排造成的，这个问题就需要通过国有资产变现或者国有企业利润等来予以兑现；另一方面则是由于人口老龄化急剧加快，整体社会未富先老，社会人口结构发生了很大变化造成了现在的养老危机问题。当代人既为现在的老人支付养老金的同时，也为自己未来的养老保险基金进行积累，这样无疑加大了未来养老金的兑现风险。因此，为减少未来养老金兑现风险，应该尽快通过政府财政补贴和国企红利的支持化解当前养老保险基金缺口问题，以避免社会养老保险福利陷阱的延伸。

现今，我国养老金缺口扩大及区域不平衡、部分地区收不抵支的问题日益凸显。2017年，人力资源社会保障部发布的《中国社会保险发展年度报告2016》预测，到2050年，养老保险抚养比将由目前的2.8下降到1.3，也就是说，平均1.3个参保人就要供养一个老人。在支付压力不断增大、如何破除养老金缺口困局成为人们关注焦点的情况下，自2017年以来，相关政策不断出台，促进了基本养老保险制度的改革。

首先，划转国有资本充实社保基金账户。划拨国有资本充实社保基金，主要是解决国有企业职工基本养老保险制度初期遗留的已经参加工作的企业员工没有缴费而视同缴费形成的缺口问题。2017年11月，国务院印发的《划转部分国有资本充实社保基金实施方案》明确，从2017年开始，将选择部分中央企业和部分省份试点，统一划转企业国有股权的10%充实社保基金。此次纳入划转范围的是中央和地方国有及国有控股大中型企业、金融机构。中国社科院世界社会保障中心主任郑秉文在接受媒体采访时表示，划转资金总规模有可能超过10万亿元。

其次，促进养老保险基金入市打开新局面，基本养老保险基金投资稳步开展。在坚持安全投资、稳健投资的原则下，养老保险基金有必要多路径投资，这将有利于提高养老保险基金的收益水平，实现养老保险基金的保值增值。据统计，2017年3月底，北京、上海、河南、湖北、广西、云南、陕西等7个省（区、市）政府与社保基金理事会签署了委托投资合同，总金额达3 600亿元，其中1 370亿元已经到账并开始投资。

最后，由于我国人口老龄化日益加重，通过实施延迟退休，可以有效减少当前领取养老金人口，缓解养老金支付压力。我国基于人口老龄化的大背景提出的延迟退休政策可以分三步走：一是在实施上小步慢行、逐步到位，如每年往上调几个月；二是区分对待，分步实施，如选取现在退休年龄相对较低的部分岗位开始；三是会在实施之前做及时的公告，在方案出台前广泛地听取和征集意见。

以上养老保险改革政策实际上是在养老保险基金"开源节流"上做文章，这些政策是符合我国现行国情特点的,也是切实可行的有效养老保险政策,这些政策的及时实施将有益于我国社会经济的长期稳定有序发展。

三、医疗保险福利陷阱分析

医疗保险福利陷阱是指,由于医疗保险制度设计和管理的不合理而导致医疗保险出现资源使用浪费、医疗保险基金入不敷出,并使政府财政不堪重负的状态。近年来,随着我国医疗保险的不断发展与完善,医疗保险覆盖面不断扩大,对保障居民的基本医疗需求起到了积极作用,减轻了居民医疗所要承受的负担。医疗保险还有法律作为发展的有力支撑,能够保证医药补偿资金的充足与稳定。尽管医疗保险为我国居民带来很多益处,但仍存在很多问题阻碍医疗保险体系的发展与完善。

医疗保险由于是对医疗卫生事业的保障,以及由于疾病风险的复杂性和医疗事业的专业性,因此医疗保险面临的风险极高,医疗保险基金运行的难度更大。医疗保险承保的疾病风险繁多,疾病治疗方案及所需费用的不确定性较大,因此如何确定合理的医疗保险费用支出是十分棘手的问题。此外,医疗保险中还存在信息不对称问题:医疗保险机构与医院等治疗机构存在专业信息的不对称,医院等治疗机构与病人存在疾病与治疗方式等信息不对称。这些信息不对称就会产生普遍的逆向选择和道德风险问题。其中,逆向选择是医疗保险承保前的信息不对称:由于参保人身体状况是私人信息,且信息不对称,高风险病人倾向于参保,低风险病人较少参保,平均风险率相对就提高了。而道德风险是医疗保险承保后的信息不对称:医疗保险可能导致参保人对预防疾病漠不关心,事实上鼓励了医疗保险服务的过分使用。

由于上述分析的原因,医疗保险中往往存在医疗服务的过度消费与供给,由此形成了医疗保险福利陷阱,导致医疗费用支出不堪重负。同时,医疗保险基金运行管理不够科学,对于医疗保险的投资方式与风险规避的重视不够,使投资渠道单一,风险度增加,导致医疗保险基金保值增值水平不够。

在我国医疗保险发展的过程中,不仅存在制度层面上的问题,在实际运行过程中也存在很多不利因素。对医疗保险投保过程中的安全保障力度不足,风险性极大。此外,对于投保过程中资料的保存重视不够,导致很多重要资料缺失,影响投保人获取补偿的准确度,不利于社会医疗保险后期工作的推进,容易造成投保人对其产生不信任的局面,阻碍社会医疗保险的发展。

此外,由于医疗保险机构与医疗机构间的合作机制存在不合理性,导致双方很难形成利益与风险共担的良好合作形式;医疗保险机构与医疗机构的合作存在一定的信息隐藏，信息的不透明化直接导致医疗保险机构在事件后期赔偿中存在困难，对于骗保行为很难进行有效判定，造成利益受损。另外，基于目前我国医疗保险运行的现状，医疗保险机构对于合作医疗机构的管理未能做到行之有效，导致出现很多问题：医疗服务成本高、无相关的医疗补偿标准、技术未能达到需求，造成我国社会医疗保险效益偏低，甚至入不敷出。基于上述种种原因，我国医疗保险福利陷阱重重，需要下大力气进行医疗保险制度和管理机制的改革。目前，我国一方面不断加大医疗保险制度的改革与完善；另一方面也不断加大医疗保险的福利性和覆盖面，推进全民医疗保险。

1. 强化第三方支付，实行"第三方支付+医保"模式

这一方式大大提高了医疗报销支付结算的效率，有利于避免医保欺诈行为的发生，有利于医疗信息数据资源的共享。第三方支付包含四个方面的内容。

（1）医保账户与第三方支付账户关联。第三方支付平台通过与社保系统建立的数据接口，可以采集医保患者的基本信息。患者通过身份证号和社保号在第三方支付平台或APP上注册虚拟社保卡，与医保中心信息库内的个人信息及身份待遇进行关联，同时实名绑定银行账户，在医保身份—待遇—付款等多个环节间通过第三方平台实现交易。第三方支付医保账户的绑定要求医保患者必须在第三方支付平台上注册有实名认证的借记卡或信用卡信息。对于医保患者的认证是通过医保系统及银行个人征信系统共同完成的。

（2）医保分解结算流程。医保患者绑定信息后，经医保中心和第三方平台双重认定核验后，虚拟社保卡建立成功。在公立医院挂号就诊的信息会通过第三方平台传送至医保中心信息库，医保中心根据其享受的医保待遇，实时分解费用并将支付数据返回第三方平台，在第三方平台完成所需负担部分的支付。此流程的实现依托于第三方支付平台对大数据处理和信息安全保障能力，能够在极短时间内完成多方的数据分析与计算，以保证患者费用实时准确分解。

（3）医保患者身份核实与认证。第三方支付平台在患者身份认证方面具有优势，可以将身份信息通过国家公安网络、银行信息系统、医保信息平台以及电子照片等进行多重鉴别，改变了原有医生仅通过社保卡肉眼比对照片核实身份的现状，对识别患者身份的真实性和唯一性更加缜密。同时，在交易过程中，有动态密码实时刷新，虚拟社保卡输入支付宝密码等步骤，防止了社保卡冒名使用的骗保行为，对严格实名就医行为有很大帮助。在对真实就医信息进行关联后，对过度医疗、不合理用药、高额处方等行为也有所监控，对医院合理治疗的管理有促进作用。

（4）医保基金安全措施。从患者层面看，一张社保卡与一个支付宝账户绑定，如需更换账户，需先将原账户解绑。在医保支付时，第三方支付平台会校验交易渠道及用户

ID 与在医保信息平台中备案的信息是否一致，如果不一致则拒绝交易。从基金层面来看，医保基金支付部分，第三方支付平台只采集交易信息流，不走资金流，所以不影响医保既有结算政策和规则。

2. 医疗保险采取联合保险方式，个人需要支付一定比例的医疗费，这样就可以有效避免医保中的逆向选择和道德风险行为

医疗保险要兼顾公平与效率，通过个人支付一定比例的医疗费，在高风险病人和低风险病人之间就可以达到一定的平衡，也可以在一定程度上减轻高风险投保人"排挤"低风险投保人的情况。医疗保险尽管可以通过事前体检来规避逆向选择，但是体检也有可能存在隐瞒信息的情况，因此只有确立好风险分担机制才是医疗保险长期发展的根本。此外，联合保险方式还可以规避参保人的道德风险行为，提高其防范疾病意识。联合保险方式还可以避免过度医疗的发生。在信息较为透明的情况下，参保病人需要支付一定比例的医疗费时，参保病人自动会选择医疗费用较少的医疗方式，这样即可避免造成医疗资源浪费的过度医疗。图 10-1 显示了自付一定比例医疗费的情况。

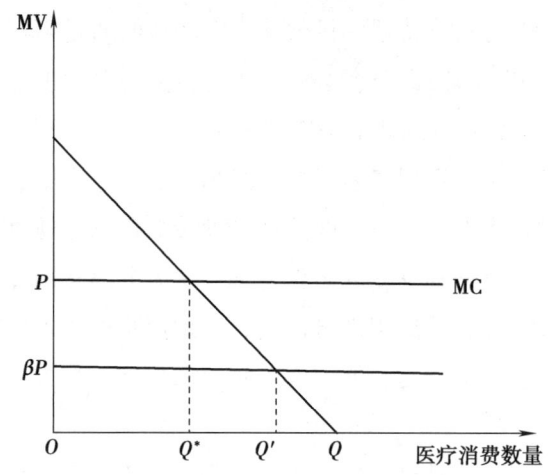

图 10-1　完全自费和个人自付一定比例医保的医疗消费比较

在图 10-1 中，MV 曲线是边际价值曲线，代表了需求曲线，价格越低，医疗消费需求量越大。水平线是边际成本曲线，代表了供给曲线。在完全自费情况下，医疗消费需求量为 Q^*，个人支付 β 比例费用后选择医疗消费为 Q'，免费医疗不支付费用时选择消费 Q（此时就会出现过度医疗）。

由上述分析可见，在医疗保险中一定要完善医疗付费方式，避免医疗保险中的欺诈行为以及医疗服务的过度消费和供给。为此，要实行医疗费用分摊，设置医保支付的起付线。在住院医疗以及大额医疗费支付中，要求参保患者自付一定比例医疗费，并且在医疗保险报销医疗费时，还要设置医保报销的最高限额等。通过这些医疗保险制度的完善，即可一定程度上避免医疗保险的过度消费和恶意供给以及医疗保险福利陷阱的发生。

四、失业保险福利陷阱分析

失业保险福利陷阱是指由于失业保险制度设计和管理的不完善而导致失业保险基金入不敷出，并使政府财政资源大量浪费的情况。失业保险也是我国社会保险体系的重要组成部分。我国失业保险福利陷阱的表现形式有：一是对失业保险基金的冒领和套取，造成了"应保未保，不该保却保"的状况；二是出现了虚假职业培训或不合格职业培训套取国家培训补贴资金的情况，近年来在某些地区这种情况较为严重，需要严格培训标准管理，增强培训效果；三是失业保险主要资助临时性失业人员的生活及再就业补贴，因此关键是促进再就业，避免有了失业保险津贴而形成"养懒汉"现状。为了有效规避社会失业保险福利陷阱，有必要了解失业保险发展的历史和现状。

我国的失业保险制度是在1986年正式建立的。1986年，由于我国改革开放的不断深入，出现了企业倒闭、职工失业的情况，为此国务院颁布了《国营企业职工待业保险暂行规定》，明确规定对国营企业职工实行职工待业保险制度。当时建立失业保险制度的主要目的之一就是配合国有企业改革和劳动制度改革。

1986—1993年是我国失业保险制度形成和初步运行时期。1993年4月，国务院发布了《国有企业职工待业保险规定》，这一规定的发布和实施标志着我国失业保险制度进入了正常运行时期。1999年，《失业保险条例》扩大了失业保险的覆盖范围，将城镇集体企业、外商投资企业、私营企业及其职工、部分机关、社会团体和事业单位及其职工也纳入了失业保险的范围。为了增强失业保险基金承受能力，部分省市实行了个人缴费。截至2018年年底，参加失业保险人数达19 643万人，当年增加了859万人。在2018年年末，全国领取失业保险金人数为223万人。

从我国失业保险发展历史来看，我国失业保险存在以下问题：一是失业保险基金承受能力较弱，由于覆盖范围窄，又主要限于用人单位单方缴费，收缴的失业保险费数额有限；二是统筹程度不高，失业保险基金主要实行地区统筹，只有部分地区建立了调剂金制度，失业保险社会互济功能不能得以充分发挥。此外，我国失业保险制度运行中存在的参保与失业群体之间错位、基金巨额结余与保障功能弱化的不对称和失业保险供求失衡的结构性矛盾限制了失业保险制度功能的有效发挥。

为此，要通过强化失业保险不同功能的政策适应性和针对性设计，以及针对不同失业群体失业保障需求、不同企业雇佣水平、不同行业失业风险和不同统筹地区失业保险基金运用的差异性政策设计，强化失业保险制度的保障功能，提高失业保险制度的吸引力和参保水平。同时，加强失业保险制度对劳动者积极就业的经济激励，增强失业保险制度的灵活性，有效规避社会失业保险福利陷阱的发生。

【本章小结】

本章主要对社会保险的各项福利特征和福利功能以及福利陷阱做了系统论述。第一节首先介绍了社会保险的基本概念和特征，详细分析表述了社会保险的主要功能，为后续章节分析内容打下了基础。

第二节对社会保险及其各险种的福利性做了详细分析论述。社会保险的福利性重点表现在社会保险事业不是追求营利，而是为全体劳动者提供生活保障、改善待遇。社会保险的福利性具体体现在养老保险、医疗保险、失业保险和工伤保险等几个险种，每个险种福利性有具体含义及规定。

第三节主要考察社会保险及各子保险项目福利陷阱的含义及其内容。社会保险福利陷阱反映了由于过度社会保险制度的实施，使得社会经济发展陷入停滞不前、财政支付难以为继的状态。本节具体分析了各险种福利陷阱产生的根源及内容，并提出了福利陷阱的化解措施。

【关键概念】

社会保险　社会保险特征　社会保险功能　养老保险　医疗保险　失业保险　工伤保险　社会保险福利性　社会保险福利陷阱　养老保险福利陷阱　医疗保险福利陷阱　失业保险福利陷阱　逆向选择　道德风险

【复习思考题】

1. 社会保险的概念与特征是什么？
2. 社会保险具有哪些功能？
3. 什么是社会保险福利性？
4. 如何理解养老保险福利性？
5. 如何理解医疗保险福利性？
6. 如何理解失业保险福利性？
7. 如何理解工伤保险福利性？
8. 什么是社会保险福利陷阱？请举例加以说明。

9. 什么是养老保险福利陷阱？其产生原因有哪些？

10. 什么是医疗保险福利陷阱？如何化解医疗保险福利陷阱？

11. 什么是失业保险福利陷阱？请具体分析其产生原因。

【案例分析】空挂住院骗取医保金 58 万元

身为一家医院的股东和工作人员，左某、冯某等人利用该医院是定点医疗机构这一事实，收集社保卡，在社保人员未住院的情况下，伪造住院病历，骗取医疗保险基金高达几十万元供医院日常开支。

经审理查明，该医院属于个体经营，被告人左某是医院的股东（占 30%股份），冯某为医院院长，该医院属于定点医疗机构。2006 年，因效益不好，左某召集冯某、傅某等人召开会议，要求提高医院效益，并决定采取收集社保卡办理空挂住院的方式骗取医疗保险基金。随后，傅某等人收集医保卡，虚构社保参保人员在该医院接受治疗的事实，在伪造好虚假住院病历后，由冯某等负责人员签字，然后用伪造的病历等资料到社会保险经办机构报销，用于医院日常开支以及发放工资、奖金等。

根据检察机关指控，左某等人共骗取社保基金 58 万余元。2007 年 8 月 13 日，该医院转让给上海某投资管理有限公司，双方于 2007 年 8 月 31 日正式办理了交接手续。2008 年 4 月 28 日，警方将左某抓获，同年 5 月 30 日，冯某向公安机关投案自首。法院审理后认为，三人的行为均已构成诈骗罪，判处左某有期徒刑五年，并处罚金人民币 20 000 元；判处冯某有期徒刑一年零十个月，缓刑二年，并处罚金人民币 5 000 元；判处傅某有期徒刑一年零十个月，缓刑二年，并处罚金人民币 5 000 元。

通过弄虚作假等手段骗取养老、医疗、失业、工伤、生育等社保基金，既损害了其他参保人员的社保权益，又削弱了社保基金的安全效能，个别地方甚至还出现了有组织的社会保险欺诈犯罪活动，严重危害社会保险制度可持续发展。近日，成都市人社局再次重申，按照现行法律法规的规定，以下社会保险欺诈行为将受到严厉的依法打击。

非本市户籍人员为了提供社会保险缴费证明，在不具备参保资格的情况下，提供虚假证明材料，补缴中断的社会保险费的。

居住本地但不具备在本市办理退休的外地参保人员，采取伪造转移信息表、虚构缴费年限，骗取社会保险关系转移接续的。参保人员与中介（或用人单位）虚构劳动关系，提供虚假证明材料，按照单位职工突发重大疾病特殊审批政策规定骗取医疗保险待遇的。单位为自愿离岗的职工出具解除职工劳动关系证明，骗取失业保险待遇享受资格的。非工伤人员虚构、伪造受伤事实，骗取工伤保险待遇的；工伤人员虚构、伪造、变造、非法更改工伤认定、劳动能力鉴定原始结论，隐瞒、编造病史骗取工伤保险待遇的；工亡职工供养亲属虚构、伪造、变造、非法更改原始证明材料骗取供养亲属抚恤金待遇的。

参保退休人员通过重复参保缴费，重复领取养老金待遇的；离退休人员死亡后，亲属不告知社会保险经办机构继续冒领养老金的。享受失业保险待遇期间已重新就业，蓄意欺骗社会保险经办机构并继续享受失业保险待遇的；享受失业保险待遇期间人员已经死亡或异地退休，不告知失业保险经办机构并继续享受失业保险待遇的。享受工伤保险待遇的工伤人员、工亡职工供养亲属死亡后，亲属或所在单位不告知经办机构继续冒领工伤保险待遇的。

伪造或者冒用他人的社会保险卡骗取医疗保险、工伤保险、生育保险待遇的。

参保人员将本人社会保险卡交付他人使用，冒名骗取基本医疗保险、工伤保险、生育保险待遇的；参保人员将本人医保卡交定点医疗机构使用，虚记医疗费用骗取医疗保险待遇的。

定点医疗机构将医疗保险范围之外的医疗费用纳入医保支付，串换为医保目录项目的；虚假申报医疗费用或申报项目与实际使用不符的；编造病历、提供虚假报告和疾病诊断等虚假证明骗取医疗保险基金的；伪造财务票据或凭证套取医疗保险基金的；收集参保人员社保卡，虚构报销资料，套取医疗保险基金的；定点医疗机构、辅助器具配置机构虚列、虚报、虚增社会保险服务项目和金额骗取工伤、生育保险基金支出的。

出具虚假证明材料或者鉴定意见的；虚构职工工作岗位，达到管理和技术职工提前5年退休的。存在超过申领失业保险待遇期限，或失业保险缴费未满一年，或增加一两个月的缴费就可以享受高一个档次失业保险待遇的；部分失业人员与一些中介机构或用人单位通过虚构劳动关系获得享受失业保险待遇资格的。提供虚假工伤认定、劳动能力鉴定结论的；为他人骗取工伤保险待遇提供帮助的；医疗机构、辅助器具配置机构编造病历、伪造证明或者凭据等为他人骗取工伤、生育保险待遇提供帮助的；提供虚假证明材料，办理他人社会保险卡，盗取他人医疗个人账户资金的。

（资料来源：成都将严打七大社会保险欺诈行为 [N]. 成都日报，2015-05-29.）

参 考 文 献

[1] 蔡昉, 张车伟等. 人口, 将给中国带来什么 [M]. 广州: 广东教育出版社, 2002.

[2] 刘燕华, 周宏春. 中国资源环境形势与可持续发展 [M]. 北京: 经济科学出版社, 2001.

[3] 胡代光, 高鸿业. 西方经济学大辞典 [M]. 北京: 经济科学出版社, 2000.

[4] 金日坤. 人口经济学 [M]. 延边: 延边大学出版社, 1993.

[5] 黄恒学. 公共经济学 [M]. 北京: 北京大学出版社, 2002.

[6] 孙来祥. 规范经济学与社会选择理论 [M]. 北京: 北京大学出版社, 1990.

[7] [英] 丹尼斯·C. 缪勒. 公共选择理论 [M]. 杨春学等译. 北京: 中国社会科学出版社, 1999.

[8] 罗云峰, 肖人彬. 社会选择的理论与进展 [M]. 北京: 科学出版社, 2003.

[9] 戴文标. 公共经济学导论 [M]. 上海: 上海人民出版社, 2002.

[10] 朱柏铭. 公共经济学 [M]. 杭州: 浙江大学出版社, 2002.

[11] 郭伟和. 福利经济学 [M]. 北京: 经济管理出版社, 2001.

[12] 樊勇明, 杜莉. 公共经济学 [M]. 上海: 复旦大学出版社, 2001.

[13] 夏亚良. 公共问题的经济解读 [M]. 广州: 广东经济出版社, 2002.

[14] 刘汉屏. 公共经济学 [M]. 北京: 中国财政经济出版社, 2002.

[15] 张向达, 赵建国. 公共经济学 [M]. 北京: 中国商业出版社, 2001.

[16] 姜杰, 马全江. 公共经济学 [M]. 济南: 山东人民出版社, 2003.

[17] 王勇. 论行政决策的民主化和科学化 [J]. 地方政府管理, 1999 (10).

[18] 马得勇. 罗尔斯论平等与效率 [J]. 科学·经济·社会, 2001 (2).

[19] 宋圭武. 公平、效率及二者关系之我见 [EB/OL]. 中国政治学网, 2004-05-27.

[20] 厉以宁, 吴易风, 李懿. 西方福利经济学述评 [M]. 北京: 商务印书馆, 1984.

[21] 马从辉. 论收入分配原则中的效率与公平 [J]. 经济与管理研究, 2002 (2).

[22] 戴廉. 贫富鸿沟挑战中国发展收入分配政策亟待调整 [EB/OL]. 中国新闻网, 2004-03-16.

[23]［美］阿瑟.奥肯.平等与效率——重大的权衡［M］.王忠民，黄清译.成都：四川人民出版社，1988.

[24] 邹东涛，岳福斌.如何做大下一个"面包"——对我国收入分配制度建设的几点认识［N］.中国财经报，2002-05-24.

[25] 孟祥仲.对平等与效率关系的再认识——读阿瑟.奥肯的《平等与效率》札记及引发的思考［J］.山东经济，1995（1）.

[26] C.V.布朗，P.M.杰克逊.公共部门经济学［M］.北京：中国人民大学出版社，2000.

[27]［美］奥尔森.集体行动的逻辑［M］.陈郁、郭宇峰、李崇新译.上海：上海人民出版社，1995.

[28]［美］詹姆斯·M.布坎南.民主财政论［M］.穆怀朋译.北京：商务印书馆，1999.

[29]［澳］黄有光.福利经济学［M］.周建明等译.北京：中国友谊出版公司，1991.

[30]［英］尼古拉斯·巴尔，大卫·怀恩斯.福利经济学前言问题［M］.贺小波，王艺译.北京：中国税务出版社，2000.

[31]［美］保罗·A.萨缪尔森.经济学［M］.高鸿业译.北京：商务印书馆，1979.

[32] 高鸿业.西方经济学［M］.北京：中国经济出版社，1996.

[33] 高培勇.公共部门经济学［M］.北京：中国人民大学出版社，2000.

[34]［英］安东尼·B.阿特金森，［美］约瑟夫·E.斯蒂格里茨.公共经济学［M］.蔡江南，徐文武，邹华明译.上海：上海人民出版社，1996.

[35] 华民.公共经济学教程［M］.上海：复旦大学出版社，1996.

[36]［美］平狄克.中级微观经济学［M］.张军等译.北京：中国人民大学出版社，2000.

[37] 杨灿明，李景友.公共部门经济学［M］.北京：经济科学出版社，2003.

[38] 刘宇飞.当代西方财政学［M］.北京：北京大学出版社，2000.

[39] 高培勇，崔军.公共部门经济学［M］.北京：中国人民大学出版社，2001.

[40]［英］亚当·斯密.国富论［M］.郭大力，王亚南译.北京：商务印书馆，2015.

[41] 陈共.财政学［M］.北京：中国人民大学出版社，1999.

[42] 孙月平等. 应用福利经济学 [M]. 北京：经济管理出版社，2004.

[43] 陈红霞. 社会福利思想 [M]. 北京：社会科学文献出版社，2002.

[44] [冰] 思拉恩·埃格特森. 新制度经济学 [M]. 吴经邦等译. 北京：商务印书馆，1996.

[45] [荷] 汉斯·范登·德尔. 民主与福利经济学 [M]. 陈刚等译. 北京：中国社会科学出版社，1999.

[46] [英] 尼古拉斯·巴尔. 福利国家经济学 [M]. 郑秉文等译. 北京：中国劳动社会保障出版社，2003.

[47] 胡寄窗. 西方经济学说史 [M]. 上海：立信会计出版社，1991.

[48] 王占臣，张岩. 公路货物运输成本效益分析 [J]. 吉林交通科技，2007（1）.

[49] 黄贻芳. 论中国养老社会保险的公平与效率 [J]. 社会保障制度，2002（11）.

[50] 郭佩霞. 民族地区反贫困目标瞄准机制的建构——基于凉山彝区的分析 [J]. 农村经济，2008（5）.

[51] 孙咏梅. 我国农民工福利贫困测度及精准扶贫策略研究 [J]. 当代经济研究，2016（5）.

[52] 习明明，郭熙保. 贫困陷阱理论研究的最新进展 [J]. 经济学动态，2012（3）.

[53] Acemoglu Daron, Johnson Simon and Robinson, James. A. The Colonial Origins of Comparative Development: An Empirical Investigation. *American Economic Review*, 2001, 91 (5).

[54] Acemoglu Daron, and James A. Robinson. Persistence of Power, Elites and Institutions. *American Economic Review*, 2008, 98 (1).

[55] Acemoglu Daron, Johnson Simon and Robinson James A. and Yared Pierre. Income and Democracy. *American Economic Review*, 2008, 98 (3).

[56] Azariadis Costas and Stachurski John. *Poverty Traps*. //Aghion P., Durlauf S. N. (Eds.), Handbook of Economic Growth. Elsevier Amsterdam. 2005 (1A): 296-384.

[57] Azariadis Costas. *The theory of poverty traps: what have we learned?* //Samuel Bowles, Steven N. Durlauf and Karla Hoff. Poverty Traps. Princeton: Princeton University Press, 2006: 17-40.